Sabrina Dahlheimer | Steffen Geiger | Stefan Faas (Hrsg.)
Berufliche Anerkennung im System
der institutionellen Kindertagesbetreuung

Sabrina Dahlheimer | Steffen Geiger |
Stefan Faas (Hrsg.)

Berufliche Anerkennung im System der institutionellen Kindertagesbetreuung

Kontexte, Prozesse, Evaluation

BELTZ JUVENTA

Dieses Buch ist erhältlich als:
ISBN 978-3-7799-7120-7 Print
ISBN 978-3-7799-7121-4 E-Book (PDF)

1. Auflage 2023

© 2023 Beltz Juventa
in der Verlagsgruppe Beltz · Weinheim Basel
Werderstraße 10, 69469 Weinheim
Alle Rechte vorbehalten

Herstellung und Satz: Ulrike Poppel
Druck und Bindung: Beltz Grafische Betriebe, Bad Langensalza
Beltz Grafische Betriebe ist ein klimaneutrales Unternehmen (ID 15985-2104-100)
Printed in Germany

Weitere Informationen zu unseren Autor:innen und Titeln finden Sie unter: www.beltz.de

Inhalt

Vorwort

Der Fachkräftemangel in Kindertageseinrichtungen (Kitas) ist in allen deutschen Bundesländern eklatant hoch und besorgniserregend. Ein hoher Krankenstand als Folge der Pandemie, verzweifelte Belastungsanzeigen des pädagogischen Personals, verkürzte Öffnungszeiten und Gruppenschließungen sind die Folgen, die aktuell vielerorts im Land zu beobachten sind. Doch obwohl der Ausnahmezustand in der frühkindlichen Bildung bereits seit Jahren existiert, ist keine Entspannung in Sicht und die Lage spitzt sich weiter zu. Immer mehr Eltern nehmen ihren Rechtsanspruch gemäß § 24 SGB VIII auf einen Ganztagesplatz wahr, die Geburtenraten steigen und Migration und Fluchtbewegungen sind stetige Planungsgrößen. Um der Herausforderung des Fachkräftemangels zu begegnen ist es unabdingbar, alle vorhandenen Potenziale auszuschöpfen, um pädagogisches Personal zu finden, zu qualifizieren und langfristig im System zu halten.

Die wachsende kulturelle Vielfalt in der Gesellschaft zeigt sich längst in der Elternschaft und in den Kitagruppen und ist für viele Kitas alltäglich. Bei den pädagogischen Fachkräften zeigt sich diese kulturelle Vielfalt jedoch nicht in gleicher Weise. Aber die Vielfalt innerhalb unserer Gesellschaft darf und soll sich auch in Kita-Teams widerspiegeln. Daher hat die Robert Bosch Stiftung das Pilotprojekt „Vielfalt willkommen – Internationales Fachpersonal und teamorientierte Kitaentwicklung" aufgelegt.

In Baden-Württemberg leben zahlreiche zugewanderte Menschen, die in ihrem Herkunftsland eine pädagogische Qualifikation für die Arbeit mit Kindern erworben haben und über die Kompetenzen verfügen, in Deutschland als frühpädagogische Fachkraft eingesetzt zu werden. Allerdings fehlt oftmals die formale Anerkennung ihres im Herkunftsland erworbenen Abschlusses, weshalb die dringend benötigten Fachkräfte in anderen Branchen oder eben gar nicht arbeiten. Diese zugewanderten Menschen können nicht nur dazu beitragen, den Fachkräftemangel in der frühkindlichen Bildung abzufedern, sondern auch wertvolle Kompetenzen einbringen: Ihr kultur- und sprachspezifisches Wissen, ihren selbstverständlichen Zugang zu Familien, die ebenfalls zugewandert sind, sowie ihren bereichernden Blick auf die Arbeit mit Kindern.

Mit dem Projekt „Vielfalt willkommen" begegnet die Robert Bosch Stiftung dieser Herausforderung. Gezielt werden Fachkräfte mit Zuwanderungsgeschichte angesprochen, die in ihrem Herkunftsland bereits einen pädagogischen Beruf erlernt haben und sich weiter im Feld der frühkindlichen Bildung engagieren möchten. Das Projekt unterstützt die Fachkräfte bei der Anerkennung ihrer Abschlüsse und bereitet sie mit passgenauen Qualifizierungsmodulen auf die Arbeit in einer Kita in Baden-Württemberg vor. Parallel dazu nehmen die teilnehmenden Kindertageseinrichtungen an strukturierten Maßnahmen zur Team- und Organisationsentwicklung teil. Aus dieser ganzheitlichen Qualifizierung und Begleitung bis in den gelingenden Alltag hinein erhält „Vielfalt willkommen" sein innovatives Moment.

Die Robert Bosch Stiftung ist bereits seit über 30 Jahren im Bildungsbereich aktiv und hat sich dem Ziel verschrieben, einen Beitrag zu leisten, um in Deutschland Bildungschancengleichheit für alle Kinder und Jugendlichen her- und sicherzustellen. Im Fokus stehen Projekte, die dazu beitragen, die Qualität des Schul- und Kitasystems zu sichern und weiterzuentwickeln. Ziel ist es, die Professionalisierung von Fachkräften zu unterstützen und Bildungseinrichtungen in ihrer Weiterentwicklung zu unterstützen.

Das Pilotprojekt „Vielfalt willkommen – Internationales Fachpersonal und teamorientierte Kitaentwicklung" wurde von der PH Schwäbisch Gmünd und der Universität Tübingen wissenschaftlich begleitet. Die Erkenntnisse der Begleitstudie liegen in dieser Publikation vor.

Wir danken den Mitarbeitenden der PH Schwäbisch Gmünd und der Universität Tübingen sowie den Kolleginnen der BBQ – Berufliche Bildung und Qualifizierung gGmbH und dem Regierungspräsidium Stuttgart für Ihr Engagement, mit dem sie ganz wesentlich zum Gelingen des Projekts beigetragen haben.

Stuttgart, im November 2022
Dr. Simone Toepfer
Senior Projektmanagerin im Themenbereich Bildung der Robert Bosch Stiftung

Qualifizierung im Kontext von Migration, Zuwanderung und beruflicher Anerkennung im System der institutionellen Kindertagesbetreuung

Eine Einleitung

Sabrina Dahlheimer, Steffen Geiger und Stefan Faas

Migration und Zuwanderung werden in den letzten Jahren zunehmend mit Fragen beruflicher Integration verknüpft. In politischen, sozial- und bildungswissenschaftlichen Auseinandersetzungen richtet sich dabei der Blick insbesondere auf strukturelle Benachteiligungen von Personen mit Migrationshintergrund im deutschen Bildungs- bzw. Beschäftigungssystem, die in spezifischer Weise im Kontext der Berufseinmündung zum Tragen kommen (vgl. Kalter/Granato 2018; El-Mafaalani 2017; Esser 2013). Vor dem Hintergrund, dass der Bevölkerungsanteil an Menschen mit Migrationshintergrund zunehmend steigt, verweist dies auf eine zentrale gesellschaftliche Herausforderung: Denn in Einwanderungsgesellschaften ist nur dann von einer positiven sozialen und wirtschaftlichen Entwicklung auszugehen, wenn Zuwander:innen im Arbeits- und Bildungssektor die gleichen Chancen haben wie nicht Nicht-Zuwanderer:innen, d. h., wenn sie die gleichen Möglichkeiten zur Qualifikation haben und sich umfangreich beruflich und gesellschaftlich beteiligen können (vgl. Bade 2011; Mergener 2018). Lösungsansätze zur Frage, wie sich strukturelle Benachteiligungen abbauen lassen, sind damit von spezifischer Relevanz, nicht zuletzt im Kontext der Integration qualifizierter Zuwanderer:innen in den Arbeitsmarkt. Dabei wird letztere auch immer wieder als vielversprechende Möglichkeit im Zusammenhang mit der Lösung von bestehenden und prognostizierten Fachkräfteengpässen auf dem Arbeitsmarkt in Deutschland aufgegriffen und diskutiert. Gleichzeitig befindet sich das Feld der sogenannten „arbeitsmarktbezogenen Zuwanderung" durch politische und gesetzliche Entwicklungen in einem steten Wandel (vgl. z. B. BMBF o. J.) Auch im Bereich der Kindertagesbetreuung hat der Fachkräftemangel aktuell ein nie dagewesenes Ausmaß erreicht; und es ist weiter von einem ansteigenden Bedarf an Mitarbeiter:innen in der Kindertagesbetreuung auszugehen (vgl. Schilling/Kopp 2018; Autorengruppe Fachkräftebarometer 2021). Arbeitgeber:innen, die offene Stellen mit Fachkräften aus anderen Ländern und mit ausländischen Abschlüssen besetzen, leisten von daher einen entscheidenden Beitrag zur Arbeitsmarktintegration als auch zum Abbau des Fachkräftemangels. Gleichzeitig ist aber zu berücksichtigen, dass sich im Bereich der frühkindlichen Erziehung und Bildung im Kontext von Migration und Zuwanderung spezifische fachliche Anforderungen stellen. Dabei geht es u. a. darum, konstruktiv mit Diversität umzugehen, kulturelle Vielfalt als Chance für die Gestaltung kindlicher Bildungsprozesse zu nutzen, den Spracherwerb bzw. Zweitspracherwerb zu unterstützen und auf dieser Basis die Integration von Kindern in das Bildungssystem und die Gesellschaft zu fördern (vgl. Faas et al. 2016). Zum Teil wird erwartet, dass Fachkräfte mit eigenem Migrationshintergrund hierzu einen besonderen Beitrag leisten können (vgl. Akbaş/Leiprecht 2015). Inwiefern solche Hoffnungen berechtigt sind, kann nur auf Basis einschlägiger empirischer Untersuchungen und Befunde eingeschätzt werden. Aktuell liegen solche aber nur eingeschränkt vor (vgl. Faas/Geiger 2020).

Die skizzierten Erwartungen und Annahmen, verbunden mit Fragen nach der Verbesserung des Fachkräfteangebots in Kindertageseinrichtungen, werden aktuell in fachwissenschaftlichen und fachpolitischen Auseinandersetzungen vor allem mit Blick auf die berufliche Anerkennung von im Ausland erworbenen pädagogischen Qualifikationen diskutiert. Personen mit Migrationshintergrund, die sich für den Erzieher:innenberuf interessieren und in ihrem Herkunftsland eine pädagogische Qualifizierung erworben haben, sollen sehr viel stärker als bisher als Fachkräfte für den Elementarbereich gewonnen werden (vgl. Friederich/Schneider 2020; Geiger/Faas 2019). Das Programm „Vielfalt willkommen – Internationales Fachpersonal für Kindertageseinrichtungen", das die Robert Bosch Stiftung in Zusammenarbeit mit BBQ Bildung und Berufliche Qualifizierung gGmbH zur Weiterbildung von zugewanderten Fachkräften und zur begleitenden Unterstützung der Teamentwicklung in Kitas realisiert hat, setzt hier an. Es richtet sich an pädagogische Fachkräfte mit einem im Ausland erworbenen pädagogischen Berufsabschluss, die eine Gleichwertigkeitsanerkennung in Bezug auf den Referenzberuf Erzieher:in anstreben. Durch die gezielte sprachliche und fachliche Weiterqualifizierung der zugewanderten Fachkräfte sowie die Anregung unterstützender Organisationsentwicklungsprozesse in den teilnehmenden Kindertageseinrichtungen sollen die erforderlichen Rahmenbedingungen für die berufliche Integration und die diversitätsbezogene Weiterentwicklung frühkindlicher Erziehung und Bildung bereitgestellt werden. Mit Blick auf die Frage nach der Wirksamkeit solcher Anstrengungen ist von großer Bedeutung, dass das Programm „Vielfalt willkommen" von Anfang an umfangreich wissenschaftlich begleitet und evaluiert wurde.

Der vorliegende Band setzt hier an und erörtert, ausgehend vom Programm „Vielfalt willkommen" und seiner Evaluation, das Thema berufliche Anerkennung im System der institutionellen Kindertagesbetreuung und vertieft dieses forschungs- und theoriebasiert. Die einzelnen Beiträge ordnen sich dabei zwei Themenblöcken zu: zum einen der Beschreibung des Programms und seiner

Evaluation, zum anderen der erziehungswissenschaftlichen Reflexion und Weiterführung.

Der erste Teil des vorliegenden Bandes widmet sich dem Programm „Vielfalt willkommen." *Sabrina Dahlheimer, Christine von Guilleaume, Steffen Geiger* und *Stefan Faas* stellen zunächst den konzeptionellen Rahmen und das Evaluationsdesign des Programms dar, das auf eine sprachliche und fachliche Weiterqualifizierung von Fachkräften mit einem im Ausland erworbenen pädagogischen Abschluss für die Arbeit in Kindertageseinrichtungen sowie die begleitende Unterstützung der teilnehmenden Kindertageseinrichtungen bei der prozessorientierten Team- und Organisationsentwicklung zielt. Die in dem Beitrag beschriebene Evaluation fokussierte im Rahmen eines Prä-Post-Vergleichs auf die Klärung, inwiefern diese Ansprüche im Programmverlauf umgesetzt werden konnten und welche Chancen, Herausforderungen und Wirkungen – auf der Subjekt-, Mikro- und Mesoebene – mit der Programmteilnahme zu verbinden sind. Auf dieser Basis schließt der Beitrag mit Schlussfolgerungen und Empfehlungen zur Weiterentwicklung des Programms.

Der Artikel von *Steffen Geiger* und *Stefan Faas* untersucht die rechtliche Rahmung sowie das institutionelle und behördliche Verfahren der Anerkennung internationaler Abschlüsse in Deutschland unter besonderer Berücksichtigung des Berufs der Erzieher:in. Der Blick wird dabei auf die Logik des Anerkennungsverfahrens sowie damit einhergehende Barrieren gerichtet. Dazu erfolgt zunächst eine begriffliche Annäherung an das Konzept der beruflichen Anerkennung, bevor auf das methodische Vorgehen und die Rekonstruktion der migrationspolitischen Voraussetzungen und Bedingungen der beruflichen Anerkennung eingegangen wird. Es zeigt sich einerseits, dass die Teilhabe am Arbeitsmarkt insbesondere entlang der Differenzlinien Herkunft bzw. Staatsangehörigkeit und Qualifikation geregelt ist. Andererseits wird deutlich, dass neben heterogenen Strukturen des Anerkennungsverfahrens der Beruf der Erzieher:in selbst als ein Hindernis bei der Anerkennung zu betrachten ist – nicht zuletzt vor dem Hintergrund unterschiedlicher Ausbildungswege in anderen Ländern.

Die Thematik der Anerkennung im Ausland erworbener Abschlüsse ist nicht nur im institutionellen und organisationalen Kontext, sondern ebenso aus dem Blickwinkel der einzelnen Betroffenen zu betrachten. Die subjektiven Perspektiven sind dabei durchaus individuell und heterogen, weisen jedoch hinsichtlich einiger Aspekte auch Gemeinsamkeiten auf. Im Beitrag von *Sabrina Dahlheimer* und *Christine von Guilleaume* rückt daher die Akteur:innenperspektive stärker in den Blick und beleuchtet die individuellen Wahrnehmungen und Einschätzungen der Teilnehmer:innen des evaluierten Programmes „Vielfalt willkommen" zur Anerkennung internationaler Abschlüsse und kontrastiert diese mit fachwissenschaftlichen Diskursen.

Der zweite Teil des Bandes befasst sich auf verschiedene Weise mit erziehungswissenschaftlichen Reflexionen und Weiterführungen der Anerkennungsthematik im frühpädagogischen Kontext. Hierbei werden nicht nur unterschiedliche Wissensfacetten im Kontext beruflicher Anerkennung entfaltet, sondern auch eine Einbettung in verschiedene globale Entwicklungen und organisationstheoretische Perspektiven vorgenommen. Im Zuge dieser Betrachtungen werden nicht nur wissenstheoretisch und international-vergleichende Perspektiven zugrunde gelegt, sondern Zuwanderung und berufliche Anerkennung auch als Ausgangspunkte organisationalen Lernens verortet und diskutiert. Der Beitrag von *Stefan Faas* und *Nadja Lindenlaub* beleuchtet zunächst in wissenstheoretischer Perspektive verschiedene Dimensionen und Aspekte der Organisation bzw. Neuorganisation frühpädagogischen Professionswissens im Kontext von Zuwanderung und beruflicher Anerkennung. Er nimmt dabei Bezug auf Ergebnisse der Evaluation des Programms „Vielfalt willkommen". Auf Basis der Unterscheidung von allgemeinem und individuellem Wissen werden die Organisation und Neuorganisation von Wissen als Vermittlungsaufgabe zwischen Theorie, Praxis, Erfahrung und Sozialität gefasst. Vor dem Hintergrund eines eingeführten Modells zur Differenzierung unterschiedlicher Wissensformen richtet sich der Blick neben den Entstehungs- bzw. Erwerbskontexten auf Aspekte der Explizitheit und Implizitheit von Wissen. Abschließend wird resümiert, wie der Prozess der (Neu-)Organisation professionellen Wissens unterstützt werden kann.

Steffen Geiger und *Rainer Treptow* greifen ebenso Ergebnisse aus dem Projekt „Vielfalt willkommen" auf und reflektieren sie aus einer international-vergleichenden Perspektive. Dazu wird die berufliche Anerkennung zunächst als ein Gegenstand kontextualisiert, der sich zwischen Internationalität und Nationalstaatlichkeit bewegt. Anschließend werden komparative Studien zur beruflichen Anerkennung hinsichtlich ihrer Vorgehensweise und Befunde beschrieben. Deutlich wird, dass vergleichende Studien zur beruflichen Anerkennung vor allem als System- und Strukturvergleich mit einem besonderen Fokus auf die Verbesserung von Anerkennungssystemen konzeptualisiert sind. In den anschließenden Kapiteln setzt sich der Beitrag mit dieser Vorgehensweise vertiefend auseinander und diskutiert die Funktion des Systemvergleichs sowie deren Reichweite. Darauf aufbauend wird ein Vergleichsrahmen skizziert, mit dem die berufliche Anerkennung breiter und auf unterschiedlichen gesellschaftlichen Ebenen untersucht werden kann.

Nicola Röhrs und *Bernhard Schmidt-Hertha* nehmen in ihrem Beitrag die berufliche Anerkennung aus einer organisationalen Perspektive in den Blick und gehen auf die Möglichkeit und Notwendigkeit ein, Kindertageseinrichtungen in den Prozess der beruflichen Anerkennung einzubinden, um diversitätsbezogene organisationale Lernprozesse anzuregen. Dazu beschreiben sie zunächst allgemein die berufliche Anerkennung und ordnen sie anschließend in den Kontext der Kindertagesbetreuung ein. Daran anknüpfend beleuchtet der Beitrag die Grundlagen des organisationalen Lernens, die für die Qualitätsentwicklung im

Kontext der Kindertagesbetreuung als zentral angesehen werden, bevor reflektiert wird, inwiefern die berufliche Anerkennung auf unterschiedlichen Ebenen – individueller, organisationaler und Systemebene – als Ausgangspunkt von organisationalen Lernprozessen möglich wird und welche Chancen und Herausforderungen hierbei bestehen.

Wir bedanken uns abschließend bei allen Personen, die zum Gelingen der Evaluationsstudie sowie zur Veröffentlichung des Bandes beigetragen haben. Bedanken möchten wir uns zunächst bei der Robert Bosch Stiftung für das entgegengebrachte Vertrauen bei der Durchführung der Evaluation des Projekts; der Dank gilt hier insbesondere Dr. Simone Töpfer und Lisa Zantke. Auch bedanken möchten wir uns bei BBQ, insbesondere bei den beiden (regionalen) Projektleiterinnen Jutta Mpock und Sibylle Sock-Schweitzer für die angenehme und konstruktive Zusammenarbeit. Darüber hinaus ist allen Teilnehmenden des Programms zu danken, auf deren Aussagen und Einschätzungen die Ergebnisse des ersten Teils dieses Sammelbandes basieren. Dazu gehören nicht nur die Fachkräfte im Anerkennungsverfahren, die an „Vielfalt willkommen" teilgenommen haben, sondern auch die beteiligten Einrichtungen, Prozessbegleiter:innen und Weiterbildner:innen sowie die Anerkennungsbehörden und die im Projektkontext befragten Expert:innen. Für die Unterstützung bei der Literaturrecherche sowie der Datenerhebung, -aufbereitung und -auswertung im Rahmen der Programmevaluation bedanken wir uns bei unseren studentischen und wissenschaftlichen Mitarbeiter:innen Alicia Götz, Mona Kuck, Selina Schelian, Marina Schnitt, Verena Seidel und Isabel Trillinger. Ein besonderer Dank gilt Alina Tremel und Mélanie Kremer für die Recherchearbeiten im Rahmen einzelner Beiträge sowie Marie Ströhlein für die umfassende und detaillierte Durchsicht der Beiträge und die Formatierung des Manuskripts. Nicht zuletzt gilt unser Dank dem Verlag Beltz Juventa für die gute Zusammenarbeit und Veröffentlichung des Bandes.

Literatur

Akbas, Bedia/Leiprecht, Rudolf (2015): Pädagogische Fachkräfte mit Migrationshintergrund in Kindertageseinrichtungen. Auf der Suche nach Erklärungen für die geringe Repräsentanz im frühpädagogischen Berufsfeld. Oldenburg: BIS.

Autorengruppe Fachkräftebarometer (2021): Fachkräftebarometer Frühe Bildung 2021. Weiterbildungsinitiative Frühpädagogische Fachkräfte. München: Deutsches Jugendinstitut.

Bade, Klaus J. (2011): Migration und Integration in Deutschland: Pragmatismus und Hysterie. In: Runge, Rüdiger/Ueberschär, Ellen (Hrsg.): „… da wird auch dein Herz sein". Theologie und Glaube, Gesellschaft und Politik, Welt und Umwelt. Gütersloh: Gütersloher Verlagshaus, S. 80–113.

BMBF (Bundesministerium für Bildung und Forschung) (o. J.): Eckpunkte zur Fachkräfteeinwanderung aus Drittstaaten. www.bmbf.de/SharedDocs/Downloads/de/2022/221130-eckpunkte-feg.pdf?__blob=publicationFile&v=1 (Abfrage: 08.12.2022).

El-Mafaalani, Aladin. (2017). Diskriminierung von Menschen mit Migrationshintergrund. In: Scherr, Albert/El-Mafaalani, Aladin/Yüksel, Gökçen (Hrsg.). Handbuch Diskriminierung. Wiesbaden: Springer VS, S. 465–478.

Esser, Hartmut (2013): Ethnische Bildungsungleichheit und Bildungssysteme: Der Blick in die Bundesländer. In: McElvany, Nele/Gebauer, Miriam M./Bos, Wilfried/Holtappels, Heinz-Günther (Hrsg.): Jahrbuch der Schulentwicklung. Band 17. Daten, Beispiele und Perspektiven. Weinheim und Basel: Beltz Juventa, S. 80–101.

Faas, Stefan/Dahlheimer, Sabrina/Thiersch, Renate (2016): Bildungsgerechtigkeit – Ziel und Anspruch frühpädagogischer Qualifizierungsprogramme. Vergleichende Evaluation der Programme „Chancen – gleich!" und „frühstart Rheinland-Pfalz!". In: Zeitschrift für Grundschulforschung, Bildung im Elementar- und Primarbereich 9, H. 1, S. 34–51.

Faas, Stefan/Geiger, Steffen (2020): Perspektiven auf Anerkennung – Fachkräfte mit einem im Ausland erworbenen Abschluss im System der Kindertagesbetreuung. In: Friederich, Tina/Schneider, Helga (Hrsg.): Fachkräfte mit ausländischen Studienabschlüssen für Kindertageseinrichtungen. Wie Professionalisierung gelingen kann. Weinheim und Basel: Beltz Juventa, S. 18–36.

Friederich, Tina/Schneider, Helga (Hrsg.) (2020): Fachkräfte mit ausländischen Studienabschlüssen für Kindertageseinrichtungen. Wie Professionalisierung gelingen kann. Weinheim und Basel: Beltz Juventa.

Geiger, Steffen/Faas, Stefan (2019): Zur Anerkennung im Ausland erworbener Berufsqualifikationen im Bereich frühkindlicher Erziehung, Bildung und Betreuung. In: Soziale Passagen 11, H. 2, S. 285–304.

Kalter, Frank/Granato, Nadia (2018): Migration und ethnische Ungleichheit auf dem Arbeitsmarkt. In: Abraham, Martin/Hinz, Thomas (Hrsg.): Arbeitsmarktsoziologie. Wiesbaden: Springer VS, S. 355–387.

Mergener, Alexandra (2018): Zuwanderung in Zeiten von Fachkräfteengpässen auf dem deutschen Arbeitsmarkt. Einflussfaktoren auf die Beschäftigungs- und Rekrutierungschancen ausländischer Fachkräfte aus betrieblicher Perspektive. Bonn: Bundesinstitut für Berufsbildung.

Schilling, Matthias/Kopp, Katharina (2018): Fachkräftebedarf und Fachkräftedeckung in der Kinder- und Jugendhilfe. In: Böllert, Karin (Hrsg.): Kompendium Kinder- und Jugendhilfe. Wiesbaden: Springer VS, S. 655–676.

Teil I
Das Programm „Vielfalt willkommen":
Evaluation, Befunde und Einordnung

Das Programm „Vielfalt willkommen" als institutioneller Rahmen beruflicher Anerkennung

Konzept und Evaluation

Sabrina Dahlheimer, Christine v. Guilleaume, Steffen Geiger und Stefan Faas

In Wissenschaft, Politik, bei Einrichtungsträgern wie auch in der frühpädagogischen Fachpraxis hat in den letzten Jahren die Frage nach der Anerkennung von im Ausland erworbenen beruflichen Abschlüssen mehr und mehr an Bedeutung gewonnen. Dies dokumentieren verschiedene Initiativen und Entwicklungen, nicht zuletzt das im vorliegenden Band vertieft dargestellte und auf der Basis der Evaluation umfassend erörterte Projekt „Vielfalt willkommen – Internationales Fachpersonal für Kindertageseinrichtungen". Oftmals steht bei solchen Projekten – im Kontext des aktuellen Fachkräftemangels – die Verbesserung der Arbeitsmarktintegration von Migrant:innen im Vordergrund, zum Teil werden ganz bewusst Personen mit Migrationshintergrund, die in ihrem Herkunftsland schon eine pädagogische Ausbildung abgeschlossen haben, für die Arbeit in Kindergärten und Krippen angeworben (vgl. Oberhuemer/Schreyer 2017). Als weitere Zielperspektive solcher Initiativen und Maßnahmen ist der Sachverhalt zu nennen, dass gegenwärtig in Kindertageseinrichtungen – im Vergleich zu Kindern bzw. Familien nicht deutscher Herkunft, aber auch in Hinsicht auf die Gesamtbevölkerung – frühpädagogische Fachkräfte mit Migrationshintergrund unterrepräsentiert sind (vgl. Fuchs-Rechlin/Strunz 2014). Daran anknüpfend wird mit einer verstärkten Anstellung von nicht deutschen Fachkräften die Hoffnung verbunden, dass diese die pädagogische Arbeit bereichern und zur Steigerung der Qualität beitragen. Besonders in den Fokus rücken dabei die Förderung von Mehrsprachigkeit und die Verbesserung der Zusammenarbeit mit Eltern (vgl. z. B. Friederich 2017). Hinsichtlich der Zusammenarbeit mit Eltern wird erwartet, dass sich durch mehr Fachkräfte mit Migrationshintergrund auch Zugangsbarrieren für Eltern abbauen lassen und die Betreuungsquote von Kindern aus zugewanderten Familien erhöht werden kann (vgl. Akbas/Leiprecht 2015; Autorengruppe Fachkräftebarometer 2017). Inwiefern solche Erwartungen gerechtfertigt und an welche Bedingungen ihre Verwirklichung geknüpft sind, ist kritisch zu hinterfragen (vgl. Faas/Geiger 2020).

Der vorliegende Beitrag greift in Bezug auf das Programm „Vielfalt willkommen – Internationales Fachpersonal für Kindertageseinrichtungen" entsprechende Fragestellungen auf. Hierzu werden zunächst die Ziele sowie der konzeptionelle Rahmen des Programms beschrieben (Kap. 1) und daran anknüpfend die Evaluation bzw. das Evaluationskonzept wie auch das konkrete methodische Vorgehen vorgestellt (Kap. 2). Im Weitergang folgt die Darstellung zentraler Ergebnisse. Hierzu gehören die erfassten Veränderungen und Wirkungen auf Ebene der Struktur-, Orientierungs- und Prozessqualität (Kap. 3) sowie die Einbindung der Fachkräfte im Anerkennungsverfahren in die pädagogische Arbeit und die Rolle der Prozessbegleitung im Verlauf des Programms (Kap. 4). Der Beitrag schließt mit Schlussfolgerungen und Empfehlungen für die Weiterentwicklung des Programms (Kap. 5).

1 Das Programm „Vielfalt willkommen" – Konzeptioneller Rahmen

Um Menschen mit Zuwanderungsgeschichte eine angemessene berufliche Perspektive zu eröffnen, wurde im Jahr 2018 das zunächst als zweijähriges Pilotprojekt angelegte Programm „Vielfalt willkommen – Internationales Fachpersonal für Kindertageseinrichtungen" von der Robert Bosch Stiftung, in Zusammenarbeit mit BBQ Bildung und Berufliche Qualifizierung gGmbH, gestartet. Es zielt darauf, Fachkräfte mit einem im Ausland erworbenen pädagogischen Abschluss im Verfahren der beruflichen Anerkennung durch Qualifizierungs- und Unterstützungsmaßnahmen zu stärken, um so dem Fachkräftemangel zu begegnen (vgl. Robert Bosch Stiftung, o. J.). Neben der Verbesserung der Personalsituation in Kindertageseinrichtungen sowie der Integration ausländischer Fachkräfte in den Arbeitsmarkt wird mit dieser Strategie auch die Absicht verfolgt, aus pädagogischen Gründen den Anteil an Erzieher:innen mit Migrationshintergrund und muttersprachlichen Kenntnissen zu erhöhen, um auf diesem Weg die pädagogische Praxis diversitätssensibel weiterzuentwickeln. Das Projekt setzt damit an gegenwärtigen gesellschaftlichen Herausforderungen im Kontext von Migration, Zuwanderung und Kindertagesbetreuung an. Hierbei richtet sich „Vielfalt willkommen" an zugewanderte pädagogische Fachkräfte, die bereits über einen mit dem hiesigen Beruf der Erzieher:in vergleichbaren Berufsabschluss verfügen und eine Gleichwertigkeitsanerkennung anstreben. Den Nachweis der hierfür erforderlichen Berufspraxis erbringen sie während des Projekts in Kindertageseinrichtungen, die sich in diesem Rahmen bereit erklären, eine nach Deutschland zugewanderte pädagogische Fachkraft zunächst als Praktikant:in in ihr Team zu integrieren. Die Durchführung des Projektes „Vielfalt willkommen" versteht sich dabei als ganzheitliche Qualifizierung und Begleitung, die sich im Wesentlichen in zwei Bereiche gliedert: in eine fachliche und sprachliche Weiterqualifizierungsmaßnahme für zugewanderte Fachkräfte sowie in Maßnahmen der Organisations- und Teamentwicklung für das Personal der beteiligten Kindertageseinrichtungen (vgl. ebd.).

Die fachliche Weiterqualifizierung umfasst insgesamt zehn Fortbildungstage und wurde im evaluierten Projektzeitraum von BBQ sowie externen Referent:innen durchgeführt. Zentrale Gesichtspunkte waren hierbei:

- die Reflexion der eigenen und fremden Kulturgebundenheit,
- das kultursensible und vorurteilsbewusste Beobachten und Dokumentieren,
- die Einführung in und die Auseinandersetzung mit den Strukturen des deutschen Bildungssystems sowie des Orientierungsplans von Baden-Württemberg,
- die Qualitätsentwicklung in Kindertageseinrichtungen,
- die Eröffnung und Wahrnehmung von Partizipationsmöglichkeiten,
- die rechtlichen Rahmenbedingungen für Familien in Kindertageseinrichtungen in Baden-Württemberg.

Zudem bestand die Möglichkeit der Teilnahme an einem Deutsch-Sprachkurs sowie der Inanspruchnahme individueller Beratungs- und Unterstützungsangebote (vgl. Robert Bosch Stiftung, o. J.).

Ziel des Programms „Vielfalt willkommen" ist neben der Weiterqualifizierung des Fachpersonals auch die Weiterentwicklung der Strukturen der teilnehmenden Einrichtungen und der jeweiligen Sozialräume. Dies ist mit Blick auf den interkulturellen Öffnungsprozess von Organisationen als besonders relevant anzusehen (vgl. Fischer 2017). Die Unterstützung der Organisations- und Teamentwicklung in den am Programm teilnehmenden Kindertageseinrichtungen basiert dabei inhaltlich auf einem Konzeptvorschlag von Panesar (2017), an dem sich die operative Umsetzung stark orientiert hat. Die fachliche Begleitung der Einrichtungen erfolgte während der Pilotphase durch Prozessbegleiter:innen. Dieser ging zunächst eine jeweils einrichtungsspezifische Bedarfsanalyse sowie die Bildung von Steuerungsgruppen, denen Mitarbeiterinnen der jeweiligen Kindertageseinrichtung angehörten, voraus. Jene Steuerungsgruppen wurden systematisch in Workshops zu Themen wie der Entwicklung und Umsetzung von Zielsetzungen und Methoden der Selbstevaluation beraten. Die Workshops orientierten sich am Konzept der vorurteilsbewussten Bildung und Erziehung bzw. am Anti-Bias-Approach. Der Fokus lag dabei auf der Förderung von Ich- und Bezugsgruppenidentitäten, Vielfaltserfahrungen und kritischem Denken; auch wurde das Aktivwerden gegen Diskriminierung angeregt. Bestandsaufnahme, Zieldefinition sowie Umsetzung und (Selbst-)Evaluation sind hierbei als zentrale Bestandteile des interkulturell geprägten Öffnungsprozesses anzusehen (vgl. Panesar 2017). Darüber hinaus wurden einrichtungsübergreifende Netzwerke hinsichtlich migrationsspezifischer Themen organisiert (vgl. Robert Bosch Stiftung, o. J.).

Die Einrichtungen, die sich zur Teilnahme bereit erklärt haben, sollten so die Möglichkeit erhalten, die pädagogische Qualität ihrer Arbeit durch Fortbildungen, Praxisbegleitung und die Kooperation mit der Steuerungsgruppe weiterzuentwickeln. Zudem wurde politische Lobbyarbeit betrieben, um die nachhaltige und flächendeckende Aufnahme der Themenkomplexe „vorurteilsbewusste Pädagogik" und „interkulturelle Sensibilisierung" in der fachlichen Ausbildung von Pädagogen und Pädagoginnen zu begünstigen (vgl. Panesar 2017).

2 Evaluationskonzept und methodisches Vorgehen

Im Zentrum des Programms „Vielfalt willkommen" steht die sprachliche und fachliche Weiterqualifizierung von Fachkräften mit einem im Ausland erworbenen pädagogischen Abschluss für die Arbeit in Kindertageseinrichtungen sowie die begleitende Unterstützung der teilnehmenden Kindertageseinrichtungen bei der prozessorientierten Team- und Organisationsentwicklung (vgl. Kap. 1). Die Evaluation fokussierte vor diesem Hintergrund darauf zu klären, inwiefern diese Ansprüche im Programmverlauf umgesetzt werden konnten und welche Chancen, Herausforderungen und Wirkungen – auf der Subjekt-, Mikro- und Mesoebene – mit der Programmteilnahme verbunden werden können.

Der Großteil der Erhebungen erfolgte auf Basis eines Prä-Post-Designs, d. h. sowohl zu Beginn (Erhebungszeitpunkt t_0) als auch gegen Ende der Pilotphase des Projekts „Vielfalt willkommen" (Erhebungszeitraum t_2). Die diesem Design zugrundeliegende Annahme ist, dass sich die durchgeführten Weiterbildungsveranstaltungen und die praktische Begleitung der Fachkräfte mit einem im Ausland erworbenen Abschluss ebenso wie die Prozessbegleitung der Team- und Organisationsentwicklung in konsistenten Veränderungen der Einstellungen, Handlungskompetenzen und Verhaltensweisen der Beteiligten niederschlagen (Subjektebene) (vgl. hierzu auch Helmke 2014). Dies wiederum nimmt dann Einfluss auf die Interaktionsprozesse in den Einrichtungen sowie deren Qualität (Mikroebene) und kann auch bestimmte Wirkungen auf der Mesoebene hervorrufen (z. B. in Bezug auf organisationale und institutionelle Bedingungen sowie mögliche sozialräumliche und strukturelle Gegebenheiten). Möglicherweise gehen von solchen Veränderungen dann auch langfristig Impulse für die Veränderung arbeitsmarktrechtlicher Bedingungen und politischer Steuerung des Anerkennungsverfahren aus. Veränderungen auf der Subjekt-, Mikro- und Mesoebene wurden daher in unterschiedlichen Dimensionen untersucht, wobei die einzelnen Indikatoren vor und nach den Interventionen durch das Programm mit unterschiedlichen Instrumenten längsschnittlich erfasst und summativ beurteilt werden konnten.

Zur Ermittlung programmintendierter Veränderungen wurden alle pädagogischen Fachkräfte zu Beginn (t_0) und gegen Ende (t_2) des Programms zu ihrem

Qualifikationshintergrund und anderen personenbezogenen Daten sowie zu ihren Einschätzungen zu verschiedenen Themen befragt, die inhaltlich im Zusammenhang mit dem Projekt „Vielfalt willkommen" als wichtig erachtet wurden (Fachkräftefragebogen). Zur detaillierteren Erfassung persönlicher Erfahrungen und Rahmenbedingungen sowie von Einschätzungen zum Programmverlauf wurden mit den teilnehmenden Fachkräften im Anerkennungsverfahren zudem zu Beginn (t_0) und am Ende (t_2) des Programms teilstandardisierte Interviews geführt. Um die konkreten Veränderungen im Bereich des pädagogischen Handelns in die Evaluation einbeziehen zu können, wurden anhand (teil-)standardisierter Aktivitätenlisten zu Beginn (t_0) und am Ende (t_2) des Programms auch die Aktivitäten erfasst, d. h. die pädagogischen und organisationsbezogenen Aktivitäten, welche die Fachkräfte im Anerkennungsverfahren mit Kindern und Eltern direkt oder indirekt in der Woche bzw. dem Monat vor der jeweiligen Befragung durchgeführt haben. Angesprochen sind hier Aspekte, die maßgeblich von den beteiligten Einrichtungsteams bzw. Fachkräften vor Ort zu beeinflussen sind. Die in diesem Zusammenhang übernommenen Aufgaben wurden zudem hinsichtlich der zugewiesenen Verantwortung in unterstützende und eigenständige Tätigkeiten differenziert. Es handelt sich bei diesen drei Verfahren um Erhebungsmethoden, die auf der Subjekt- und Mikroebene selbst wahrgenommene Kompetenzaspekte bzw. den subjektiv wahrgenommenen Qualifizierungsbedarf erheben (vgl. hierzu auch Fried 2010).

Zusätzlich wurden zur Erfassung der realisierten pädagogischen Qualität bzw. deren Weiterentwicklung in den beteiligten Einrichtungen zu Beginn (t_0) und am Ende (t_2) der Programmlaufzeit die Kindergarten-Skala (KES-RZ), die Kindergarten-Skala-Erweiterung (KES-E) und die Krippen-Skala (KRIPS-RZ) als Untersuchungsinstrumente eingesetzt. Hierbei handelt es sich um theoretisch fundierte sowie national und international empirisch erprobte Skalen, mit denen die globale pädagogische Prozessqualität von Kindergartengarten- (KES-RZ) bzw. Krippengruppen (KRIPS-RZ) differenziert eingeschätzt werden kann. Die Qualitätsmerkmale der KES-RZ und KRIPS-RZ sind dabei in acht übergeordneten Bereichen zusammngefasst: Räume und Ausstattung, Pflege und Routinen, Zuhören und Sprechen, Aktivitäten, Interaktionen, Strukturierung der pädagogischen Arbeit, Eltern und pädagogische Fachkräfte sowie Übergänge (vgl. Tietze et al. 2017; Tietze et al. 2019). Im Mittelpunkt der KES-E steht dagegen die domänenspezifische Bildung und Förderung der Kinder in Kindergartengruppen in den vier Bereichen Lesen, Mathematik, Naturwissenschaft und Umwelt sowie individuelle Förderung (vgl. Tietze et al. 2018). Mit Blick auf die Rahmenbedingungen des Programms wurden darüber hinaus alle Einrichtungsleiter:innen mithilfe eines teilstandardisierten Einrichtungsfragebogens zu Beginn (t_0) und gegen Ende (t_2) der Programmlaufzeit im Online-Format zu verschiedenen strukturellen, organisationalen und konzeptionellen Aspekten der pädagogischen Arbeit in der jeweiligen Kindertageseinrichtung befragt. Es handelt sich hierbei – neben einrichtungsbezogenen Aspekten – u. a. auch um Aspekte, die auf Trägerebene sowie in Zusammenarbeit mit Akteur:innen im Sozialraum zu bearbeiten sind (Strukturqualität). Flankierend wurden die beteiligten Akteur:innen gegen Ende der Pilotprojekts (t_2) zur Programmakzeptanz auf der Subjekt- und Mikroebene, den wahrgenommenen institutionellen und organisatorischen Veränderungen (Mesoebene) sowie den Einschätzungen zu möglichen Impulsen des Programms auf Landes- und Bundesebene, also Aspekten, die politisch verändert wurden bzw. werden müssen (Makroebene), befragt. Mit den Leiter:innen der Kindertageseinrichtungen, den Weiterbildner:innen und Prozessbegleiter:innen sowie den Programmverantwortlichen der Robert Bosch Stiftung und BBQ wurden gegen Ende des Programms (t_2) teilstandardisierte Interviews zur Ausgangslage, der Motivation, dem Programmverlauf und zur Zusammenarbeit zwischen den verschiedenen Programmakteur:innen geführt. Dabei wurden sie auch um abschließende Einschätzungen zum Programm gebeten und zu Verbesserungspotenzialen befragt. Die Perspektive der Eltern wurde in der Mitte der Programmlaufzeit (t_1) mithilfe eines standardisierten Fragebogens (Elternfragebogen) erfasst. Dabei standen insbesondere Einschätzungen zum Einsatz zugewanderter Fachkräfte in Kindertageseinrichtungen sowie zur Zufriedenheit mit der pädagogischen Arbeit im jeweiligen Kindergarten im Vordergrund.

Ergänzend zu den aufgeführten Instrumenten wurden für die Auswertung am Ende des Pilotprojekts (t_2) die Protokolle der Weiterbildner:innen und Prozessbegleiter:innen zur Programmdurchführung herangezogen. Die Item-Pools der genannten (teil-)standardisierten Instrumente wurden anhand vergleichbarer Instrumente, einschlägiger Erhebungen sowie theoretisch bewährter Konzepte generiert und die Formatierung an bewährte Konventionen angelehnt, soweit nicht Original-Instrumente eingesetzt werden konnten (z. B. KES-RZ). Der Vergleich der in den unterschiedlichen Erhebungszeiträumen (t_0, t_1, t_2) evozierten Daten gibt Aufschluss über Veränderungen in verschiedenen Bereichen während der Programmlaufzeit. Die Abbildung 1 zeigt eine schematische Darstellung des Vorgehens.

Mit Blick auf die Einordnung des Evaluationskonzepts und die spätere Begrenzung der Ergebnisse ist an dieser Stelle darauf hinzuweisen, dass von Beginn an die Ermittlung von Netto-Wirkungen, d. h. von kausalen Einflüssen der Programminterventionen auf mögliche Veränderungen, als nicht möglich erachtet wurde. Dies ist damit zu begründen, dass bei jeder durchgeführten Maßnahme bzw. sozialen Intervention immer auch Neben- und Folgewirkungen (z. B. persönliche Entwicklungsprozesse, emotionale Befindlichkeiten und Einflüsse von außen) eine bedeutsame Rolle spielen, die außerhalb experimenteller Designs nicht vollständig erfasst und kontrolliert werden können. Des Weiteren muss berücksichtigt werden, dass insbesondere bei den Befragungen der Fachkräfte in den teilnehmenden Einrichtungen aufgrund betrieblicher und krankheitsbedingter Ausfälle, Personalfluktuation etc. die Untersuchungsgruppen zu beiden

Abbildung 1 Evaluationskonzept

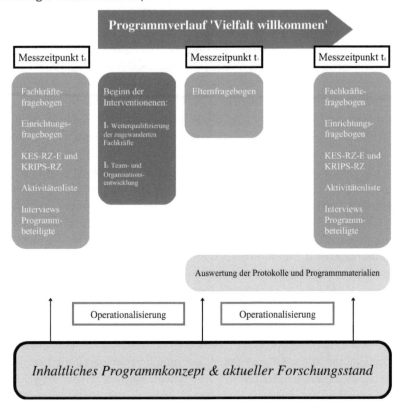

Erhebungszeitpunkten t_0 und t_2 nicht identisch sind. Zudem ist im Programm-verlauf eine komplette Einrichtung aufgrund mangelnder personeller und zeitli-cher Ressourcen zur Prozessbegleitung ausgeschieden. Um signifikante Mittel-wertunterschiede im Programmverlauf zu eruieren, hätten in der Enderhebung ausschließlich Personen und Einrichtungen berücksichtigt werden müssen, die bereits an der Eingangserhebung teilgenommen haben, wodurch eine weitere Reduktion der Stichprobe zu erwarten gewesen wäre. Die konstatierten Verän-derungen im Programmverlauf sind somit auch aus diesen Gründen nicht linear kausal auf die Programminterventionen zurückzuführen. Vielmehr sind bei der Beurteilung auch hierdurch entstandene Verzerrungen zu berücksichtigen. Den-noch gibt der Vergleich der Ergebnisse zu beiden Erhebungszeitpunkten einen Überblick über die vorhandenen bzw. entwickelten Potenziale, aber auch die Entwicklungsbedarfe auf allen relevanten Ebenen und erlaubt in Kombination mit theoretischen Konzepten, anderen potenziellen Einflussfaktoren und erho-benen Daten, wie z. B. Aspekten der Implementations- und Akzeptanzfor-schung, durchaus Aussagen im Sinne einer „Wirkungsplausibilisierung" (Balzer

2012, S. 136). Hierunter sind alle empirischen Designs und theoretische Konzepte zu fassen, die z. B. aufgrund oben genannter Störfaktoren keinen kausalen Wirknachweis erbringen, aber dennoch plausible Anhaltspunkte und Indizien zu Effekten liefern können. Wichtig erscheint an dieser Stelle der Hinweis, dass die dargestellten Befunde zur Wirksamkeit des Programms „Vielfalt willkommen" einer solchen Plausibilisierung unterliegen und daher immer auch von anderen Außenfaktoren beeinflusst sein können (vgl. auch Ottmann/König 2018). Als weitere Begrenzung ist die geringe Stichprobengröße zu nennen. Wenngleich alle Erhebungen als Vollerhebungen geplant bzw. durchgeführt wurden, umfasste die Untersuchungsgruppe auf Ebene der teilnehmenden Fachkräfte im Anerkennungsverfahren (Teilnehmer:innen-Interviews, Aktivitätenliste) sowie auf Ebene der einzelnen Einrichtungen (KES-RZ, KES-E, KRIPS-RZ, Einrichtungsfragebogen) lediglich 13 Fachkräfte und 13 Einrichtungen. Im Rahmen der Ergebnisinterpretation kann daher nur von Tendenzen gesprochen werden. Zugleich konnten aufgrund dieser geringen Stichprobengröße kaum bzw. nur vorsichtige weitere Differenzierungen vorgenommen oder Zusammenhänge zu anderen Merkmalen ermittelt werden. Aber auch im Rahmen der Fachkräftebefragung (Fachkräftefragebogen) konnten letztlich von den 129 in der Eingangserhebung (t_0) erfassten Fachkräften gegen Ende der Pilotphase (t_2) aus unterschiedlichen Gründen (z. B. Personalwechsel, betriebliche und krankheitsbedingte Gründe) nur noch 65 Fachkräfte befragt werden. Die Auswertung der (teil-))standardisiert erhobenen Daten erfolgte daher überwiegend auf Basis deskriptiver Analysen. Von empirischen Mittelwertvergleichen zwischen den beiden Erhebungszeitpunkten (z. B. mittels t-Tests) wurde abgesehen, da hieraus aufgrund der kleinen und mitunter wechselnden Stichproben keine statistisch signifikanten Schlüsse gezogen werden konnten.

3 Veränderungen auf Ebene der Struktur-, Orientierungs- und Prozessqualität

Betrachtet man die im Rahmen der Programmevaluation evozierten Ergebnisse hinsichtlich etwaiger Veränderungen auf Ebene der Struktur-, Orientierungs- und Prozessqualität, dann stellt sich zunächst die Frage nach der Ausgangslage. Dabei richtet sich der Blick sowohl auf die am Programm teilnehmenden Kindertageseinrichtungen, in denen die Fachkräfte im Anerkennungsverfahren ihr Praktikum absolviert haben, als auch auf die Fachkräfte der Einrichtungen bzw. deren Haltungen selbst. Beide Aspekte müssen als zentral für die gelingende Arbeitsmarktintegration angesehen werden; gleichzeitig waren sie im Kontext des Programms „Vielfalt willkommen", unterstützt durch die Prozessbegleitung bzw. entsprechende Fortbildungsmaßnahmen, weiterzuentwickeln.

a. Ausgangslage: Die erhobenen Strukturdaten zeigen, dass sich die am Programm beteiligten Kindertageseinrichtungen teilweise deutlich in ihren strukturellen Rahmenbedingungen voneinander unterscheiden. Angesprochen sind hier z. B. die Größe der jeweiligen Einrichtung, die räumlichen Bedingungen, soziale Merkmale hinsichtlich der betreuten Kinder und Familien, aber auch die Trägerschaft und die zur Verfügung stehenden personellen und materiellen Ressourcen sowie unterstützenden Strukturen. Letztere beziehen sich u. a. auf die Unterstützung durch den jeweiligen Einrichtungsträger, den Einbezug der Fachberatung in die Team- und Organisationsentwicklung der jeweiligen Einrichtung, die Einberufung spezieller Steuerungsgruppen oder die Bereitstellung von Reflexionsräumen und -zeiten, die es den Fachkräften erleichtern, sich gemeinsam mit Fragen interkultureller Öffnung und Sensibilität auseinanderzusetzen. Darüber hinaus sind unterschiedliche personelle und materielle Voraussetzungen zu nennen – explizit geht es hier auch um den zum Teil erheblichen Personalmangel bzw. Personalwechsel in manchen Einrichtungen. Gleichzeitig zeigen sich hinsichtlich der die pädagogische Arbeit leitenden Orientierungen Unterschiede. Dies betrifft zum einen die allgemeine Bedeutung von Themen wie Migration und kulturelle Vielfalt, zum anderen die konkrete, konzeptionelle Verankerung zentraler Aspekte des Programms zu Programmbeginn (t_0) und Ende der Pilotphase (t_2). Hinsichtlich der leitenden Orientierungen rücken darüber hinaus die teilnehmenden Akteur:innen in den Blick. Auch sie unterscheiden sich bezüglich ihrer Erwartungen an das Programm „Vielfalt willkommen" sowie ihrer individuellen Bildungsbiografien, Berufserfahrungen und beruflichen Stärken mitunter deutlich. Insbesondere die Aussagen der Fachkräfte zu ihren Erfahrungen im Anerkennungsverfahren variieren sehr stark (vgl. Dahlheimer/ von Guilleaume in diesem Band).

b. Veränderungen auf Ebene der Struktur- und Orientierungsqualität: Richtet man nun den Blick auf die sich im Verlauf von „Vielfalt willkommen" vollzogenen Veränderungen hinsichtlich strukturell-planerischer, räumlich-materieller konzeptioneller bzw. haltungsbezogener Aspekte der pädagogischen Arbeit, zeigen sich in der Organisation und Strukturierung des pädagogischen Alltags der teilnehmenden Einrichtungen im Programmverlauf moderate Entwicklungen. Hinsichtlich der Organisations- und Teamentwicklung, d. h. der in diesem Kontext zu verwirklichenden Ziele bzw. zu beachtenden Gesichtspunkte, gaben die befragten Fachkräfte zu Beginn des Programms (t_0) ausnahmslos an, dass ihnen eine vertrauensvolle Atmosphäre im Team wichtig sei. Fast allen erschien das Bewusstsein relevant, dass eigene professionelle Einstellungen und Handlungsweisen auch biografisch bedingt sind (98%), dass der Umgang mit Unterschieden reflektiert (99%) und eine sachliche, korrekte und wertschätzende Sprache erarbeitet werden muss, um Unterschiede zwischen Menschen zu benennen (98%). Diese hohen Bedeutungszuschreibungen blieben bis zum Ende des Programms (t_2) stabil. Bei einigen Aspekten lassen sich sogar noch etwas höhere Werte gegenüber der Ausgangssituation verzeichnen. So wurde z. B. die Berücksichtigung von Vielfalt an Erfahrungen und kulturellen Hintergründen von Erzieher:innen als Ressource bei der Planung und Gestaltung der pädagogischen Arbeit zum zweiten Messzeitpunkt noch etwas bedeutsamer eingeschätzt (+6% auf 98%). Im Bereich der Steuerung interkultureller Öffnungsprozesse wurde zu Programmbeginn (t_0) insbesondere die Meinung vertreten, dass die Einrichtungsleitung die Fachkräfte motivieren und ihnen Rückendeckung bei der Gestaltung interkultureller Öffnungsprozesse geben müsse (96%) sowie auf Potenziale von Fachkräften, die bisher nicht genutzt wurden (z. B. Sprachkenntnisse), aufmerksam machen sollte (92%). Insgesamt wurde der Steuerung interkultureller Öffnungsprozesse eine hohe Bedeutung zugewiesen ($\geq$ 85%). Diese Tendenz zeigt sich in der Enderhebung (t_2) noch verstärkt. Zu diesem Zeitpunkt liegt die eingeschätzte Relevanz in allen Bereichen bei $\geq$ 96%. Zudem gab gegen Ende des Untersuchungszeitraums (t_2) über die Hälfte der Einrichtungsleitungen an, über eine strukturiertere Aufgaben- und Verantwortungsverteilung zu verfügen (55%). Dabei würden die Fachkräfte in der Regel ihre Aktivitäten miteinander abstimmen und sich die meisten Einrichtungen regelmäßig im Team über herausfordernde Situationen austauschen (64%). Entsprechend gelinge es zunehmend besser, die Prozessentwicklung, die konzeptionelle Weiterentwicklung der pädagogischen Arbeit sowie zentrale pädagogische Aufgabenfelder zum regelmäßigen Gegenstand der Diskussion und fachlichen Bearbeitung im Team werden zu lassen. Für die Mehrheit der Einrichtungen wurde angegeben, den auf dieser Grundlage erarbeiteten Fort- und Weiterbildungsbedarf in die Jahresplanung und in die Qualitätsentwicklungsarbeit einzubinden (73%). Konzeptionelle Ausdifferenzierungen und Weiterentwicklungen zeigen sich vor diesem Hintergrund im Programmverlauf in allen Bereichen, wie z. B. der Zusammenarbeit mit Eltern (t_0=77%; t_2=91%), der Vernetzung und Kooperation (t_0=69%; t_2=73%), der internen Kommunikation, in der Qualitätsentwicklung und dem Qualitätsmanagement (t_0=62%; t_2=73%) sowie insbesondere im Schwerpunktthema des Projekts, dem Umgang mit kultureller und ethnischer Vielfalt (t_0=38%; t_2=73%). Darüber hinaus lassen sich auf Basis der Angaben der Fachkräfte zur Auswahl von Materialien sowie der Raumgestaltung und Eröffnung von Bildungsbereichen leichte Veränderungen erkennen. So wurde z. B. eine Sensibilisierung für den Verzicht von stereotypisierenden Materialien und Gegenständen (t_0=77%; t_2=84%) in der Raumausstattung deutlich. Hinsichtlich der handlungsbezogenen Orientierungen können die Ergebnisse der Fachkräftebefragungen zu Programmbeginn (t_0) und gegen Ende der Programmlaufzeit (t_2) in der Art interpretiert werden, dass die meisten Fachkräfte in den teilnehmenden Einrichtungen bereits vor „Vielfalt willkommen" eine diversitätssensible Haltung einnahmen und sowohl den Fachkräften mit Migrationshintergrund als auch dem Programm generell offen gegenüberstanden. Es zeigte sich insgesamt eine sehr positive Grundeinstellung zu „Vielfalt willkommen" und Kindertageseinrichtungen werden als zentrale Lernumgebungen für Kinder, Familien, aber auch die pädagogischen Fachkräfte wahrgenommen.

c. Veränderungen auf Ebene der Prozessqualität: Die Ergebnisse zur Weiterentwicklung bzw. zu Veränderungen des jeweiligen pädagogischen Angebots und der Prozessqualität in den beteiligten Kindertageseinrichtungen fallen weniger deutlich aus. Die mittels der KES-RZ zu Programmbeginn (t_0) auf einer Skala von 1 (unzureichende Qualität) bis 7 (ausgezeichnete Qualität) erhobenen Daten zeigen, dass im Durchschnitt eine mittlere bis gute pädagogische Qualität (M= 4.58) in den Einrichtungen realisiert wurde, wenngleich deutliche Unterschiede zwischen den Einrichtungen zu erkennen sind (Min=3.62; Max=5.08; s=.510). Zum Ende der Pilotphase (t_2) ist keine Veränderung des Mittelwertes festzustellen (M=4.58; Min=4.18; Max=5.10; s=.336). Dabei kann zu diesem Zeitpunkt jeder Kindergartengruppe eine grundlegende entwicklungsangemessene Betreuung (M $\geq$3.00) attestiert werden. Ähnliches zeigt sich mit Blick auf die Eingangserhebung (t_0) im Krippenbereich. Hier erreichten die Krippengruppen einen Durchschnittswert von M=4.41 (Min=3.97; Max=4.82; s=.369), der sich in der Enderhebung (t_2) noch in nicht unerheblichem Maße steigern konnte (M=4.95; Min=4. 38; Max=5.23; s=.393). Mit Blick auf die inhaltliche Zielsetzung des Programms sind in diesem Zusammenhang besonders die Ergebnisse der Qualitätseinschätzungen im Bereich „Individuelle Förderung" zu betrachten, die neben den Merkmalen „Berücksichtigung individueller Lernbedürfnisse bei der Planung" und „Sensibilität und Bewusstheit für geschlechtsspezifische Verhaltensmuster" auch das Merkmal „Bewusstheit für kulturelle Vielfalt" umfasst. Gerade letzteres erscheint im Hinblick auf die inhaltliche Zielsetzung einer interkulturellen Öffnung gegenüber Fachkräften mit im Ausland erworbenen Berufsqualifikationen als bedeutsam. Zu Programmbeginn (t_0) verfehlen die Ergebnisse der Einschätzung im Bereich „Individuelle Förderung" die durch die KES-E gesetzten Mindestanforderungen in allen Einrichtungen deutlich (M=1.59; Min=1.33; Max=2.67; s=.434). Dies zeigt sich im Besonderen im Merkmal „Bewusstheit für kulturelle Vielfalt" (M=1.44; Min=1.00; Max=2.00; s=.527). Im Kontext der zweiten Erhebungswelle (t_2) können den fünf beobachteten Kindergruppen im Bereich „Individuelle Förderung" tendenziell leicht höhere Durchschnittswerte attestiert werden (M=1.80; Min=1.00; Max=3,67; s=.720). Dies betrifft auch den Bereich „Individuelle Förderung" (M=1.57; Min=1.00; Max=3.00; s=0.646). Im Bereich „Literacy", der ebenfalls eine deutliche Nähe zu den Programminhalten aufweist, zeigen sich insgesamt keine positiven Entwicklungen – wenngleich jedoch einzelne Merkmale wie „Bücher und Leseecke" (t_0= M=3.11; Min=1.00; Max=4.00; s=1.364; t_2= M=3.80; Min=1.00; Max=6.00; s=2.228), „Klang in Wörtern" (t_0= M=2.78; Min=1.00; Max=4.00; s=.833; t_2– M=3.00; Min=3.00; Max=3.00; s=.000) sowie „Zuhören und Sprechen" (t_0=

M=4.67; Min=3.00; Max=6.00; s=1.323; t_2= M=5.00; Min=4.00; Max=7.00; s=1.414) leichte positive Veränderungen im Programmverlauf aufweisen. Eine deutliche Entwicklung zeigt sich insgesamt auch im Bereich „Sprachliche Anregungen" (t_0= M=4.94; Min=4.00; Max=5.75; s=.726; t_2= M=5.65; Min=5.50; Max=6.00; s=.224). Mit Blick auf die Organisations- und Teamentwicklung ist die positive Veränderung des Merkmals „Interne und externe Kommunikation" hervorzuheben (t_0= M=3.33; Min=3.00; Max=6.00; s=1.732; t_2= M=4.20; Min=2.0; Max=7.00; s=2.280).

Insgesamt sollte jedoch nicht unberücksichtigt bleiben, dass sich die Unterschiede zwischen den Ergebnissen der einzelnen Einrichtungen zum Ende der Pilotphase des Programms (t_2) mitunter deutlich vergrößerten (z. B. hinsichtlich der Merkmale „Bücher und Leseecke" und „Interne und externe Kommunikation"). Die alles in allem eher moderat gestiegenen Durchschnittswerte stehen im Kontrast zu den Ergebnissen der Selbsteinschätzungen der Fachkräfte, die bereits zu Programmbeginn (t_0) eine Offenheit gegenüber Kindern und Erwachsenen mit Migrationshintergrund sowie die Durchführung von Aktivitäten im Kontext interkultureller Öffnung konstatieren – insbesondere was die Einbindung konkreterer Angebote wie z. B. gezielter Kommunikationen und den Aufbau von Strukturen interkultureller Öffnung, aber auch Angebote der Weiterbildung und (Selbst-)Reflexion betrifft (vgl. Faas et al. 2021).

Letztlich verdeutlichen die Ergebnisse der Programmevaluation, dass sich die im Projektzeitraum festgestellten Veränderungen hinsichtlich strukturell-planerischer, räumlich-materieller und konzeptionell-handlungsorientierter Aspekte in den an „Vielfalt willkommen" beteiligten Kindertageseinrichtungen noch nicht auf die konkrete pädagogische Arbeit gegen Ende der ersten Programmphase ausgewirkt haben. Während also auf Ebene der Struktur- und Orientierungsqualität sowie der wahrgenommenen Handlungskompetenzen intendierte Weiterentwicklungen zu erkennen sind, trifft dies für die Ebene der von den Kindern erfahrbaren Prozesse und Interaktionen (Prozessqualität) bestenfalls marginal zu. Dieses Ergebnis deckt sich mit Befunden aus Evaluationen zu anderen Qualifizierungsmaßnahmen für frühpädagogische Fachkräfte und beschreibt offensichtlich ein spezifisches Transferproblem frühpädagogischer Weiterbildungsprogramme (vgl. z. B. Faas/Dahlheimer/Thiersch 2016). Wenn sich also struktur- und orientierungsbezogen intendierte Veränderungen vollziehen lassen und auch die Einsicht in Veränderungsnotwendigkeiten aufseiten der meisten Fachkräfte vorliegt, bedeutet das noch nicht, dass auch die handlungsbezogene Umsetzung im pädagogischen Alltag gelingt; dies kann als zentraler Befund festgehalten werden. Hier scheinen spezifischere Unterstützungsmaßnahmen von Bedeutung zu sein. Diverse Forschungsbefunde zeigen, dass Fort- und Weiterbildungen insbesondere dann messbare Veränderungen nach sich ziehen, wenn sie konkrete Handlungspraktiken vermitteln, sich an fachwissenschaftlichen Qualitätskriterien orientieren bzw. durch entsprechende Maßnahmen der Prozessbegleitung (z. B. prozessbezogenes Coaching) die Implementierung in den pädagogischen Alltag absichern (vgl. Faas/Dahlheimer 2015). Für das Programm „Vielfalt Willkommen" stellt sich vor diesem Hintergrund die Frage, inwiefern hier entsprechende Elemente und konkretere Zielvorgaben auf Ebene der Prozessqualität ergänzend aufgenommen werden können (z. B. einheitliche Standards für eine kultursensible pädagogische Arbeit).

Die vorliegenden Evaluationsergebnisse lassen sich allerdings – hier insbesondere auf der Prozessebene – auch noch anders interpretieren: Die an „Vielfalt willkommen" teilnehmenden Einrichtungen und Teams haben sich während der Programmlaufzeit, neben den eigentlichen Aufgaben, mit zusätzlichen Themen und Entwicklungsprozessen beschäftigt. Darüber hinaus haben sie eine pädagogische Fachkraft mit einem anderen Ausbildungshintergrund und mit zum Teil geringeren Deutschkenntnissen in ihr Team und die pädagogische Arbeit integriert. Kritiker:innen könnten hier unterstellen, dass dies zu einer zusätzlichen Belastung der Teams und möglicherweise zu einer Verschlechterung der pädagogischen Qualität führen könnte; insbesondere mit Blick auf die sprachliche Anregung der Kinder (vgl. hierzu Geiger/Faas 2019). Die vorliegenden Befunde weisen nun nach, dass dies im Programmverlauf von „Vielfalt willkommen" nicht der Fall war und die pädagogische Qualität stabil geblieben ist. Diese Lesart der Ergebnisse hebt allerdings nicht die Einschränkung auf, dass gerade im Bereich der „Bewusstheit für kulturelle Vielfalt" keine wesentlichen Veränderungen auf der Prozessebene verzeichnet werden können. Nicht zuletzt lassen sich die dargestellten Befunde zur Veränderung der strukturell-planerischen, räumlich-materiellen und konzeptionellen Rahmenbedingungen sowie zur Entwicklung programmnaher Haltungen auch als Beleg für die hohe Akzeptanz der Programminhalte interpretieren; auch die überwiegend positiven Aussagen der Fachkräfte im Anerkennungsverfahren zum Programmverlauf sprechen mehrheitlich dafür.

4 Einbindung der Fachkräfte im Anerkennungsverfahren in die pädagogische Arbeit

Neben den Veränderungen auf den Ebenen der Struktur-, Orientierungs- und Prozessqualität zielt das Programm „Vielfalt willkommen" auf eine nachhaltige Integration der Fachkräfte mit einem im Ausland erworbenen beruflichen Abschluss in den Arbeitsmarkt, d. h. auf einen dauerhaften Verbleib im frühpädagogischen Feld. Hierfür dürfte nicht zuletzt die gelingende Einbindung der Fachkräfte in die pädagogischen Aktivitäten und Aufgaben im jeweiligen Handlungskontext zentral sein. Die Ergebnisse der Befragung der teilnehmenden Fachkräfte im Anerkennungsverfahren zeigen, dass in grundlegenden, direkt-adressat:innenbezogenen Bereichen zu Programmbeginn (t_0) auf einer Skala zwischen 0 (=gar nicht) und 6 (=mindestens täglich) im Durchschnitt mittlere Werte erreicht wurden, d. h., diese Aktivitäten wurden zum Erhebungszeitpunkt von den Fachkräften im Anerkennungsverfahren bereits regelmäßig durchgeführt und dies sogar häufiger eigenständig (M=3.38) als unterstützend, d. h. ergänzend zu einer anderen Fachkraft (M=2.98). Konkret sind hier Aktivitäten mit den Kindern im Freispiel (z. B. Bauspiele, Lesen, Malen), im Bereich Pflege und Routinen (z. B. Mahlzeiten, WC/Wickeln, Schlafbegleitung) sowie Tür- und Angelgespräche mit den Eltern (z. B. bei Abholung der Kinder), aber auch geplante Angebote mit Kindern (z. B. Morgenkreis, Experimente, künstlerische Angebote o.ä.) und Eltern (z. B. Feste, gemeinsames Frühstück, Elternabend) gemeint. Der Einbezug der Teilnehmer:innen in diese direkt-adressat:innenbezogenen Tätigkeiten wurde im Programmverlauf noch ausgeweitet, so dass sich die eigenständige Durchführung dieser Aktivitäten am Ende der Pilotphase (t_2) auf M=4.17 erhöhte, ebenso die unterstützende Ausübung dieser Tätigkeiten auf M=4.20. Im Hinblick auf die indirekt-adressat:innenbezogenen Tätigkeitsbereiche (z. B. Planung von Aktivitäten mit den Eltern, Beobachtung und Dokumentation der Entwicklung einzelner Kinder) sowie organisationbezogene Aktivitäten (z. B. Raum- und Materialpflege, Konzeptions- und Koordinierungsaufgaben) lassen sich im Programmverlauf ebenfalls positive Entwicklungen verzeichnen, wenngleich die Werte dennoch auf einem niedrigen Niveau verbleiben. Laut Aussagen der Einrichtungsteams und zugewanderten Fachkräfte haben aber nicht nur der generelle Einbezug in den Kitaalltag sowie die Übernahme von Verantwortung für bestimmte Arbeitsfelder oder Aufgabengebiete im Programmverlauf zugenommen, sondern auch die inhaltliche Ausgestaltung der Tätigkeit. Während sich die Aufgaben zu Beginn der Tätigkeit oftmals noch auf hauswirtschaftliche Aktivitäten oder Pflege- und Routinetätigkeiten beschränkten, wurde das Aufgabenspektrum im Laufe des Programms sukzessive erweitert. Interkulturelle Öffnungsprozesse seien in den Einrichtungen in diesem Zusammenhang angestoßen und vorangebracht worden. In dieser Hinsicht zeichnet die Evaluation gegen Ende der Pilotphase (t_2) ein positives Bild.

Richtet man den Blick auf die Ebene der einzelnen Einrichtung, dann werden zum Teil aber sehr unterschiedliche Entwicklungen deutlich: Während in vielen der teilnehmenden Kindertageseinrichtungen die Fachkräfte im Anerkennungsverfahren im Programmverlauf nach eigenen Aussagen sehr gut in das Team und den pädagogischen Alltag integriert werden konnten sowie die Team- und Organisationsentwicklung fester Bestandteil von Gesamtteamsitzungen und dem regelmäßigen Austausch mit der jeweiligen Fachberatung waren, gab es zeitgleich einzelne Einrichtungen mit abweichenden bzw. gegenläufigen Entwicklungen. Oftmals ist dabei ein Zusammenhang zwischen Fortschritten in der Organisations- und Teamentwicklung und der zunehmenden Beteiligung der jeweiligen Fachkraft im Anerkennungsverfahren anzunehmen (vgl. Faas et al.

2021). Die Ergebnisse legen aber auch nahe, dass die Durchführung bzw. eigenverantwortliche Übernahme qualifizierter pädagogischer Aktivitäten und Angebote auch stark abhängig von der Sprachkompetenz der jeweiligen Fachkraft ist. Fortgeschrittene Sprachkenntnisse wurden hierbei von allen Beteiligten als unabdingbar eingeschätzt, um eigenständig und selbstsicher in der Praxis agieren zu können (vgl. hierzu ausführlicher Dahlheimer/Guilleaume in diesem Band). Das Erlernen und Festigen der deutschen Sprache kann somit als wichtiger Baustein angesehen werden, um den Kitaalltag aktiv mitgestalten zu können, wobei die Sprachkurse in der durchgeführten Form für die Teilnehmer:innen nicht ausreichend erscheinen.

Die dargestellten Befunde zur Einbindung der Fachkräfte im Anerkennungsverfahren in die pädagogische Arbeit sprechen insgesamt dafür, dass die Verzahnung von individuellem und organisationalem Lernen, d. h. die Kopplung der Weiterqualifizierung der Fachkräfte mit einem im Ausland erworbenen Abschluss mit Angeboten der Prozessbegleitung und Weiterbildung der Teams, sinnvoll und weiterführend ist. Darüber hinaus ist aber auch davon auszugehen, dass die gelingende Organisations- und Teamentwicklung sowie die erfolgreiche Absolvierung der individuellen Weiterbildungsangebote im Anerkennungsverfahren nicht nur vom Programm und den jeweiligen Erfahrungen sowie den erworbenen personenbezogenen Kompetenzen der Fachkräfte abhängig sind, sondern auch in hohem Maße von den gegebenen Rahmenbedingungen sowie der konkreten Umsetzung vor Ort. Somit ist festzuhalten, dass die skizzierte offene Anlage des Programms zum einen durchaus positive Aspekte beinhaltet (insbesondere die Möglichkeit zu einem bedarfsangemessenen und situationsadäquaten Vorgehen), zum anderen bedeutet sie aber auch, dass die konkrete Ausgestaltung der Prozessbegleitung und darauf basierend die Qualifizierung der Fachkräfte sowie die Organisations- und Teamentwicklung in den Einrichtungen zu einem großen Teil von der Person der Prozessbegleiter:in und entsprechend zu einem geringeren Teil vom Programm selbst abhängen dürfte. Entsprechend wurden die konkreten Angebote in den verschiedenen Kindertageseinrichtungen zum Teil sehr unterschiedlich durchgeführt, was sich auf die Veränderungen in der jeweiligen Praxis ausgewirkt haben dürfte – nicht zuletzt mit Blick auf die Integration der Fachkräfte im Anerkennungsverfahren in die Einrichtungsteams und die alltägliche pädagogische Arbeit. Darüber hinaus erschwerte dies im Rahmen der Evaluation die Identifizierung relevanter Kontextbedingungen für bestimmte Entwicklungsprozesse, gerade im Zusammenhang mit der Prozessbegleitung sowie dem Nachweis spezifischer Wirkungen des Programms (vgl. hierzu auch Faas/Dahlheimer 2015).

5 Einordnung und Empfehlungen

Das Programm „Vielfalt willkommen – Internationales Fachpersonal für Kindertageseinrichtungen" greift mit den Themen Migration und Integration im Allgemeinen und dem Fachkräftemangel im Bereich der Kindertagesbetreuung im Besonderen relevante sozial-, arbeitsmarkt- und bildungspolitische Fragen bzw. Problemstellungen auf. Des Weiteren knüpft es an eine als unzureichend einzuschätzende Qualifizierungs- und Weiterbildungslandschaft im Kontext der beruflichen Anerkennung an (vgl. Faas et al. 2021). „Vielfalt willkommen" begegnet diesem strukturellen Defizit auf spezifische Weise. Mit der konzeptionellen Berücksichtigung von Aspekten individuellen und organisationalen Lernens, d. h. dem Einbezug verschiedener Akteur:innen sowie des aufnehmenden Systems „Kindertageseinrichtung", hebt sich „Vielfalt willkommen" von anderen Maßnahmen ab, bei denen schwerpunktmäßig die Fachkraft mit einem im Ausland erworbenen Abschluss adressiert wird (vgl. ebd.). Es ist vor diesem Hintergrund als innovativ und konzeptionell nachhaltig einzuschätzen. Des Weiteren ist auf Basis der Ergebnisse der Programmevaluation zu konstatieren, dass mit „Vielfalt willkommen" Fachkräften mit einem im Ausland erworbenen pädagogischen Abschluss spezifische Chancen zur Aufnahme einer qualifizierten Tätigkeit in einer Kindertageseinrichtung eröffnet werden. Dabei wurde das Programm von den beteiligten Einrichtungen, Teams und Fachkräften mehrheitlich gut angenommen und es konnten intendierte Entwicklungen in Richtung berufliche Integration und interkulturelle Öffnung angestoßen werden. Die Evaluationsergebnisse machen aber auch darauf aufmerksam, dass das anspruchsvolle Ziel, über die Qualifizierung frühpädagogischer Fachkräfte und die Prozessbegleitung die Praxis in Kindertageseinrichtungen in Richtung kulturelle Sensibilität und interkulturelle Öffnung weiterzuentwickeln, d. h. Effekte auch auf der Handlungsebene zu bewirken, im Pilotzeitraum mehrheitlich noch nicht erreicht werden konnte.

In diesem Zusammenhang ist zunächst anzumerken, dass die Frage nach der Wirkung einer Maßnahme zwar wichtig ist, jedoch eine ausschließliche Beurteilung ausgehend von evozierten Effekten dem Programm „Vielfalt willkommen" aufgrund dessen Vielschichtigkeit nicht gerecht werden würde. Zum einen ist es prinzipiell problematisch, messbare Wirkungen von Fortbildungsprogrammen uneingeschränkt anzunehmen, da eine kontrollierte Erfassung der Netto-Wirkungen, d. h. der Veränderungen, die eindeutig Programmen zugeschrieben werden können, in der Regel nicht möglich ist. Im Rahmen solcher Feldevaluationen kann – im Gegensatz zu experimentellen Herangehensweisen – nicht ausgeschlossen werden, dass Drittvariablen (z. B. bestimmte persönliche und strukturelle Faktoren) Einfluss auf die intendierten Wirkungen nehmen, indem sie diese aufheben, abschwächen, verstärken etc. Zum anderen sind Fragen der Wirksamkeit auf der Output-Ebene nicht die einzigen bedeutsamen Fragen bei der Beurteilung von Weiterbildungsprogrammen. Vielmehr sind die Akzeptanz eines bestimmten Vorgehens, die gesellschaftliche Relevanz eines Themas, die Anreize zur Auseinandersetzung mit bestimmten Inhalten etc. genauso in den Blick zu nehmen. Eine Beurteilung von Programmen im Elementarbereich sollte insofern anhand der Abwägung verschiedener Perspektiven und Argumente erfolgen (vgl. hierzu auch Faas/Dahlheimer 2015). Dabei ist insbesondere von Bedeutung, dass es im Rahmen von „Vielfalt willkommen" offensichtlich mehrheitlich gelungen ist, Aspekte einer kultursensiblen und vorurteilsbewussten Pädagogik in den teilnehmenden Kindertageseinrichtungen konzeptionell zu verankern und das Bewusstsein für die Chancen der Integration von Fachkräften mit einem im Ausland erworbenen Abschluss in den Einrichtungsteams zu stärken. Davon dürfte dann auch eine entsprechende Breitenwirkung auf die die jeweilige Einrichtung einbindenden, kommunalen Kontexte und Trägerzusammenhänge ausgehen. Dies ist bedeutsam, um mehr Menschen mit Migrationsgeschichte nachhaltig und dauerhaft eine angemessene berufliche Perspektive zu geben, vorhandenes Fachkräftepotenzial für Kindertageseinrichtungen zu nutzen, dem Fachkräftemangel zu begegnen sowie die gesellschaftliche Lebensrealität auch auf Personalebene innerhalb von Kindertageseinrichtungen anzuerkennen und dabei pädagogische Praxis diversitätssensibel weiterzuentwickeln.

Die Kombination von Angeboten sowohl auf der Ebene individuellen als auch organisationalen Lernens scheint sich vor dem Hintergrund der Evaluationsergebnisse zu bewähren und könnte als Blaupause für andere Projekte in diesem thematischen Kontext dienen; ggf. lassen sich beide Bereiche noch stärker aufeinander beziehen. Allerdings erscheint es notwendig, die im Zusammenhang mit beruflicher Anerkennung von im Ausland erworbenen Abschlüssen oftmals bestehenden sprachlichen Barrieren bzw. Möglichkeiten zum Abbau dieser noch stärker als bisher in den Blick zu nehmen. Hierzu zählen z. B. das Sprachniveau in den Weiterbildungsveranstaltungen für die Fachkräfte im Anerkennungsverfahren, aber auch die zur Verfügung gestellten Unterlagen, die von den Teilnehmer:innen oftmals als zu schwierig eingestuft wurden. Insbesondere Teilnehmer:innen, die zu Beginn des Anerkennungsverfahrens nicht über mindestens B1-Sprachkenntnisse verfügten, gaben an, neben den Schwierigkeiten bei der Bewältigung des pädagogischen Alltags zum Teil auf massive (Akzeptanz-)Probleme im Einrichtungsalltag (z. B. mangelnde Integration in das jeweilige Team und/oder die pädagogische Arbeit) gestoßen zu sein. Neben der Sensibilisierung von Einrichtungsteams für interkulturelle Prozesse und einer Stärkung der interkulturellen Kompetenz ist vor diesem Hintergrund zu empfehlen, dem Lernen der deutschen Sprache im Rahmen solcher Projekte noch einen größeren Raum einzuräumen und passgenaue Angebote hierzu zu entwickeln – nach Möglichkeit bereits vor Aufnahme der Tätigkeit in den Einrichtungen. Eine solche Unterstützung sprachlicher Fähigkeiten könnte ggf. als ein eigenständiges Brückenmodul konzipiert werden, das dem Programm vorgelagert ist – im Sinne eines zweistufigen, aufeinander aufbauenden Weiterbildungs- und Unterstützungsangebots. Gleichzeitig sollten aber auch den Einrichtungsteams konkretere Möglichkeiten und Methoden an die Hand gegeben werden, um die Fachkräfte im Anerkennungsverfahren noch zielgerichteter im beruflichen Alltag anleiten und begleiten zu können. Ziel sollte es dabei sein, die Erfahrungen und das Wissen der Fachkräfte im Anerkennungsverfahren noch stärker als Ressource für die gemeinsame pädagogische Arbeit zu nutzen (z. B. interkulturelle pädagogische Angebote, Elterngespräche etc.). Hierbei sollte dann zudem darauf geachtet werden, dass seitens der teilnehmenden Einrichtungen die notwendigen Ressourcen für die Organisations- und Teamentwicklung bereitgestellt werden können (z. B. stabile Personalsituation, keine aktuellen Herausforderungen wie Umbaumaßnahmen, Leitungswechsel, Neueröffnung von Gruppen u.ä., keine nennenswerten Teamkonflikte, intrinsische Motivation). Mit Blick auf die Nachhaltigkeit der Maßnahmen erscheint es auch erforderlich, die Träger stärker in die Verantwortung für die Umsetzung solcher Programme mit einzubeziehen, u. a. mithilfe spezifischer Anreizsysteme: Beispielsweise könnte ein zeitlich befristetes Siegel ein Anreiz sein, die Umsetzung der Programminhalte immer wieder zu aktualisieren. Um eine nachhaltige und möglichst breite Wirkung von „Vielfalt willkommen" zu garantieren, erscheinen vor diesem Hintergrund aber auch Anstöße zur Weiterentwicklung des Anerkennungssystems auf (landes-)politischer Ebene erforderlich. Es geht insofern auch darum, die Anerkennungsthematik insgesamt auf gesellschaftlicher und pädagogischer Ebene weiterhin vertieft zu diskutieren und verstärkt in den Vordergrund zu rücken, um gegebene system- und strukturbezogene Einschränkungen nach und nach aufzulösen.

Literatur

Akbaş, Bedia/Leiprecht, Rudolf (2015): Pädagogische Fachkräfte mit Migrationshintergrund in Kindertageseinrichtungen. Auf der Suche nach Erklärungen für die geringe Repräsentanz im frühpädagogischen Berufsfeld. Oldenburg: BIS-Verlag.

Autorengruppe Fachkräftebarometer (2017): Fachkräftebarometer Frühe Bildung 2017. München: Deutsches Jugendinstitut.

Balzer, Lars (2012): Der Wirkungsbegriff in der Evaluation - eine besondere Herausforderung. In: Niedermair, G. (Hrsg.): Evaluation als Herausforderung der Berufsbildung und Personalentwicklung. Linz: Trauner, S. 125–141.

Faas, Stefan/Dahlheimer, Sabrina (2015): Effekte von Fortbildungen im Elementarbereich. Zu Fragen des Messens und Bewertens im Kontext von Programmevaluationen. In: Schmitt, Annette/Morfeld, Matthias/Sterdt, Elena/Fischer, Luisa (Hrsg.): Evidenzbasierte Praxis und Politik in der Frühpädagogik. Ein Tagungsbericht. Halle (Saale): Mitteldeutscher Verlag, S. 66–82.

Faas, Stefan/Dahlheimer, Sabrina/Thiersch, Renate (2016): Bildungsgerechtigkeit – Ziel und Anspruch frühpädagogischer Qualifizierungsprogramme. Vergleichende Evaluation der Programme „Chancen - gleich!" und „frühstart Rheinland-Pfalz!". In: Zeitschrift für Grundschulforschung, Bildung im Elementar- und Primarbereich 9, H. 1, S. 34–51.

Faas, Stefan/Geiger, Steffen (2020): Perspektiven auf Anerkennung – Fachkräfte mit einem im Ausland erworbenen Abschluss im System der Kindertagesbetreuung. In: Friederich, Tina/Schneider, Helga (Hrsg.): Fachkräfte mit ausländischen Studienabschlüssen für Kindertageseinrichtungen. Wie Professionalisierung gelingen kann. Weinheim und Basel: Beltz Juventa, S. 18–36.

Faas, Stefan/Treptow, Rainer/Dahlheimer, Sabrina/Geiger, Steffen/von Guilleaume, Christine (2021): Evaluation des Projekts „Vielfalt willkommen – Internationales Fachpersonal für Kindertageseinrichtungen". Schwäbisch Gmünd und Tübingen. Abschlussbericht.

Fischer, Veronika (2017): Familienbildung im Migrationskontext: Diversität anerkennen – Weiterbildungsteilhabe erhöhen. DIE Zeitschrift für Erwachsenenbildung 1, S. 34–37.

Fried, Lilian (2010): Wie steht es um die Sprachförderkompetenz von deutschen Kindergartenerzieherinnen? Ausgewählte Ergebnisse einer empirischen Studie. In: Fischer, Hans-Joachim/Gansen, Peter/Michalik, Kerstin (Hrsg.): Sachunterricht und frühe Bildung. Bad Heilbrunn: Klinkhardt, S. 205–218.

Friederich, Tina (2017): Von der Ergänzungskraft mit Migrationshintergrund zur Kindheitspädagogin. In: KiTa aktuell BY2017, H. 12, S. 251–253.

Fuchs-Rechlin, Kirsten/Strunz, Eva (2014): Die berufliche, familiäre und ökonomische Situ-ation von Erzieherinnen und Kinderpflegerinnen. Sonderauswertung des Mikrozensus 2012. Düsseldorf und Dortmund.

Geiger, Steffen/Faas, Stefan (2019): Zur Anerkennung im Ausland erworbener Berufsqualifikationen im Bereich frühkindlicher Erziehung, Bildung und Betreuung. In: Soziale Passagen 11, H. 2, S. 285–304.

Helmke, Andreas (2014): Forschung zur Lernwirksamkeit des Lehrerhandelns. In: Terhart, Ewald/Bennewitz, Hedda/Rothland, Martin (Hrsg.): Handbuch der Forschung zum Lehrerberuf. Münster: Waxmann, S. 807–821.

Müller, Margaretha/Faas, Stefan/Schmidt-Hertha, Bernhard (2016): Qualitätsmanagement in der frühpädagogischen Weiterbildung. Konzepte, Standards und Kompetenzanerkennung. Weiterbildungsinitiative Frühpädagogische Fachkräfte, WiFF Expertisen, Band 45. München: Deutsches Jugendinstitut.

Oberhuemer, Pamela/Schreyer, Inge (2017): Frühpädagogisches Personal. Ausbildungen, Arbeitsfelder, Arbeitsbedingungen – Länderbericht „Deutschland". In: Schreyer, Inge/Oberhuemer, Pamela (Hrsg.): Personalprofile in Systemen der frühkindlichen Bildung, Erziehung und Betreuung in Europa. www.seepro.eu/Deutsch/Pdfs/DEUTSCHLAND_Fruehpaedagogisches%20Personal.pdf (Abfrage: 26.08.2022).

Ottmann, Sebastian/König, Joachim (2018): Was wirkt wie? – Konzeptionelle Überlegungen zur Messung und Analyse von Wirkungen in der Sozialen Arbeit. Der Wirkungsradar des Instituts für Praxisforschung und Evaluation der Evangelischen Hochschule Nürnberg. Forschung, Entwicklung, Transfer. Nürnberger Hochschulschriften 29. Nürnberg: Evangelische Hochschule Nürnberg.

Tietze, Wolfgang/Roßbach, Hans-Günther (Hrsg.) (2018): Kindergarten-Skala-Erweiterung (KES-E). Deutsche Fassung der ECERS-E. The Four Curricular Subscales Extension to the Early Childhood Environment Rating Scale (ECERS-R) 4th Edition, von Kathy Sylva, Iram Siraj-Blatchford und Brenda Taggart. Weimar/Berlin: Verlag das Netz.

Tietze, Wolfgang./Roßbach, Hans-Günther/Nattefort, Rebecca/Grenner, Katja (2017). Kindergarten-Skala (KES-RZ). Revidierte Fassung mit Zusatzmerkmalen. Weimar: Verlag das Netz.

Tietze, Wolfgang/Roßbach, Hans-Günther (Hrsg.) (2019): Krippen-Skala (KRIPS-RZ). Deutsche Fassung der Infant/Toddler Environment Rating Scale - Revised Edition von Thelma Harms, Debby Cryer und Richard M. Clifford. Weimar/Berlin: Verlag das Netz.

Panesar, Rita (2017): Vielfalt Bildet! Hamburg. Unveröffentlichter Konzeptvorschlag.

Robert Bosch Stiftung (o. J.): Vielfalt willkommen – Internationales Fachpersonal für Kindertageseinrichtungen. Eine Qualifizierung für zugewandertes Fachpersonal und begleitende Unterstützung bei der Teamentwicklung für interessierte Kitas. Stuttgart. www.bosch-stiftung.de/de/projekt/vielfalt-willkommen-internationales-fachpersonal-fuer-kindertageseinrichtungen (Abfrage: 17.08.2022).

Bedingungen beruflicher Anerkennung für das Handlungsfeld der Kindertagesbetreuung in Deutschland

Rechtliche und institutionelle Regelungen

Steffen Geiger und Stefan Faas

Die institutionelle Kindertagesbetreuung in Deutschland ist seit einigen Jahren vielfältigen Dynamiken und Transformationsprozessen unterworfen. Zentral ist dabei ein fundamentaler Wandel des Verhältnisses von familialer und institutioneller Erziehung, Bildung und Betreuung von Kindern im vorschulischen Alter, der sich unterschiedlich begründet. Zum einen ist er im Zusammenhang mit der 2013 erfolgten Einführung des Rechtsanspruchs auf Kindertagesbetreuung ab dem vollendeten ersten Lebensjahr zu sehen, zum anderen mit der bildungspolitisch forcierten Stärkung des frühkindlichen Bildungsauftrags, die sich nicht zuletzt in Folge der Anfang der 2000er Jahre aufkommenden Bildungsdebatte im Zusammenhang mit den als unzureichend wahrgenommenen Ergebnissen nationaler und internationaler Schulvergleichsstudien sowie neuerer Forschungsarbeiten zur Bedeutung frühkindlichen Lernens vollzog (vgl. Bock-Famulla 2023). Kindertageseinrichtungen wurden und werden seither bildungspolitisch als Institutionen betrachtet, die Kinder auf Basis einer breiten Persönlichkeitsbildung auf späteres (schulisches) Lernen vorbereiten und individuelle Bildungsverläufe nachhaltig beeinflussen. Diese Einordnung wird insbesondere mit Blick auf die Förderung von Kindern mit Zuwanderungshintergrund sowie aus sozial benachteiligten Familien betont und forschungsbezogen untermauert (vgl. Schmerse et al. 2018; Roßbach/Anders/Tietze 2016). Die Entwicklung von Bildungsplänen für den Elementarbereich, die mittlerweile in allen Bundesländern als zentrale Orientierungsrahmen für Bildung, Erziehung und Betreuung in Kindergärten, Krippen und zunehmend auch in der Kindertagespflege fungieren, ist in diesem Kontext zu sehen; ebenso die aktuelle Debatte zu ihrer verbindlicheren Umsetzung, verknüpft mit der Forderung, eine solche durch entsprechende Maßnahmen der Qualitätssteuerung abzusichern (vgl. Faas/Kluczniok 2023).

Diese Veränderungen, die sich mit gleichstellungs-, wirtschafts- und sozialpolitischen Entwicklungen verschränken, haben in den letzten Jahren zu einer enormen Erhöhung des Personalbedarfs in der Kindertagesbetreuung geführt. Der aktuelle Fachkräftemangel ist u. a. hierdurch begründet (vgl. Rosenkranz/Klusemann/Schütz 2023). Zu seiner Bewältigung werden verschiedene

Maßnahmen diskutiert und ergriffen. Dabei rücken auch der stärkere Einbezug von pädagogischen Fachkräften mit einem im Ausland erworbenen beruflichen Abschluss bzw. die Anerkennung solcher Abschlüsse sowie eine insgesamt bessere Arbeitsmarktintegration im Kontext von Zuwanderung und Migration in den Blick (vgl. Deutscher Kitaverband 2022; Netzwerk Integration durch Qualifizierung 2014). Die fachöffentliche bzw. allgemeine fachwissenschaftliche Auseinandersetzung zu diesen Themen ist dabei überwiegend gesellschaftspolitisch gerahmt. Migration wird als wirkmächtige gesellschaftliche Differenzkategorie betrachtet, mit der Benachteiligungen und ungleiche Teilhabechancen einhergehen – gerade auch auf dem Arbeitsmarkt. In dieser Lesart manifestieren und reproduzieren sich diese dann auch im System der beruflichen Anerkennung und können dort zum „Integrationshindernis" (El-Mafaalani 2017, S. 466) werden.

Neben dieser inhaltlichen Verortung wird das Thema berufliche Anerkennung im Kontext des Erzieher:innenberufs in den letzten Jahren zunehmend auch im erziehungswissenschaftlichen Diskurs aufgegriffen und empirisch untersucht (vgl. Geiger/Faas 2019; Friederich/Schneider 2020; Gereke et al. 2014). Dabei fanden die strukturellen Rahmenbedingungen von Anerkennung bislang nur vereinzelt systematisch Berücksichtigung. Im Zusammenhang mit der Evaluation des Programms „Vielfalt willkommen" konnte in einer Teilstudie dieses Desiderat aufgegriffen und bearbeitet werden. Der vorliegende Beitrag stellt zentrale Aspekte dieser Teilstudie vor, indem zunächst – ausgehend vom Begriff der beruflichen Anerkennung – die zugrunde gelegten Forschungsfragen expliziert werden (Kap. 1). Daran anknüpfend wird das methodische Vorgehen beschrieben (Kap. 2), bevor die Darstellung zentraler Befunde erfolgt (Kap. 3 und 4). Der Beitrag schließt mit einer Diskussion und Einordnung dieser (Kap. 5).

1 Berufliche Anerkennung: Begriffliche Annäherungen

Der Anerkennungsbegriff verweist zunächst allgemein auf einen reziproken Prozess bzw. eine Relation, bei der ein Subjekt oder ein Kollektiv Anerkennung erfährt und umgekehrt Anerkennung durch ein Subjekt oder Kollektiv erteilt wird. Anerkennung ist damit zunächst als ein soziales Verhältnis zu verstehen, bei dem mindestens zwei Akteur:innen beteiligt sind (vgl. Sichler 2010). Während in erziehungs- und sozialwissenschaftlichen Diskursen Anerkennung als „‚etwas' thematisiert und verstanden wird, das mit der Genese und/oder der Aufrechterhaltung von Subjektivität und Identität eng verbunden und für diese unverzichtbar ist" (Balzer 2014, S. 576), erfährt es im Kontext beruflicher Anerkennung insbesondere eine funktionale und zumeist politisch konnotierte Thematisierung. Hierbei bezeichnet Anerkennung ein formalisiertes, institutionelles und gesetzlich kodifiziertes Verfahren, mit dem „processes of giving official status to competences" (Singh 2015, S. 2) verbunden sind. Geprüft wird, ob ein außerhalb eines nationalstaatlichen Bildungssystems erworbener beruflicher Abschluss mit einem inländischen Referenzabschluss gleichwertig ist (vgl. Schmidtke 2020; Maier/Ruprecht 2012). Ziel ist, Kompetenzen, Qualifikationen und Abschlüsse, die die Antragsteller:innen in ihrem Herkunftsland erworben haben, zu bestätigen und hinsichtlich nationaler Referenzprofile zu formalisieren (vgl. Eberhardt/ Annen 2012). Dadurch wird einer Person mit einer im Ausland erworbenen Qualifikation formal das Recht zugewiesen, eine Tätigkeit im Rahmen des anerkannten Referenzberufs aufzunehmen (vgl. Schmidtke 2020). Verknüpft ist damit auch das Recht, einen offiziellen Berufstitel, hier den Beruf der Erzieher:in, tragen zu dürfen. Dieser wird stellvertretend durch das Anerkennungssystem vergeben, ist juristisch garantiert und verbürgt eine Qualifikation mit Blick auf einen spezifischen Handlungszusammenhang (vgl. Bourdieu/Boltanski 1981). Die anerkannte Qualifikation kann in diesem Sinne dann auch als staatlich und rechtlich legitimiertes kulturelles Kapital verstanden werden, das auf dem Arbeitsmarkt verwertet werden kann. Solche institutionalisierten Anerkennungsverfahren werden in der Regel als individuelle bzw. einzelfallbezogene Prüfungen durchgeführt (vgl. Geiger et al. 2019). Die Anerkennung eines Abschlusses stellt damit ein zentrales politisch-rechtliches Instrument zur Ermöglichung der Aufnahme einer Tätigkeit in Kindertageseinrichtung und zur Teilhabe am Arbeitsmarkt dar. In diesem Zusammenhang stellen sich dann Fragen nach den mit der Anerkennung eines im Ausland erworbenen Abschlusses verbundenen Modalitäten und Verfahrensweisen, nach den dem Anerkennungssystem zugrundliegenden Logiken sowie etwaigen strukturellen Barrieren und deren institutionelle Verankerung.

2 Methodisches Vorgehen

Zur Klärung dieser Fragen wurde ein multimethodisches Vorgehen zugrunde gelegt. Dabei erfolgte zunächst eine umfassende Literaturrecherche, um das Anerkennungssystem und das Anerkennungsverfahren im Kontext des Erzieher:innenberufs insgesamt nachzuvollziehen. Auf dieser Basis waren die Bedingungen und Voraussetzungen von Anerkennung und damit verbundene Hindernisse und Problematiken herauszuarbeiten, zu analysieren und kritisch zu hinterfragen. Der Recherche lag dabei ein induktives Vorgehen zugrunde, bei dem die einbezogenen Quellen systematisch strukturiert und entsprechend der Fragen aufbereitet, kategorisiert und schrittweise erweitert wurden (vgl. auch Hart 2018; Cooper 1988). Dazu wurden wissenschaftliche Beiträge in Fachzeitschriften, Handbüchern sowie Monografien einbezogen. Zudem wurde auf politische Stellungnahmen und Gesetzestexte sowie Veröffentlichungen und Informationen zentraler Akteur:innen im Kontext von beruflicher Anerkennung zurückgegriffen. Ergänzend wurden zur Flankierung und Fundierung der Literaturrecherche insgesamt drei leitfadenbasierte Expert:inneninterviews mit Akteur:innen im Anerkennungssystem geführt, um vertiefende Erkenntnisse über Strukturen und Bedingungen im Kontext der Anerkennung frühpädagogischer Abschlüsse zu erhalten (vgl. Meuser/Nagel 1991). Die Erstellung dieses Leitfadens orientierte sich methodisch an Helfferich (2011) und bezog erste Ergebnisse der Literaturrecherche sowie Erkenntnisse einer bereits vorliegenden Studie ein (vgl. Faas/Geiger 2017). Die Auswertung der Expert:inneninterviews basiert auf einer induktiven Kategorienbildung nach Mayring (2015).

Zur Beurteilung von institutionellen und behördlichen Praktiken der Anerkennung konnte zudem eine standardisierte Online-Befragung der Anerkennungsstellen in Deutschland im Zeitraum von Juli bis November 2019 durchgeführt werden (vgl. hierzu Wagner/Hering 2014). Hierzu wurden alle Anerkennungsstellen in Deutschland kontaktiert und zur Teilnahme an der Befragung eingeladen; wobei lediglich acht der 23 Anerkennungsstellen teilgenommen haben. Beteiligt haben sich die Stellen aus Baden-Württemberg, Berlin, Bremen, Niedersachsen, Nordrhein-Westfalen, Rheinland-Pfalz, Saarland und Sachsen-Anhalt. Die Konstruktion des Fragebogens und der Themenblöcke bzw. Items – zu denen die Befragten unter anderem ihre Zustimmung bzw. Ablehnung anzugeben hatten – erfolgte einerseits auf Basis der Ergebnisse einer Vorstudie (vgl. Faas/Geiger 2017) und andererseits auf bereits durchgeführten Recherchen; methodisch-konzeptionell orientierte sich die Fragebogenerstellung überwiegend an Diekmann (2011) und Porst (2014). Inhaltlich richtete sich der Fragebogen vor allem auf strukturelle Daten zur Institution sowie zur Gleichwertigkeitsprüfung. Die Auswertung erfolgte auf Basis deskriptiver Analysen (vgl. Micheel 2010; Baur 2008). Zur Erfassung statistischer Angaben zur Anerkennung des Erzieher:innenberufs wurden darüber hinaus Daten beim statistischen Bundesamt erfragt und für die Studie aufbereitet.

3 Rechtliche Bedingungen beruflicher Anerkennung

Die Aufnahme einer Tätigkeit in Deutschland für Fachkräfte mit einem im Ausland erworbenen Abschluss ist abhängig von migrationspolitischen Bedingungen, damit verbundenen arbeits- und aufenthaltsrechtlichen Regelungen sowie von spezifischen Regelungen zur Anerkennung des jeweiligen Abschlusses. Beide Aspekte basieren zwar auf unterschiedlichen Gesetzesgrundlagen, stehen aber dennoch in einem Zusammenhang, da beispielsweise die Regelungen „zum Erhalt eines Aufenthaltstitels eng mit der Anerkennung einer ausländischen Berufsqualifikation verzahnt [sind]" (Mergener 2018, S. 35). Daher werden im Folgenden zunächst die migrationspolitischen und arbeitsrechtlichen Bedingungen beschrieben (Kap. 3.1), bevor auf die gesetzlichen Grundlagen zur Anerkennung von ausländischen Abschlüssen eingegangen wird (Kap. 3.2).

3.1 Migrationspolitische und arbeitsrechtliche Bedingungen: Herkunft und Qualifikation als Zugangs- und Teilhabebedingungen

Migrationspolitische Entwicklungen waren in Deutschland im 20. Jahrhundert überwiegend durch Schließung gekennzeichnet, abgesehen von einer aktiven Anwerbung von Fachkräften und der Vereinbarung von Anwerbeabkommen mit anderen Staaten in den 1950er Jahren. Im Vordergrund stand dabei lange Zeit das Ziel, nicht in Deutschland geborene Personen vom Arbeitsmarkt fernzuhalten (vgl. Mergener 2018; Liebig 2005; OECD 2013). Als „innovativer Schritt der Öffnung für Einwanderung" (Oberndörfer 2016, S. 26) galt vor diesem Hintergrund das 2005 eingeführte *Gesetz zur Steuerung und Begrenzung der Zuwanderung und zur Regelung des Aufenthalts und der Integration von Unionsbürgern und Ausländern* (kurz: Zuwanderungsgesetz), was zugleich als „gesellschaftspolitischer Paradigmenwechsel" (Scherr 2008, S. 135) charakterisiert werden kann. Zentraler Bestandteil dieser gesetzlichen Neuerungen war das *Gesetz über den Aufenthalt, die Erwerbstätigkeit und die Integration von Ausländern im Bundesgebiet* (Aufenthaltsgesetz – AufenthG). Dieses löste das sogenannte „Ausländergesetz" ab, formulierte insbesondere migrationsbezogene Regelungen für Migrant:innen aus Drittstaaten und nahm Vereinfachungen im Kontext der Aufenthaltstitel vor (vgl. OECD 2013; Mergener 2018; § 7 u. § 9 AufenthG). Während sich dadurch Regelungen zur Einreise aus sogenannten „Drittstatten" verfestigt haben, wurden innerhalb der EU durch das Zuwanderungsgesetz und das damit verbundene *Gesetz über die allgemeine Freizügigkeit von Unionsbürgern* (Freizügigkeitsgesetz/EU – FreizügG/EU) Beschränkungen für EU-Bürger:innen abgebaut und juristisch vereinfacht. Dazu gehört etwa das Recht auf Einreise und Aufenthalt von Staatsangehörigen der Mitgliedsstaaten der EU (vgl. § 1 FreizügG/EU).

Weitere, insbesondere auf die Qualifikation von Zuwander:innen bezogene, aber dennoch eng an die Staatsangehörigkeit gekoppelte Regelungen ergeben sich durch die sogenannte „Hochqualifizierten-Richtlinie" („Gesetz zur Umsetzung der Hochqualifizierten-Richtlinie der Europäischen Union"), die auf Richtlinien der EU basiert (2009/50/EG) und 2012 in Deutschland in Kraft trat. Unter anderem wird hier geregelt, dass Drittstaatsangehörige mit einem akademischen Abschluss zur Arbeitsplatzsuche für sechs Monate nach Deutschland einreisen können, sofern entsprechende finanzielle Mittel zur Sicherung des Lebensunterhalts sowie ein anerkannter bzw. in Deutschland vergleichbarer Abschluss nachgewiesen werden kann (vgl. BMBF 2015). Für Fachkräfte aus Drittstaaten mit einer Berufsausbildung ergeben sich durch die Beschäftigungsordnung (BeschV), die im Juli 2013 in einer neuen Fassung in Kraft trat, Erleichterungen beim Zugang zum Arbeitsmarkt (vgl. Sachverständigenrat deutscher Stiftungen für Integration und Migration 2014; BMBF 2015; § 6 BeschV, Abs. 2). Vorher hatte diese Fachkräftegruppe lediglich die Möglichkeit, im Rahmen von Vermittlungsabsprachen zwischen Deutschland und dem jeweiligen Drittstaat einen Arbeitsmarktzugang zu erhalten. Der Zugang zum Arbeitsmarkt wurde dabei jedoch ebenso an bestimmte Voraussetzungen geknüpft, wie etwa die Anerkennung des im Ausland erworbenen Abschlusses, eine Zusage über einen Arbeitsplatz oder einen Engpass auf dem Arbeitsmarkt in der jeweiligen Berufsbranche.

Die Regelungen in Bezug auf den arbeitsmarktbezogenen Engpass wurden durch das im März 2020 in Kraft getretene „Fachkräfteeinwanderungsgesetz" abgeschafft, das ebenso insbesondere Fachkräfte aus Drittstaaten betrifft. Dieses Gesetz stellt Fachkräfte mit akademischem und beruflichem Abschluss aufenthaltsrechtlich gleich (vgl. BMBF 2019; BMI 2020; § 18 Abs. 3 AufenthG). Der Zugang zum Arbeitsmarkt sowie eine Aufenthaltserlaubnis in Deutschland werden für beide Gruppen grundsätzlich ermöglicht, jedoch in Abhängigkeit einer Einstellungszusage eine:r Arbeitgeber:in und einer Anerkennung des im Ausland erworbenen Abschlusses (vgl. Brücker et al. 2019; BMBF 2019). Neben dem Wegfall der Beschränkung auf bestimmte Engpassberufe (vgl. Brücker et al. 2019), ist auch die sogenannte „Vorrangprüfung" vorbehaltlich entfallen (vgl. BMBF 2019; Deutscher Bundestag 2019). Dadurch entfällt die Bindung der Eignung zur Aufnahme einer Tätigkeit an die deutsche Staatsangehörigkeit bzw. an die Überprüfung, ob Bewerber:innen aus Deutschland *besser* für eine Stelle geeignet sind. Zudem können Fachkräfte mit Berufsausbildung befristet (6 Monate) zur Arbeitsplatzsuche nach Deutschland einreisen – ebenso wie dies bereits für Fachkräfte mit einer Hochschulausbildung geregelt ist. Auch hier besteht jedoch die Voraussetzung einer anerkannten Qualifikation (vgl. Die Bundesregierung 2018; Deutscher Bundestag 2019; BMBF 2019). Geregelt wird zudem, dass bei einer Zusicherung eines Arbeitsplatzes sogenannte „beschleunigte Fachkräfteverfahren" möglich sind, d. h. die Dauer des Anerkennungsverfahrens verkürzt werden kann. Diese Möglichkeit steht jedoch lediglich den Arbeitgeber:innen zur Verfügung und nicht den Anerkennungsinteressierten selbst (vgl. Plünnecke 2020). Für den Bereich der Kindertagesbetreuung dürften sich in diesem Zusammenhang möglicherweise Vereinfachungen ergeben, da hier bereits aktiv Fachkräfte im Ausland angeworben werden (vgl. z. B. Faas/Geiger 2017). Auch besteht im Kontext der Anerkennung die Möglichkeit eines Aufenthalts in Deutschland zur Absolvierung sogenannter „Nachqualifizierungsmaßnahmen". Dies trifft dann zu, wenn im Rahmen des Anerkennungsverfahrens Unterschiede in den zu vergleichenden Ausbildungen identifiziert wurden und diese Unterschiede durch bestimmte Kurse ausgeglichen werden sollen (vgl. Kap. 4). Bereits nach relativ kurzer Zeit nach Einführung des Fachkräfteeinwanderungsgesetzes wurde Ende des Jahres 2022 ein „Eckpunktepapier zur Fachkrafteinwanderung aus Drittstaaten" veröffentlicht, dessen vorgeschlagenen Maßnahmen im ersten Quartal 2023 als Gesetzesentwurf beschlossen werden sollen.[1] Angespro-

---

[1] Der Beitrag bezieht sich hier auf den Stand von Dezember 2022. Daran anschließende Entwicklungen sind nicht berücksichtigt.

chen sind hierbei weitere Vereinfachungen im Bereich des Arbeitsmarktzugangs für Fachkräfte aus sogenannten „Drittstaaten". Dazu gehören etwa die Einführung einer sogenannten „Chancenkarte" zur Arbeitssuche, auf deren Basis das „Potenzial für eine nachhaltige Arbeitsmarktintegration mittels eines Punktesystems ermittelt" (Die Bundesregierung 2022) werden soll, oder die Ermöglichung der „Erwerbszuwanderung" (BMBF o. J., S. 4), ohne formale Anerkennung im Kontext nicht-reglementierter Berufe.

Vor diesem Hintergrund bleibt die Teilhabe am Arbeitsmarkt sowie die Einwanderung nach Deutschland an die Qualifikation und Herkunft von Fachkräften geknüpft. Letztere manifestiert sich insbesondere durch Regelungen der EU, die mit der Kategorie „Drittstaat" eine wirkmächtige Unterscheidung konstruiert hat, welche über die Zugehörigkeit zu einem EU-Innen und einem EU-Außen die Voraussetzungen zur Zuwanderung zum Arbeitsmarkt und in Teilen auch die Anerkennung eines Abschlusses maßgeblich regelt und beeinflusst (vgl. Sommer 2015). Auf die spezifischen Regelungen zur Anerkennung wird im Folgenden dezidiert eingegangen.

3.2 Gesetzliche Regelungen und Bedingungen zur Anerkennung internationaler Abschlüsse

Eine Anerkennung des Abschlusses ist, unabhängig von der sogenannten „europäischen Freizügigkeit", für reglementierte Berufe obligatorisch; d. h., die Aufnahme oder Ausübung dieser Berufe ist durch Rechts- oder Verwaltungsvorschriften an bestimmte Berufsqualifikationen geknüpft (§3 Abs. 5 BQFG). Dazu gehört auch der Beruf der Erzieher:in. Grundlage hierfür ist das 2012 in Kraft getretene *Gesetz zur Verbesserung der Feststellung und Anerkennung im Ausland erworbener Berufsqualifikationen* (kurz: Anerkennungsgesetz). Dieses ist maßgeblich durch die für alle europäischen Mitgliedstaaten bindende EU-Berufsanerkennungsrichtlinie (Richtlinie 2005/36/EG) bestimmt (vgl. dazu Geiger/Treptow in diesem Band; Sachverständigenrat deutscher Stiftungen für Integration und Migration 2013). Insgesamt zielt das Anerkennungsgesetz darauf, Menschen, die in Deutschland leben oder nach Deutschland migrieren und im Ausland eine Berufsqualifikation erworben haben, die Beschäftigung in ihrem erlernten Beruf zu ermöglichen bzw. zu erleichtern (vgl. BMBF 2014). Die Neuregelung der Anerkennung wird vor allem auf einen Fachkräftemangel in bestimmten Berufsbereichen zurückgeführt (vgl. Fohrbeck 2012; Maier/Ruprecht 2012; Schandock/Bremser 2012; Visel 2017). Dieser Aspekt trifft dabei auch in besonderer Weise auf den Erzieher:innenberuf zu (vgl. Schilling 2017; Autorengruppe Fachkräftebarometer 2021). Das Anerkennungsgesetz setzt sich aus bereits existierenden sowie abgeänderten Gesetzen zusammen. Zentral ist Artikel 1, der das „Gesetz über die Feststellung der Gleichwertigkeit von Berufsqualifikationen (kurz: Berufsqualifikationsgesetz bzw. BQFG)" beinhaltet. Dieses regelt insbesondere die Gleichwertigkeit von im Ausland erworbenen Abschlüssen für bundesrechtlich geregelte Berufe (§ 2 BQFG). Darunter fallen insgesamt rund 600 reglementierte Berufe (z. B. Ärzt:innen) und ca. 510 nicht reglementierte Berufe (z. B. Kraftfahrzeugmechatroniker:in). Für die Anerkennung der 27 landesrechtlich geregelten Berufe – wozu auch der Erzieher:innenberuf zählt – sind hingegen die einzelnen Gesetze der jeweiligen Bundesländer entscheidend (vgl. BMBF 2014). Im Kontext des Erzieher:innenberufs erfolgt die Anerkennung – zumindest bezogen auf die rechtlichen Regeln – jedoch weitestgehend einheitlich entsprechend dem Anerkennungsgesetzes des Bundes (vgl. BMBF 2015). In neun Bundesländern ist das BQFG die alleinige gesetzliche Grundlage, während es in sieben Bundesländern durch das jeweilige länderspezifische Fachrecht ergänzt wird (vgl. Ekert et al. 2019).

Inhaltlich legt das Anerkennungsgesetz fest, dass der im Ausland erworbene Abschluss einem Referenzberuf in Deutschland zuzuordnen ist, d. h. einem in Deutschland erlernbaren Beruf. Die damit verbundene Möglichkeit der Einreichung eines Antrags auf Gleichwertigkeitsprüfung gilt für alle Personen, die im Ausland einen berufsqualifizierenden Abschluss erworbenen haben; d. h., es besteht ein Rechtsanspruch auf Prüfung der Qualifikation unabhängig von der Staatsangehörigkeit (§ 2 Abs. 2 BQFG). Hier erweitert das Anerkennungsgesetz die EU-Berufsanerkennungsrichtlinie, die sich lediglich auf EU-Bürger:innen bezieht. Darin kann eine wesentliche Neuerung des Anerkennungsgesetzes gesehen werden, da dies zuvor lediglich für EU-Bürger:innen bzw. EU-Abschlüsse im Bereich der reglementierten Berufe sowie für sogenannte „Spätaussiedler:innen" galt. Das Anerkennungsgesetz folgt damit einem eher inklusiven Ansatz, der – im Gegensatz zu den gesetzlichen Regelungen zur Erwerbsmigration – keine Unterscheidungen entlang von herkunftsbezogenen Differenzlinien vornimmt. Dies kann zumindest auf gesetzlicher Ebene zum Abbau struktureller Diskriminierungen im Bereich der Anerkennung im Ausland erworbener Abschlüsse beitragen. Allerdings ist für die Inanspruchnahme des Rechtsanspruches entscheidend, ob der im Ausland erworbene Abschluss einem in Deutschland bestehenden Berufsbild zugeordnet werden kann. Dies ist dabei als ein zentraler und fundamentaler Vorgang des Verfahrens insgesamt zu betrachten, da davon auszugehen ist, dass ein nicht zu „unterschätzender Teil der Anerkennungssuchenden mitunter bereits keine zuständige ,Wechselstube' finden kann, in der die Qualifikation bewertet wird" (Sommer 2015, S. 368). Ebenso zeigt sich, dass die Verfahren zur Prüfung der Gleichwertigkeit von in Staaten außerhalb des EU-Raums erworbenen Qualifikationen komplexer sind als von solchen innerhalb der EU angeeigneten (vgl. Faas et al. 2021). Implizit wirkt die Kategorie „Drittstaat" damit auch in den Kontext der Gleichwertigkeitsprüfungen hinein.

4 Institutionelle Bedingungen beruflicher Anerkennung

Die im vorherigen Kapitel beschriebenen rechtlichen Rahmungen stellen die Grundlagen für die institutionellen und formalen Prüfungen von im Ausland erworbenen Abschlüssen dar. Hierauf wird im folgenden Kapitel eingegangen. Dabei wird zunächst die Gleichwertigkeitsprüfung und das damit verbundene Vorgehen beschrieben (Kap. 4.1), bevor die Ergebnisse einer standardisierten Befragung zur Praxis solcher Prüfungen berichtet und analysiert werden (Kap. 4.2). Abschließend wird auf die konkreten Zahlen zur Anerkennung eingegangen (Kap. 4.3).

4.1 Die Gleichwertigkeitsprüfung: Suche nach *wesentlichen* Unterschieden

Die Gleichwertigkeitsprüfung stellt das zentrale Instrument im Kontext der Anerkennung internationaler Abschlüsse dar. Hierzu ist die Einreichung eines Antrags auf Anerkennung durch die Anerkennungssuchenden bei den jeweils zuständigen Stellen erforderlich. Entscheidend ist im Rahmen der Prüfung die Frage, ob *wesentliche Unterschiede* zwischen der inländischen und ausländischen Ausbildung existieren. Sofern keine Unterschiede festgestellt werden, wird der Abschluss als gleichwertig mit dem Referenzberuf in Deutschland anerkannt. Dies ermöglicht eine sofortige und aus rechtlicher Sicht uneingeschränkte Aufnahme der beruflichen Tätigkeit. Im Falle der Feststellung *wesentlicher Unterschiede* wird der Antrag auf Anerkennung entweder abgelehnt oder – wenn entsprechende Voraussetzungen hierfür vorliegen – teilweise anerkannt. Wesentliche Unterschiede liegen gemäß dem BQFG dann vor, wenn „sich der im Ausland erworbene Ausbildungsnachweis auf Fähigkeiten und Kenntnisse bezieht, die sich hinsichtlich des Inhalts oder auf Grund der Ausbildungsdauer wesentlich von den Fähigkeiten und Kenntnissen unterscheiden, auf die sich der entsprechende inländische Ausbildungsnachweis bezieht [...]" (§ 9 Abs. 2 S. 1 BQFG) und „die Antragstellerin oder der Antragsteller diese Unterschiede nicht durch sonstige Befähigungsnachweise, nachgewiesene einschlägige Berufserfahrung oder sonstige nachgewiesene einschlägige Qualifikationen ausgeglichen hat" (§ 9 Abs. 2 S. 3 BQFG).

Das Konzept der *wesentlichen Unterschiede* stellt somit insgesamt eine relativ offen konstruierte, jedoch aber wirkmächtige Kategorie dar. Diese relative Offenheit des Konzepts kann dazu führen, dass die Bewertung der Qualifikationen maßgeblich von den jeweiligen Prüfer:innen in den zuständigen Behörden abhängt. Denn es liegt „in der institutionellen Werthaltung begründet, ob vor allem nach Ähnlichkeiten oder nach Unterschieden zwischen Studien- und Ausbildungsordnungen gesucht wird und wie viel ,Gleichheit' als Maßstab für ,Gleichwertigkeit' vorausgesetzt wird" (Sommer 2015, S. 369). Die Formulierung *wesentliche Unterschiede* suggeriert dabei einen defizitären Blick, bei dem eher Unterschiede zwischen den Ausbildungen in den Fokus gerückt werden. Einen unterschiedlichen Umgang einzelner Anerkennungsstellen bei der Bewertung der Anträge legen auch die im Kontext der Expert:inneninterviews evozierten Aussagen nahe:

> „Also Personen tauschen sich ja auch untereinander aus und stellen dann ja auch fest, dass unterschiedliche Anforderungen gestellt werden, das ist schwer vermittelbar. Es führt leider auch dazu [die Unterschiedlichkeit zwischen den Bundesländern, Anm. d. Verf.], das ist allerdings eher ein Problem der zuständigen Stellen, dass es so eine Art Anerkennungstourismus gibt, dass sich praktisch herausstellt, wo man z. B. verhältnismäßig leicht eine Anerkennung bekommt und dann wandern alle Leute dort hin" (Ak_03; Faas et al. 2021, S. 50).

Verdeutlicht werden in diesem Zitat auch die Konsequenzen, die sich aus verschiedenen institutionellen Werthaltungen und der unterschiedlichen Anwendung des Konzepts der *wesentlichen Unterschiede* ergeben. Gesprochen wird hierbei von einem *„Anerkennungstourismus"*, der dazu führt, dass Antragsteller:innen sich die Behörden aussuchen, von denen die geringsten Widerstände zu erwarten sind. Die Kategorie der *wesentlichen Unterschiede* verschärft dabei noch die Problematik, dass der Erzieher:innenberuf ohnehin sich stark von Ausbildungen bzw. Qualifikationswegen in anderen Ländern unterscheidet (vgl. Oberhuemer/Schreyer 2018); d. h., es ist anzunehmen, dass unter diesem Blickwinkel nur geringe Ähnlichkeiten festzustellen sind (vgl. auch Kap. 4.3). Insofern ist das Berufsbild einerseits an sich ein Hindernis im Rahmen der Anerkennung, was andererseits noch verschärft wird durch ein prinzipiell offenes, aber an einem primär defizitären Blick ausgerichtetes Bewertungsmuster im Verfahren selbst.

Bei der Feststellung *wesentlicher Unterschiede* lassen sich diese ggf. durch unterschiedliche Möglichkeiten ausgleichen, um dadurch eine volle Anerkennung der Qualifikation zu erhalten. Dies ist einerseits möglich durch eine Eignungsprüfung, bei der die Unterschiede durch den Nachweis entsprechender Kompetenzen ausgeglichen werden können. Andererseits existieren sogenannte „Anpassungslehrgänge", die durch das Informationsportal der Bundesregierung ,Anerkennung in Deutschland' wie folgt definiert werden:

> „Dabei lernt eine Person das, was ihr für die Anerkennung einer ausländischen Berufsqualifikation noch fehlt. Durch die erfolgreiche Teilnahme kann diese Person die wesentlichen Unterschiede zum deutschen Referenzberuf ausgleichen. Dann erhält die Person doch noch die volle Anerkennung ihrer ausländischen Berufsqualifikation. In einem Anpassungslehrgang arbeitet die Person in dem jeweilig regle-

mentierten Beruf. Sie wird dabei von einer für diesen Beruf qualifizierten Person beaufsichtigt" (Anerkennung in Deutschland, o. J.).

Der Begriff der *Anpassung* kann in diesem Zusammenhang in gewisser Weise als Teil einer „assimilatorische[n] Rhetorik" (Lingen-Ali/Mecheril 2020, S. 5) verstanden werden. In einer solchen entfaltet dann auch der im Anerkennungsdiskurs dominante Integrationsbegriff eine semantische Nähe zu den Begriffen Angleichung oder Anpassung. Außerdem verweist der Begriff des Anpassungslehrgangs auf ein technisches, lineares und einseitiges Verständnis von Weiterbildung im Sinne einer Vermittlung von bestimmten Inhalten zum Ausgleich bestimmter, durch die Gleichwertigkeitsprüfung diagnostizierter Wissenslücken. Dies deutet auf eine auf das nationale Bildungs- und Erziehungssystem bezogene Vermittlung von Wissensbeständen hin, die biografische – einschließlich persönlicher pädagogischer Erfahrungen – sowie bereits erworbenes pädagogisches Wissen von Fachkräften nicht einbezieht bzw. berücksichtigt. Hinsichtlich gegebener allgemeiner Anforderungen nationaler Bildungssysteme mag eine solche Fokussierung auf „systemrelevante Inhalte" naheliegend sein, mit Blick auf den individuellen Erwerb bzw. die (Neu-)Organisation professionellen Wissens dagegen weniger. Sie verkennt, dass Wissenserwerb – gerade im Kontext von Differenzerfahrungen in unterschiedlichen sozialen und kulturellen Bezugssystemen – vor allem auf die Herstellung subjektiven Sinns gerichtet ist, wobei neue Wissensinhalte in vorhandene eingeordnet, mit diesen austariert oder erweiternd bzw. ergänzend zu diesen begriffen werden müssen – im Kontext kritischer Annäherung und Selbstvergewisserung, der Antizipation von Sicht- und Handlungsweisen anderer etc. (vgl. hierzu Faas/Lindenlaub in diesem Band).

Ein eher technisches Verständnis von (Weiter-)Bildung, das einem solchen Zugang zu Weiterbildung eher zuwiderläuft, drückt sich auch in den Expert:inneninterviews aus:

> „[…] dieser wesentliche Unterschied, der kann dann festgestellt werden, im Anerkennungsverfahren. Und dann, wenn das, ich sage mal, klar benennbare Unterschiede sind, ja, dann kann für die ja einfach eine Nachschulung gemacht werden, kann eine Auflage erteilt werden der Nachschulung, ja, der Nachqualifizierung, ja. Und in relativ antragsstarken Berufen wie Erzieherin und Erzieher, ja, ist es ja auch durchaus möglich, dann Kurse anzubieten" (Ak_01; Faas et al. 2021, S. 51).

Hier zeigt sich dann in besonderer Weise die Logik des aktuellen Anerkennungssystems. Durch sogenannte „Anpassungslehrgänge" sollen im Ausland erworbene Qualifikationen denen mit den jeweiligen Referenzberufen in Deutschland verbundenen angeglichen werden. Fachkräfte mit einem im Ausland erworbenen Abschluss stehen damit vor der Herausforderung, eine berufsbiografische Anpassungsleistung zu erbringen (vgl. auch Dahlheimer/Guilleaume in diesem

Band), die zunächst einseitig durch eine politisch-strukturelle Forderung begründet ist.

4.2 Praxis der Gleichwertigkeitsprüfung – Ergebnisse einer standardisierten Befragung von Anerkennungsbehörden

Die Ergebnisse der Befragung von Anerkennungsbehörden verweisen zunächst darauf, dass in einem Großteil der Bundesländer die Anerkennung für das Berufsfeld Erzieher:in zentral geregelt ist. Dies bedeutet, dass in diesen Ländern eine bestimmte Stelle mit der Prüfung von Anträgen und der Durchführung entsprechender Verfahren zu diesem Beruf betraut ist. In lediglich zwei Bundesländern (Nordrhein-Westfalen und Niedersachsen) existieren mehrere Stellen, die entweder nach der Herkunft des Abschlusses oder nach regionalen Zuständigkeiten aufgeteilt sind. Die insgesamt 23 Anerkennungsstellen sind dabei in verschiedenen Institutionen verortet, wie beispielsweise an Schulämtern bzw. anderen Behörden, Regierungspräsidien, Bildungs- bzw. Kultusministerien oder Senatsverwaltungen. Neben dem Beruf der Erzieher:in sind die jeweiligen befragten Stellen auch für weitere pädagogische Referenzberufe zuständig. Sieben der acht befragten Stellen sind etwa auch für die Antragsprüfung mit Blick auf den Beruf der Kinderpfleger:in bzw. Sozialassistent:in verantwortlich, während lediglich vier Stellen die Prüfung auf Gleichwertigkeit für den akademisch erworbenen Beruf der Kindheitspädagog:in durchführen. Bundesweit sind damit – dies verdeutlicht eine darauf aufbauende Recherche – lediglich fünf der Anerkennungsstellen, die für den Erzieher:innenberuf zuständig sind, auch mit dem Verfahren zur Anerkennung des Abschlusses der Kindheitspädagog:in betraut. Damit ergibt sich bei knapp einem Drittel der Anerkennungsstellen eine institutionelle Trennung bei der Anerkennung von Hochschul- und Fachschulabschlüssen für das Handlungsfeld der Kindertagesbetreuung. Dies deutet somit auf eine heterogene Struktur der institutionellen Zuständigkeiten hin, worauf auch die Ergebnisse einer Studie von Gereke und Kolleg:innen (2014) hinweisen (vgl. auch Netzwerk Integration durch Qualifizierung 2014).

In Bezug auf die angewandten Kriterien besteht hingegen weitestgehend eine Einheitlichkeit zwischen den Behörden. Alle befragten Stellen beziehen die Arbeits- und Ausbildungszeugnisse, die jeweilige Berufserfahrung sowie die Dauer der Ausbildung als Referenz zur Dauer der Erzieher:innenausbildung in Deutschland mit ein, ebenso die Ausbildungsfächer und -inhalte. Unterschiede zwischen den Anerkennungsstellen gibt es jedoch in Bezug auf die Abschlussnoten, die lediglich von einer Behörde berücksichtigt werden, sowie die sprachlichen Fähigkeiten. Drei Stellen geben hierzu an, diese als Kriterium – auf Basis von Zeugnissen und Zertifikaten – bei der Gleichwertigkeitsprüfung heranzuziehen (vgl. Tab. 1).

Tabelle 1 Angewandte Kriterien bei der Gleichwertigkeitsprüfung durch die befragten Anerkennungsstellen (n=8; Datenerhebung: Juli bis November 2019)

	Angewandt		Nicht angewandt	
	Absolut	Prozent	Absolut	Prozent
Schulabschluss	7	87,5%	1	12,5%
Arbeitszeugnis	8	100%	0	0%
Dauer der Ausbildung im Ausland	8	100%	0	0%
Ausbildungszeugnisse	8	100%	0	0%
Prüfung der belegten Ausbildungsfächer	8	100%	0	0%
Prüfung der konkreten Ausbildungsinhalte	8	100%	0	0%
Abschlussnoten der Ausbildung	1	12,5%	7	87,5%
Beglaubigung der Dokumente	8	100%	0	0%
Berufserfahrung	8	100%	0	0%
Sprachliche Fähigkeiten	3	37,5%	5	62,5%

Bezüglich der Gründe für eine Ablehnung eines Antrags auf Anerkennung scheint insbesondere ein Aspekt leitend zu sein: Alle Befragten nannten als Hauptgrund, dass das Berufsprofil der Antragsteller:in nicht dem Berufsprofil des Erzieher:innenberufs in Deutschland entspricht. Auch gaben sechs der Befragten die fehlende Passung in Bezug auf die Dauer der Ausbildung an. Weitere Gründe, die als wesentlich von zwei bzw. einer Befragten betrachtet werden, liegen darin, dass der Schulabschluss nicht die Voraussetzung zur Aufnahme der Erzieher:innenausbildung in Deutschland erfüllte und die Berufserfahrung nicht ausreichend sei. Hier zeigt sich, dass die Berufserfahrung sowie der Schulabschluss zwar von nahezu allen Befragten (8 bzw. 7) als ein Kriterium in der Gleichwertigkeitsprüfung angegeben (vgl. Tab. 1), diese jedoch offensichtlich vom Großteil der befragten Anerkennungsstellen nicht als ein wesentlicher Grund für eine Ablehnung des Antrags eingeschätzt werden. Weitere Kriterien wie etwa sprachliche Fähigkeiten oder die Noten der Zeugnisse werden ebenso nicht als Hauptgrund für eine Ablehnung angegeben. Ähnliches trifft auch für die Aussprache von Teilanerkennungen zu. Auch hier scheint ein nicht zum Referenzberuf der Erzieher:in passendes bzw. nur in Teilen passendes Berufsprofil der Hauptgrund zu sein (n=7). Die Dauer der Ausbildung wurde hingegen nur von drei Befragten und eine nicht ausreichende Berufserfahrung von einer Befragten angegeben. Sprachliche Fähigkeiten wurden – im Gegensatz zu den Hauptgründen, die zu einer Ablehnung führen – hier ebenso von einer Anerkennungsstelle als wesentlicher Grund für die Aussprache einer Teilanerkennung genannt. Der Schulabschluss der Antragsstellenden und die Noten der Zeugnisse spielten dagegen eine eher untergeordnete Rolle, d. h., sie wurden nicht als

Hauptgründe für eine Teilanerkennung betrachtet. Das Konzept der *wesentlichen Unterschiede* als leitendes Handlungsschema bezieht sich in der Prüfungspraxis somit insbesondere auf die Prüfung der Passung des Berufsprofils und der Dauer der Ausbildung.

Deutliche Unterschiede zwischen den Bundesländern ergeben sich insbesondere im Zusammenhang mit dem Ausgleich festgestellter Unterschiede im Falle einer Teilanerkennung. In Bezug auf die sogenannten „Anpassungsmaßnahmen" zeigt die Befragung zunächst, dass diese Möglichkeit zum Zeitpunkt der Befragung nur in einem der in die Befragung einbezogenen Bundesländern nicht existiert (Niedersachsen). In einem weiteren Bundesland bezieht sich der Anpassungslehrgang auf Kenntnisprüfungen und Praktika, die in sozialpädagogischen Einrichtungen zu absolvieren sind und von schulischen Begleitmaßnahmen flankiert werden können. Neben diesen strukturellen Gegebenheiten bestehen zudem inhaltliche Unterschiede. In fünf der untersuchten Bundesländer beinhaltet der Anpassungslehrgang eine Tätigkeit in einer Kindertageseinrichtung (Baden-Württemberg, Berlin, Nordrhein-Westfalen, Rheinland-Pfalz, Saarland), während in vier Bundesländern die Ausgleichsmaßnahme eine verpflichtende schulische Maßnahme einschließt (Berlin, Nordrhein-Westfalen, Rheinland-Pfalz, Saarland) (Mehrfachnennungen waren hier möglich). Sprachkurse sind hingegen nur in einem der hier einbezogenen Bundesländer im Rahmen der Ausgleichsmaßnahme verpflichtend (Berlin). Eine Eignungsprüfung als zweite Möglichkeit zum Ausgleich der *wesentlichen Unterschiede* existiert ebenso nach Angabe der Behörde in einem Bundesland nicht (Niedersachsen). Nach Angaben der Befragten wird diese Möglichkeit von den Anerkennungssuchenden jedoch kaum in Anspruch genommen. Fünf der Befragten gaben an, dass im Jahr 2018 diese von keiner Person absolviert wurde, während zwei der Befragten die Teilnehmer:innenzahl auf 1% bzw. 2% bezifferten.

4.3 Berufliche Anerkennungen im Kontext des Erzieher:innenberufs in Zahlen

Beim Statistischen Bundesamt angefragte Daten beziehen sich auf die Jahre 2017 und 2018 und verweisen sowohl auf die durchgeführten Verfahren bzw. Gleichwertigkeitsprüfungen als auch auf die in diesem Zeitraum neu eingereichten Anträge. Die Zahlen der durchgeführten Verfahren ist dabei immer höher als die der Neuanträge, da hier auch Anträge einbezogen sind, die bereits in den vorherigen Jahren eingereicht, jedoch erst in den Folgejahren bearbeitet wurden.

Insgesamt wurden in Bezug auf den Referenzberuf der Erzieher:in im Jahr 2017 1.785 und im Jahr 2018 1.683 Verfahren durchgeführt. Mit Blick auf die Neuanträge wurde im Jahr 2017 insgesamt 1.593 und im Jahr 2018 1.161 Anträge eingereicht.[2] In beiden Fällen deutet sich damit ein Rückgang der Zahlen an, der im Kontext der Neuanträge ungleich höher ausfällt (27,12%) als im Bereich der durchgeführten Verfahren (5,71%). Wenn auch seit dem Höchstwert von 1.851 neu eingereichter Anträge im Jahr 2014 ein kontinuierlicher Rückgang zu verzeichnen ist (vgl. Ekert et al. 2019), muss berücksichtigt werden, dass sich dieses Phänomen nicht nur auf den Referenzberuf der Erzieher:in beschränkt. Für den Bereich der landesrechtlich geregelten und reglementierten Berufen ergibt sich von 2017 (n=9.903) auf 2018 (n=8.979) insgesamt ein Rückgang um 9,33% (vgl. Statistisches Bundesamt 2022). Auch die Berufe, zu denen im Bereich der landesrechtlich geregelten und reglementierten Berufe die meisten Anträge eingehen (Ingenieur:in und Lehrer:in) verzeichnen einen leichten Rückgang von 2017 auf 2018 (vgl. BMBF 2019). Insofern kann hierbei von einem generellen Trend gesprochen werden.

Auf den ersten Blick wirken diese Daten zum Erzieher:innenberuf als gering. Werden jedoch die Verfahren zu den landesrechtlich geregelten Berufen insgesamt betrachtet (n=11.346), so liegt der Anteil des Referenzberufs der Erzieher:in im Jahr 2018 bei 14,83%. Fokussiert man für das gleiche Jahr auf den Anteil der Neuanträge zum Referenzberuf der Erzieher:in (n=1.161) an den eingegangenen Anträgen zu landesrechtlich geregelten und reglementierten Berufen (n=8.979), dann ist festzustellen, dass dieser bei 12,93% liegt. Anhand dieser Daten zeigt sich somit bundesweit betrachtet eine nicht zu unterschätzende Relevanz des Erzieher:innenberufs im Kontext der Anerkennung internationaler Abschlüsse. Erkennbar wird dies auch daran, dass der Erzieher:innenberuf insgesamt Platz fünf der in Deutschland im Jahr 2018 häufigsten Berufe im Anerkennungsverfahren belegt. Werden ausschließlich die landesrechtlich geregelten Berufe betrachtet, so nimmt der Erzieher:innenberuf sogar Platz drei der häufigsten Berufe (1.683 Anerkennungsverfahren) ein, gefolgt vom Beruf der Sozialpädagog:in/Sozialarbeiter:in (948 Anerkennungsverfahren). Lediglich zu den landesrechtlich geregelten Referenzberufen Ingenieur:in (n=3.549) und Lehrer:in (n=3.153) werden mehr Verfahren für das Jahr 2018 gelistet.

Betrachtet man die Verfahren sowie die Neuanträge differenziert nach Bundesländern, so wird deutlich, dass in Baden-Württemberg die meisten Verfahren durchgeführt als auch die meisten Anträge eingereicht werden. Der Anteil Baden-Württembergs (n=735) an den durchgeführten Verfahren zum Referenzberuf der Erzieher:innen (n=1.683) beläuft sich im Jahre 2018 auf insgesamt 43,67%. An zweiter und dritter Stelle bei den durchgeführten Verfahren stehen

---

2 Anzumerken ist, dass die hier genannten Daten zum Erzieher:innenberuf nicht vollständig sind. Für das Jahr 2018 liegen aus zwei Bundesländern keine Daten vor und für das Jahr 2017 fehlen die Kennzahlen aus einem Bundesland. Somit handelt es sich bei den vom Statistischen Bundesamt ausgewiesenen Daten um einen Mindestwert, der tatsächlich noch höher sein dürfte.

im Jahre 2018 Nordrhein-Westfalen (n=333) und Bayern (n=159). Hingegen liegen für die Bundesländer Sachsen-Anhalt (n=6) und Thüringen (n=3) die geringsten Werte im Kontext des Anerkennungsverfahrens vor. Eine differenzierte Betrachtung der Bundesländer zeigt dabei auch, dass sich der angesprochene Rückgang der Neuanträge insbesondere auf Baden-Württemberg bezieht. Mit einem Rückgang von knapp 40% bzw. 247 Anträgen ist dieser relativ hoch. Allerdings ist für alle Bundesländer ein Rückgang der Neuanträge von 2017 auf 2018 zu erkennen – abgesehen von Berlin, Nordrhein-Westfalen und Sachsen –, wenn auch in absoluten Zahlen nicht so deutlich wie in Baden-Württemberg. Die prozentualen Anteile sind jedoch zum Teil ebenso recht hoch. In Hessen gingen die Anträge von 2017 auf 2018 um 50,9% zurück, in Bayern um 25% und in Brandenburg um 34%. Insgesamt ist damit ein Rückgang über einen Großteil der Bundesländer hinweg zu konstatieren.

Mit Blick auf die Entscheidungen zum Anerkennungsverfahren zeigt sich, dass im Jahr 2018 33,98% der Anträge abgelehnt wurden (absolut: 474), während in 20% der Fälle eine volle Gleichwertigkeit ausgesprochen werden konnte (absolut: 279). Eine Teilanerkennung der im Ausland erworbenen Qualifikation erhielten 46,02% der Antragsteller:innen (absolut: 642). Davon wurden in 624 Fällen die Auflage einer Ausgleichsmaßnahme erteilt, während bei lediglich 18 Anträgen ein partieller Berufszugang ausgesprochen werden konnte.[3] In Bezug auf die Neuanträge zeigt sich, dass insgesamt 40,21% der Anträge abgelehnt (absolut: 351) und 10,31% vollwertig anerkannt wurden (absolut: 90). Teilweise anerkannt wurden im Bereich der Neuanträge 49,48% (absolut: 432). Hier belaufen sich die Auflagen zu einer Ausgleichsmaßnahme auf 420, während lediglich für 12 Anträge nur ein partieller Berufszugang ausgesprochen wurde[4] (vgl. Abb. 1).

Insgesamt verweisen diese Daten bzw. Quoten auf starke Unterschiede im Vergleich zu anderen Berufen. Im Bereich der landesrechtlich und reglementierten Berufen wurden im Jahr 2018 lediglich 14,48% der Anträge abgewiesen (n=1.299)[5], während sich die Ablehnungsquote im Kontext des Erzieher:innenberufs auf 33,98% beläuft. Auch die Quote der vollwertig anerkannten Anträge

---

3 Dies bedeutet, dass der Berufszugang lediglich auf einen Teil des Berufsbildes beschränkt ist. Voraussetzung hierfür ist, dass die Gleichwertigkeitsprüfung ergeben würde, dass die Antragsteller:innen eine Ausgleichmaßnahme im Umfang des vollständigen Ausbildungsprogramms absolvieren müssten (vgl. BMBF 2016).

4 Die genannten Berechnungen basieren jeweils auf den abgeschlossenen Prüfungen, d. h. die in der Abbildung genannte Kategorie ‚Noch keine Entscheidung/Sonstige Erledigung‘ wurde nicht in die Berechnungsgrundlage einbezogen und von der Gesamtsumme (1.686 bzw. 1.161) subtrahiert.

5 Berechnungsgrundlage sind auch hier die abgeschlossenen Verfahren (n=8.967) aus dem Jahr 2018.

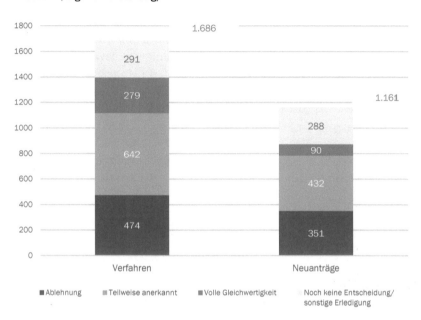

Abbildung 1 Anerkennungsverfahren und Neuanträge in Deutschland zum Referenzberuf Erzieher:in im Jahr 2018 differenziert nach Entscheidung (Quelle: Statistisches Bundesamt; eigene Darstellung)[6]

liegt bei den landesrechtlich geregelten und reglementierten Berufen mit 51,46% (n=4.614) deutlich höher als im Bereich des Erzieher:innenberufs (20%). Teilweise anerkannt wurden bei den landesrechtlich und reglementierten Berufen 34,1%, was ebenso deutlich unter der Quote des Erzieher:innenberufs anzusiedeln ist (46,02%). Zudem sind die Ablehnungen im Zusammenhang mit dem Erzieher:innenberuf im Vergleich zu anderen pädagogischen Berufen ebenso als hoch einzuschätzen. Nach Angaben des Berichts zum Anerkennungsgesetz 2019 endeten im Jahr 2018 17% der Verfahren zum Beruf Lehrer:in mit einer Ablehnung. Im Bereich des Berufs der Sozialpädagog:in weist der Bericht aus, dass 14,47% der Fälle abgelehnt worden sind – hier allerdings bezogen auf die Neuanträge (vgl. BMBF 2019).

Diese stark von anderen Berufsgruppen abweichenden Quoten können auf das spezifische Profil des Erzieher:innenberufs in Deutschland zurückgeführt werden. In anderen Ländern erworbene Qualifikationen fokussieren stärker, teil-

---

6 Für das Jahr 2018 wird hier mit einer Gesamtanzahl von 1.686 eine andere Zahl ausgewiesen als in den obigen Berechnungen. Diese Differenz kommt dadurch zustande, dass das Statistische Bundesamt zu den Verfahren zum Erzieher:innenberuf die Zahl 1.683 ausweist, die Summe der einzelnen Entscheidungen, die ebenso durch das Statistische Bundesamt ausgewiesen sind, allerdings 1.686 ergibt.

weise ausschließlich auf den Bereich der Frühpädagogik bzw. der frühen Bildung, während in Deutschland umfassender sozialpädagogische Handlungsfelder adressiert werden (vgl. z. B. Oberhuemer/Schreyer 2010). Hierauf verweisen auch einige Aussagen der Expert:inneninterviews. Genannt wurde u. a., dass sich Qualifikationen, Arbeitsfelder und damit verbunden Anforderungsprofile z.T. stark voneinander unterscheiden – und „dann kann man davon ausgehen, dass es [bei der Gleichwertigkeitsprüfung, Anm. d. Verf.] ein relativ großes Defizit wird, weil eben andere Bereiche im pädagogischen Bereich gar nicht abgedeckt werden können" (Ak_02; auch AK_01; Faas et al. 2021, S. 81). Vor dem Hintergrund der insgesamt in Relation zu anderen Berufen vielen Anerkennungsverfahren und eingereichten Anträgen in Bezug auf den Erzieher:innenberuf drücken sich in den vorausgehend dargestellten Zahlen somit auch Unterschiede von Ausbildungssystemen und damit verbundene Passungs- und Bewertungsprobleme aus.

5 Fazit

Mit Blick auf die eingangs aufgeworfenen Fragen nach den Rahmenbedingungen und Verfahrensweisen der beruflichen Anerkennung im Kontext des Erzieher:innenberufs, den damit verbundenen Logiken sowie strukturellen Barrieren lassen sich auf Basis der Evaluation des Programms „Vielfalt willkommen" bzw. der daran angebundenen Teilstudie zusammenfassend drei zentrale Aspekte festhalten:

(1) Prozesse beruflicher Anerkennung vollziehen sich in Deutschland – gerade auch mit Blick auf das frühpädagogische Handlungsfeld – im Kontext verschiedener *migrationspolitischer Inklusions- und Exklusionsmechanismen*. Durch aktuell geltende migrationsbezogene und arbeitsrechtliche Regelungen wird im Zusammenhang mit der Frage, „wer zu Arbeits- und Ausbildungszwecken nach Deutschland kommen darf und wer nicht" (Deutscher Bundestag 2019, S. 1) eine Unterscheidung zwischen „erwünschter und unerwünschter Migration" (Hormel/Jording 2016, S. 212) vorgenommen. Diese Unterscheidung erfolgt dabei insbesondere entlang der Differenzlinien Herkunft und Qualifikation. Herkunft bezieht sich hier auf die (Nicht-)Zugehörigkeit zum geopolitischen Raum der EU. Für Bürger:innen des EU-Raums existiert eine sogenannte „Freizügigkeit" und damit verbunden die Einreise und Aufnahme einer Tätigkeit ohne Hürden. Hingegen sind die Einreise und der Zugang zum Arbeitsmarkt für Personen aus nicht der EU zugerechneten Staaten ungleich komplexer. Für die Migration aus nicht EU-Staaten ist eine entsprechende Qualifikation erforderlich, die formal anerkannt zu sein hat, wodurch Migration und der Zugang zum Arbeitsmarkt hier auf rechtlicher Ebene unter die „Nutzenfrage" (Krüger-Potratz 2005, S. 20)

gestellt wird. Die anerkennungsbezogenen Regelungen zur Aufnahme des reglementierten Berufs der Erzieher:in gelten allerdings unabhängig von der Staatsangehörigkeit; d. h., auch für EU-Bürger:innen ist die Anerkennung im Kontext eines jeweils spezifischen Berufsbildes erforderlich, wenngleich für diese aufgrund der Arbeitnehmer:innenfreizügigkeit keine aufenthaltsrechtlichen Anforderungen hinzukommen (vgl. Schmitz/Winnige 2019; IQ Fachstelle Beratung und Qualifizierung/IQ Fachstelle Einwanderung 2017). Das Anerkennungssystem nimmt somit insgesamt eine *Selektionsfunktion* ein, durch die Migration und Teilhabe am Arbeitsmarkt gesteuert werden und stellt zugleich einen zentralen rechtlich-kodifizierten und institutionalisierten Inklusions- und Exklusionsmechanismus in Bezug auf die Erwerbsmigration und den Zugang zum Arbeitsmarkt, auch im System der Kindertagesbetreuung, dar.

(2) Vor diesem Hintergrund folgt das Verfahren spezifischen *Logiken der Anerkennung*. Dabei erweist sich zum einen der *Referenzberuf* als eines der zentralen Konzepte im Kontext von Anerkennung. Gemeint ist, dass die im Ausland erworbene Qualifikation einem in Deutschland geregelten Referenzberuf zugeordnet werden muss. Gelingt dies nicht, so ist keine Anerkennung möglich (vgl. auch Sommer 2015). Im Kontext des Erzieher:innenberufs erhält die Zuordnung zum Referenzberuf eine besondere Relevanz, da dieses Berufsbild im internationalen Vergleich insofern eine Besonderheit darstellt, als dass in anderen Ländern frühpädagogische Berufsprofile überwiegend auf Hochschulniveau vermittelt werden. Darüber hinaus ist die in Deutschland prägende Zuordnung der Kindertagesbetreuung zur Kinder- und Jugendhilfe in den meisten Ländern nicht gegeben; verbreiteter ist die Zuordnung zum Bildungssektor oder zum Gesundheitsbereich (vgl. auch Oberhuemer/Schreyer 2018). Neben dieser inhaltlichen Differenz ergibt sich aus der Herausforderung, eine im Ausland erworbene Hochschulqualifikation einem in Deutschland zumeist auf fachschulischer Ebene vermittelten Berufsabschluss zuordnen zu müssen, die Gefahr einer Herabstufung bzw. „Abqualifikation" (Sommer 2015, S. 257). Dadurch wird allein das Profil des Erzieher:innenberufs in Deutschland zu einem strukturellen „Anerkennungshindernis" (Englmann/Müller 2007, S. 62). Dies zeigt sich einerseits auch in den Zahlen zum Anerkennungsverfahren. Die im Vergleich zu anderen Berufen hohe Ablehnungs- und Teilanerkennungsquote bzw. geringe Quote der vollwertigen Anerkennungen bei der Bewertung der eingereichten Anträge auf Anerkennung des Erzieher:innenberufs sind nicht zuletzt vor diesem Hintergrund zu erklären. Andererseits verweisen hierauf auch die Ergebnisse der Behördenbefragung, bei der Ablehnungen und Teilanerkennungen insbesondere auf eine fehlende Passung zwischen dem Berufsprofil der Antragsteller:innen und dem Profil des Erzieher:innenberufs zurückgeführt werden.

Zum anderen hat sich als weitere zentrale Logik der Anerkennung das Konzept der *wesentlichen Unterschiede* im Rahmen der Gleichwertigkeitsprüfung herausgestellt. Damit verbunden ist, dass der im Ausland erworbene Abschluss möglichst ähnlich dem Referenzberuf in Deutschland zu sein hat. Gerade im Kontext der vorausgehend schon angesprochenen inhaltlichen Unterschiede durch die Zuweisung der Kindertagesbetreuung in Deutschland zum Bereich der Kinder- und Jugendhilfe impliziert dies die Konstruktion von Differenz und weniger eine Anerkennung von Differenzen. Dies ist insbesondere dann der Fall, wenn der Blick bei der Gleichwertigkeitsprüfung verstärkt auf Defizite und Abweichungen zwischen den zu vergleichenden Abschlüssen gelegt wird. Diese Differenzkonstruktion drückt sich auch dadurch aus, dass durch die sogenannten „Anpassungsmaßnahmen" der festgestellte Unterschied zwischen den Abschlüssen ausgeglichen werden soll. In diesem Zusammenhang erfolgt eine Hierarchisierung, bei der der in Deutschland erwerbbare Abschluss über den im Ausland erworbenen Abschluss gestellt wird.

(3) Im Zusammenhang mit der Behördenbefragung hat sich in Bezug auf die Anerkennung des Erzieher:innenberufs gezeigt, dass im föderalen System von *heterogenen Strukturen* auszugehen ist; z.T. erscheinen diese auch als intransparent. Das ist insgesamt als kritisch einzuschätzen (vgl. z. B. Visel 2017; Sommer 2015; Gwosdz 2013). Angesprochen ist damit einerseits die bundesweit unterschiedliche institutionelle Verortung der Gleichwertigkeitsprüfungen zum Erzieher:innenberuf als auch die zum Teil offensichtlich unterschiedlich angewandten Kriterien bei der Durchführung der Prüfungen. Anderseits wird die Anerkennung weiterer potenziell infrage kommender Referenzberufe für die Arbeit in Kindertageseinrichtungen, z. B. Kindheitspädagog:innen oder Kinderpfleger:innen, innerhalb der Bundesländer zum Teil auch unterschiedlich institutionell organisiert. Solche Strukturen können damit einen eher hinderlichen Effekt in Bezug auf die Anerkennung des Erzieher:innenberufs darstellen. Das Ende 2022 veröffentlichte *Eckpunktepapier zur Fachkräfteeinwanderung aus Drittstaaten* schlägt in diesem Zusammenhang strukturbezogene Vereinfachungen des Anerkennungsverfahrens vor. Genannt wird etwa, dass die Anerkennungsverfahren durch schnelle und unkomplizierte Verfahren durchgeführt und länderspezifische Kompetenzen stärker gebündelt werden sollen. Zudem wird eine bundesweite Standardisierung in Bezug auf die einzureichenden Unterlagen sowie die Feststellungsbescheide angestrebt. Auch sollen die Qualifizierungsangebote durch das Programm „IQ – Integration durch Qualifizierung" fortgesetzt und weiterentwickelt sowie kooperierende Strukturen zwischen den beteiligten Akteur:innen im Anerkennungsverfahren etabliert werden (vgl. BMBF o. J.). Inwieweit sich diese angedachten Änderungen tatsächlich auf das Anerkennungsverfahren des Erzieher:innenberufs auswirken, bleibt vorerst abzuwarten.

Literatur

Anerkennung in Deutschland (o. J.): Glossar. www.anerkennung-in-deutschland.de/html/de/service/glossar.php (Abfrage: 23.08.2022).

Autorengruppe Fachkräftebarometer (2021): Fachkräftebarometer Frühe Bildung 2021. München: Deutsches Jugendinstitut.

Balzer, Nicole (2014): Spuren der Anerkennung. Studien zu einer Sozial- und erziehungswissenschaftlichen Kategorie. Wiesbaden: Springer VS.

Baur, Nina (2008): Univariate Statistik. In: Baur, Nina/Fromm, Sabine (Hrsg.): Datenanalyse mit SPSS für Fortgeschrittene. Ein Arbeitsbuch. Wiesbaden: Springer VS, S. 216–237.

BMBF (Bundesministerium für Bildung und Forschung) (o. J.): Eckpunkte zur Fachkräfteeinwanderung aus Drittstaaten. www.bmbf.de/SharedDocs/Downloads/de/2022/221130-eckpunkte-feg.pdf?__blob=publicationFile&v=1 (Abfrage: 08.12.2022).

BMBF (Bundesministerium für Bildung und Forschung) (2019): Bericht zum Anerkennungsgesetz 2019. Berlin

BMBF (Bundesministerium für Bildung und Forschung) (2015): Bericht zum Anerkennungsgesetz 2015. Berlin.

BMBF (Bundesministerium für Bildung und Forschung) (2014): Bericht zum Anerkennungsgesetz 2014. Berlin.

BMI (Bundesministerium des Inneren, für Bau und Heimat) (2020): Anwendungshinweise des Bundesministeriums des Inneren, für Bau und Heimat zum Fachkräfteeinwanderungsgesetz (BGBl. I. 2019, S. 1307). www.bmi.bund.de/SharedDocs/downloads/DE/veroeffentlichungen/themen/migration/anwendungshinweise-fachkraefteeinwanderungsgesetz.pdf?__blob=publicationFile&v=3 (Abfrage: 20.02.2022).

Becker-Dittrich, Gerti (2009): Die Anerkennung beruflicher Qualifikationen in der EU, im EWR und in der Schweiz. Die Richtlinie 2005/36/EG zur Anerkennung von Berufsqualifikationen (i.d.F. der Richtlinie 2006/100/EG). Bonn: Sekretariat der Ständigen Konferenz der Kultusminister der Länder in der Bundesrepublik Deutschland. Zentralstelle für ausländisches Bildungswesen.

Bock-Famulla, Kathrin (2023): KiTa-Fachkräfte im Fokus. Personelle Ausstattung der frühkindlichen Systeme der Bildung, Betreuung und Erziehung. In: Klusemann, Stefan/Rosenkranz, Lena/Schütz, Julia/Bock-Famulla, Kathrin (Hrsg.): Professionelles Handeln im System der frühkindlichen Bildung, Betreuung und Erziehung. Auswirkungen der Personalsituation in Kindertageseinrichtungen auf das professionelle Handeln, die pädagogischen Akteur:innen und die Kinder. Weinheim/Basel: Beltz Juventa, S. 20–36.

Bourdieu, Pierre/Boltanski, Luc (1981): Titel und Stelle. Zum Verhältnis von Bildung und Beschäftigung. In: Bourdieu, Pierre/Boltanski, Luc/Saint Martin, Monique de/Maldidier, Pasacale (Hrsg.): Titel und Stelle. Über die Reproduktion sozialer Macht. Frankfurt am Main: Europäische Verlagsanstalt, S. 89-115.

Brücker, Herbert/Jaschke, Philipp/Sekou, Keita/Konle-Seidl, Regina (2019): Fachkräfteeinwanderung aus Drittstaaten: Zum Referentenentwurf des Bundesministeriums des Inneren, für Bau und Heimat. IAB-Stellungnahme 4/2019. Nürnberg: Institut für Arbeitsmarkt und Berufsforschung der Bundesagentur für Arbeit.

Cooper, Harris M. (1988): Organizing Knowledge Syntheses: A Taxonomy of Literature Reviews. In: Knowledge in Society 1, H. 1, S. 104–126.

Deutscher Bundestag (2019): Drucksache 19/8285 vom 13.03.2019: Entwurf eines Fachkräfteeinwanderungsgesetzes. Berlin.

Deutscher Kitaverband (2022): Fachkräftemangel wirksam bekämpfen. Positionspapier. www.deutscher-kitaverband.de/wp-content/uploads/2022/09/Deutscher-Kitaverband_Positionspapier_Fachkraeftemangel-wirksam-bekaempfen_2022.pdf (Abfrage: 28.12.2022).

Diekmann, Andreas (2011): Empirische Sozialforschung. Grundlagen, Methoden, Anwendungen. Reinbek bei Hamburg: Rowohlt.

Die Bundesregierung (2022): Mehr Fachkräfte aus Drittstaaten gewinnen. www.bundesregierung.de/breg-de/suche/fachkraefteeinwanderungsgesetz-2146480 (Abfrage: 08.12.2022).

Die Bundesregierung (2018): Eckpunkte zur Fachkräfteeinwanderung aus Drittstaaten. www.bmas.de/SharedDocs/Downloads/DE/Thema-Arbeitsmarkt/eckpunktepapier-fachkraef-teeinwanderung.pdf?__blob=publicationFile&v=1 (Abfrage: 07.12.2018).

Eberhardt, Christiane/Annen, Silvia (2012): Anerkennung von im Ausland erworbenen Abschlüssen – ein Blick über den nationalen Tellerrand. In: BWP. Berufsbildung in Wissenschaft und Praxis 41, H. 5, S. 44–45.

Ekert, Stefan/Larsen, Christa/Otto, Kristin/Poel, Lisa/Schäfer, Lisa (2019): Gemeinsame Evaluierung der Anerkennungsgesetze der Länder. Abschlussbericht. Berlin/Frankfurt.

El-Mafaalani, Aladin (2017): Diskriminierung von Menschen mit Migrationshintergrund. In: Scherr, Albert/El-Mafaalani, Aladin/Yüksel, Gökçen (Hrsg.): Handbuch Diskriminierung. Wiesbaden: Springer VS, S. 465–478.

Englmann, Bettina/Müller, Martina (2007): Brain Waste. Die Anerkennung von ausländischen Qualifikationen in Deutschland. Augsburg.

Faas, Stefan/Geiger, Steffen (2017): Anerkennung im Ausland erworbener beruflicher Abschlüsse in der Frühpädagogik. Potential- und Bedarfsanalyse. Schwäbisch Gmünd.

Faas, Stefan/Kluczniok, Katharina (2023): Zwischen Anspruch und Wirklichkeit. Bildungspläne im Elementarbereich und die Frage nach der Qualität pädagogischer Praxis. In: Frühe Bildung 12, H. 1, S. 30–38.

Faas, Stefan/Treptow, Rainer/Dahlheimer, Sabrina/Geiger, Steffen/von Guilleaume, Christine (2021): Evaluation des Programms „Vielfalt willkommen – internationales Fachpersonal von Kindertageseinrichtungen". Abschlussbericht. Schwäbisch Gmünd.

Fohrbeck, Dorothea. (2012): Anerkennung ausländischer Berufsqualifikationen – das neue Anerkennungsgesetz des Bundes. In: BWP. Berufsbildung in Wissenschaft und Praxis 41, H. 5, S. 6–10.

Friederich, Tina/Schneider, Helga (Hrsg.) (2020): Fachkräfte mit ausländischen Studienabschlüssen für Kindertageseinrichtungen. Wie Professionalisierung gelingen kann. Weinheim und Basel: Beltz Juventa.

Geiger, Steffen/Faas, Stefan (2019): Zur Anerkennung im Ausland erworbener Berufsqualifikationen im Bereich frühkindlicher Erziehung, Bildung und Betreuung. In: Soziale Passagen 11, H. 2, S. 285–304.

Geiger, Steffen/Müller, Margaretha/Schmidt-Hertha, Bernhard/Faas, Stefan (2019): Professionalization and Change: Recognition of Qualifications, Educational Processes and Competencies in Germany. In: Faas, Stefan/Kasüschke, Dagmar/Nitecki, Elena/Urban, Mathias/Wasmuth, Helge (Hrsg.): Globalization, Transformation and Cultures in Early Childhood Education and Care. Reconceptualization and Comparison. Cham: Palgrave Macmillan, S. 235–256.

Gereke, Iris/Akbas, Bedia/Leiprecht, Rudolf/Brokmann-Nooren, Christiane (2014): Pädagogische Fachkräfte mit Migrationshintergrund in Kindertagesstätten: Ressourcen – Potenziale – Bedarfe. Schlussbericht. Oldenburg.

Gwosdz, Michael (2013): Die Anerkennung ausländischer Abschlüsse als Beitrag zur Internationalisierung Hamburgs. In: Lévy-Tödter, Magdalène (Hrsg.): Metropolregion Hamburg. Auf dem Weg zu mehr Internationalität? Konferenz zum 2. Hamburger Welcome Day. Tagungsband. Essen: MA Akademie, S. 27–36.

Hart, Chris (2018): Doing a Literature Review. Releasing the Research Imagination (2. Auflage). London et al.: Sage.

Helfferich, Cornelia (2011): Die Qualität qualitativer Daten. Manual für die Durchführung qualitativer Interviews. Wiesbaden: Springer VS.

Hormel, Ulrike/Jording, Judith (2016): Kultur/Nation. In: Mecheril, Paul (Hrsg.): Handbuch Migrationspädagogik. Weinheim und Basel: Beltz, S. 211–225.

IQ Fachstelle Beratung und Qualifizierung/IQ Fachstelle Einwanderung (2017): Leitfaden zu §17a Aufenthaltsgesetz. www.netzwerk-iq.de/fileadmin/Redaktion/Bilder/Fachstelle_Beratung_und_Qualifizierung/Leitfaden/IQ_Leitfaden_Aufenthaltsgesetz_DIGITAL_final.pdf (Abfrage: 02.07.2019).

Krüger-Potratz, Marianne (2005): Interkulturelle Bildung. Eine Einführung. Münster: Waxmann.

Liebig, Thomas (2005): Die Arbeitsmarktintegration von Zuwanderern in Deutschland. Paris: OECD.

Lingen-Ali, Ulrike/Mecheril, Paul (2020) Integration – Kritik einer Disziplinierungspraxis. In: Pickel Gert/Decker Oliver/Kailitz Steffen/Röder, Antje, Schulze Wessel Julia (Hrsg.): Handbuch Integration. Springer VS, Wiesbaden, S. 1–14.

Maier, Ralf/Ruprecht, Bernd (2012): Das Anerkennungsgesetz des Bundes. In: Wirtschaft und Verwaltung. Themenheft zum Gewerbearchiv, H. 2, S 62-76.

Mayring, Philipp (2015): Qualitative Inhaltsanalyse. Grundlagen und Techniken. Weinheim und Basel: Beltz.

Mergener, Alexandra (2018): Zuwanderung in Zeiten von Fachkräfteengpässen auf dem deutschen Arbeitsmarkt. Einflussfaktoren auf die Beschäftigungs- und Rekrutierungschancen ausländischer Fachkräfte aus betrieblicher Perspektive. Bonn: Bundesinstitut für Berufsbildung.

Meuser, Miachel/Nagel, Ulrike (1991): ExperteInneninterviews – vielfach erprobt, wenig bedacht. Ein Beitrag zur qualitativen Methodendiskussion. In: Garz, Detlef/Kraimer, Klaus (Hrsg.): Qualitativ-empirische Sozialforschung. Konzepte, Methoden, Analysen. Opladen: Westdeutscher Verlag, S. 441–471.

Micheel, Heinz-Günter (2010): Quantitative empirische Sozialforschung. München: Ernst Reinhardt.

Netzwerk Integration durch Qualifizierung (2014): Arbeiten als Erzieher/-in in Deutschland – Anerkennung ausländischer Qualifikationen als Antwort auf den Fachkräftemangel. Situationsanalyse und Handlungsoptionen.

Oberhuemer, Pamela/Schreyer, Inge (Hrsg.) (2018): Early Childhood Workforce Profiles in 30 Countries with Key Contextual Data. München.

Oberhuemer, Pamela/Schreyer, Inge (2010): Kita-Fachpersonal in Europa. Ausbildungen und Professionsprofile. Opladen/Farmington Hills: Barbara Budrich.

Oberndörfer, Dieter (2016): Die Bundesrepublik Deutschland – Demokratisierung durch Zuwanderung? In: Rother, S. (Hrsg.): Migration und Demokratie. Wiesbaden: Springer VS, S. 17–47.

OECD (2013): Zuwanderung ausländischer Arbeitskräfte: Deutschland. Paris: OECD Publishing.

Plünnecke, Axel (2020): Fachkräfteeinwanderungsgesetz: Beitrag zur Zukunftssicherung. IW-Kurzbericht, No. 18/2020. Köln: Institut der deutschen Wirtschaft (IW).

Porst, Ralf (2014): Fragebogen. Ein Arbeitsbuch. Wiesbaden: Springer VS.

Rosenkranz, Lena/Klusemann, Stefan/Schütz, Julia (2023): Einführung in das Themenfeld und Zielsetzung der Studie. In: Klusemann, Stefan/Rosenkranz, Lena/Schütz, Julia/Bock-Famulla, Kathrin (Hrsg.): Professionelles Handeln im System der frühkindlichen Bildung, Betreuung und Erziehung. Auswirkungen der Personalsituation in Kindertageseinrichtungen auf das professionelle Handeln, die pädagogischen Akteur:innen und die Kinder. Weinheim und Basel: Beltz Juventa, S. 16–19.

Roßbach, Hans-Günther/Anders, Yvonne/Tietze, Wolfgang (Hrsg.) (2016): Evaluation des Bundesprogramms „Schwerpunkt-Kitas Sprache & Integration" – Abschlussbericht. Bamberg und Berlin.

Sachverständigenrat deutscher Stiftungen für Integration und Migration (2014): Deutschlands Wandel zum modernen Einwanderungsland. Jahresgutachten 2014 mit Integrationsbarometer. Berlin.

Sachverständigenrat deutscher Stiftungen für Integration und Migration (2013): Erfolgsfall Europa? Folgen und Herausforderungen der EU-Freizügigkeit für Deutschland. Jahresgutachten 2013 mit Migrationsbarometer. Berlin.

Schandock, Manuel/Bremser, Felix (2012): Der Beitrag des Anerkennungsgesetzes zur Bewältigung des Fachkräftemangels. In: BWP. Berufsbildung in Wissenschaft und Praxis 41, H. 5, S. 11–14.

Scherr, Albert (2008): Integration: Prämissen und Implikationen eines migrationspolitischen Leitbegriffs. In: Neue Praxis 38, H. 2, S. 135–146.

Schilling, Matthias (2017): Künftiger Personalbedarf – eine Projektion bis 2025. In: Autorengruppe Fachkräftebarometer (Hrsg.): Fachkräftebarometer Frühe Bildung 2017. München: Deutsches Jugendinstitut, S. 176–185.

Schmerse, Daniel/Anders, Yvonne/Flöter, Manja/Wieduwilt, Nadine/Roßbach, Hans-Günther/Tietze, Wolfgang (2018): Differential effects of home and preschool learning environments on early language development. British Educational Research Journal 44, H. 2, S. 338–357.

Schmidtke, Birgit (2020): Bildungs- und Berufsberatung in der Migrationsgesellschaft. Pädagogische Perspektiven auf Beratung und Anerkennung im Ausland erworbener Qualifikationen. Bielefeld: transcript.

Schmitz, Nadja/Winnige, Stefan (2019): Anerkennung ausländischer Berufsqualifikationen. Anträge aus dem Ausland im Spiegel der amtlichen Statistik. Ergebnisse des BIBB-Anerkennungsmonitorings. Bonn.

Sichler, Ralph (2010): Anerkennung im Kontext von Arbeit und Beruf. In: Journal für Psychologie 18, H. 2. Journal-fuer-psychologie.de/article/view/71 (Abfrage: 21.01.2023).

Singh, Madhu (2015): Global perspectives on recognising non-formal and informal learning: Why recognition matters. Heidelberg: Springer.

Sommer, Ilka (2015): Die Gewalt des kollektiven Besserwissens. Kämpfe um die Anerkennung ausländischer Berufsqualifikationen in Deutschland. Bielefeld: transcript.

Statistisches Bundesamt (2022): Verfahren und Neuanträge zur Anerkennung ausländischer Berufsqualifikationen: Deutschland, Jahre, rechtliche Regelung, Reglementierung der Berufe. www-genesis.destatis.de/genesis/online?operation=abruftabelleBearbeiten&levelindex=1&levelid=1674460969138&auswahloperation=abruftabelleAuspraegungAuswaehlen&auswahlverzeichnis=ordnungsstruktur&auswahlziel=werteabruf&code=21231-0001&auswahltext=&wertauswahl=2421&wertauswahl=2422&wertauswahl=2423&wertauswahl=2424&wertauswahl=2425&wertauswahl=2426&werteabruf=Werteabruf#abreadcrumb (Abfrage: 23.07.2022).

Visel, Stefanie (2017): Cooling out durch organisationale Zeitpolitik in Berufsanerkennungsverfahren für ausländische Abschlüsse. Das Beispiel Sozialer Dienste für Ältere und Gesundheitsdienstleistungen. In: Neue Praxis 47, H. 1, S. 72–83.

Wagner, Pia/Hering, Linda (2014): Online-Befragung. In: Baur, Nina/Blasius, Jörg (Hrsg.): Handbuch Methoden der empirischen Sozialforschung. Wiesbaden: Springer VS, S. 661–673.

Berufliche Anerkennung als Ausgangspunkt individuellen Lernens

Auswertungen des Projektes „Vielfalt willkommen" aus Teilnehmer:innenperspektive

Sabrina Dahlheimer und Christine v. Guilleaume

Um Menschen mit Zuwanderungsgeschichte eine angemessene berufliche Perspektive zu geben, wurde im Jahr 2018 das zunächst als zweijähriges Pilotprojekt angelegte Programm *Vielfalt willkommen: Internationales Fachpersonal für Kindertageseinrichtungen* gestartet. Es zielt darauf, das vorhandene Fachkräftepotenzial zu nutzen und somit dem Fachkräftemangel zu begegnen (vgl. Robert Bosch Stiftung, o. J.). Neben der Verbesserung der Personalsituation in Kindertageseinrichtungen sowie der Integration ausländischer Fachkräfte in den Arbeitsmarkt wird mit dieser Strategie auch die Absicht verfolgt, aus pädagogischen Gründen den Anteil von Erzieher:innen mit Migrationshintergrund und muttersprachlichen Kenntnissen zu erhöhen und die pädagogische Praxis diversitätssensibel weiterzuentwickeln. Dabei wird angenommen, dass mehr Fachkräfte mit eigenem Migrationshintergrund auch die Qualität der Kindertagesbetreuung verbessern (im Kontext der Förderung von Mehrsprachigkeit, der Zusammenarbeit mit Eltern mit Migrationshintergrund etc.), Zugangsschwellen abbauen und dabei die Betreuungsquote von Kindern aus Zuwandererfamilien erhöhen können (vgl. Akbaş/Leiprecht 2015). Das Projekt setzt somit an gegenwärtigen gesellschaftlichen Herausforderungen im Kontext von Migration, Zuwanderung und Kindertagesbetreuung an. Hierbei richtet es sich an zugewanderte pädagogische Fachkräfte, die bereits über einen mit dem hiesigen Beruf der Erzieherin bzw. des Erziehers vergleichbaren Berufsabschluss verfügen und eine berufliche Anerkennung anstreben. Den Nachweis der hierfür erforderlichen Berufspraxis bzw. den Ausgleich von im Anerkennungsverfahren festgestellter Unterschiede zwischen in- und ausländischer Ausbildung erbringen sie überwiegend in Kindertageseinrichtungen (vgl. ausführlich Geiger/Faas in diesem Band), die sich im Rahmen des Projektes bereit erklärt haben, eine nach Deutschland zugewanderte pädagogische Fachkraft zunächst als Praktikant:in in ihr Team zu integrieren. Die Durchführung des Projektes *Vielfalt willkommen* versteht sich somit als ganzheitliche Qualifizierung und Begleitung, die sich im Wesentlichen in zwei Bereiche gliedert: in fachliche und sprachliche Weiterqualifizierungsmaßnahmen[1] für zugewanderte Fachkräfte und in Maßnahmen der Organisations- und Teamentwicklung für das Personal der beteiligten Kindertageseinrichtungen (vgl. ebd.).

Da nicht nur die Anerkennung[2] des Erzieher:innenberufs ein Desiderat in der erziehungswissenschaftlichen Forschung darstellt, sondern insbesondere die Perspektiven der zugewanderten Personen insgesamt im Diskurs um die berufliche Anerkennung kaum Beachtung finden, sollen im Folgenden gerade jene Sichtweisen im Rahmen der Evaluation des Pilotprojektes *Vielfalt willkommen* erfasst werden. Hierbei ging es zunächst darum, Hintergrundinformationen zur Zuwanderungsgeschichte der Teilnehmer:innen mit dem Ziel zu erfassen, ein Bild von den Zuwanderungsgründen und den mit der Aufnahme in Deutschland verbundenen Erlebnissen zu gewinnen (vgl. Kap. 1). Ziel dieses Vorgehens war darüber hinaus zu verstehen, welche subjektiven Erfahrungen mit dem Anerkennungsverfahren gemacht wurden und welche (Bildungs-)Biografien und beruflichen Erfahrungen die Fachkräfte mitbringen (vgl. Kap. 2). Nicht zuletzt richtete sich der Blick auf die Erwartungen und Erfahrungen der teilnehmenden Fachkräfte im Anerkennungsverfahren in Bezug auf das Projekt *Vielfalt willkommen* (vgl. Kap. 3), bevor aus den Ergebnissen abschließend einige Handlungsempfehlungen abgeleitet werden (vgl. Kap. 4).

Methodisch wurde hierbei eine qualitativ-explorative Herangehensweise gewählt, um die Einschätzungen der 13 Teilnehmer:innen einzuholen, die auch über die Leitfragen hinaus gehen können und die in dieser Tiefe quantitativ nicht hätten erhoben werden können (vgl. Meuser/Nagel 2009). Im Gegensatz zum narrativen Interview ermöglicht das leitfadengestützte Interview es aber dennoch, das Gespräch auf die genannten Zielsetzungen zu lenken (vgl. ebd.). Darüber hinaus sorgt der Leitfaden für eine gewisse Vergleichbarkeit der Interviews und ermöglichte so eine strukturierte inhaltsanalytische Auswertung (vgl. hierzu ausführlicher Faas et al. 2021). Bei der Interpretation aller Aussagen sollte jedoch stets berücksichtigt werden, dass im Rahmen der Interviews ein Themenfeld erfasst wurde, das eine gewisse Tabu- und Emotionsbeladenheit aufweist. Viele Fachkräfte zeigten sich sehr dankbar, die Chance zur Projektteilnahme erhalten zu haben, sodass sie negative Äußerungen ggf. als Unhöflichkeit oder Undankbarkeit empfunden hätten. Wenngleich Interviewtechniken eingesetzt wurden, um Einschränkungen und Beschönigungen des Gesagten zu vermeiden, sind sol-

---

1 Für die Aufnahme einer Tätigkeit als Erzieher:in sind beispielsweise Sprachkenntnisse auf Niveau C1 gefordert (Müller/Ayan 2019).

2 Anerkennung meint hier die Anerkennung von im Ausland erworbener Qualifikationen zugewanderter Fachkräfte, d. h. einer absolvierten Ausbildung, eines Studiums oder eines erworbenen Schulabschlusses zu einer vergleichbaren deutschen Qualifikation mittels der Bewertung von Zeugnissen und beruflicher Erfahrung (vgl. Müller 2007).

che Verzerrungen aufgrund sozialer Erwünschtheit jedoch nicht auszuschließen (vgl. z. B. Stocké 2004; Taddicken 2009).

1 Zuwanderungsgeschichten – Motive, Hintergründe und Herausforderungen

Zuwanderungsgründe und erste Erfahrungen in Deutschland

Die am Projekt *Vielfalt willkommen* teilnehmenden Fachkräfte wurden zunächst gebeten, über ihre Zuwanderungsgeschichte, den Zeitpunkt der Zuwanderung, die Gründe hierfür sowie ihre Erfahrungen mit ihrer Aufnahme in Deutschland Auskunft zu geben. Die Analyse vorliegender Informationen zeigt, dass sich der Zuwanderungszeitpunkt der Teilnehmer:innen nach Deutschland auf die letzten sieben Jahren fokussiert, vereinzelt aber auch 14-20 Jahre zurück liegt. Als Gründe für ihre Zuwanderung gaben die Befragten zum einen private Entscheidungen wie Umzüge mit oder zu den Ehepartner:innen nach Deutschland an, welche teilweise in Deutschland geboren wurden und/oder aufgewachsen sind:

> „Mein Mann war hier und wie … mein Mann kam zuerst her [...]. Ich habe gehört, Deutschland ist ein sehr gutes Land, super, alles in Ordnung. Sicherheit, es gibt viele Chancen zu arbeiten, ja. Deshalb kam ich." (TN07; Faas et al. 2021, S. 160)

Zum anderen wurden berufliche Aspekte als Gründe für die Zuwanderung nach Deutschland genannt, darunter beispielsweise bessere Ausbildungs- und Berufsmöglichkeiten sowie Arbeitschancen, aber auch die Sicherheit eines Beschäftigungsverhältnisses. Dies gilt hierbei sowohl für die befragten Fachkräfte als auch für einige ihrer Ehepartner:innen, welche sich aufgrund besserer Arbeitsbedingungen für ein Leben in Deutschland entschieden haben. Auch die bessere Bildungszukunft der Kinder in Deutschland wurde als Entscheidungsgrund genannt:

> „Das war bessere Zukunft für meine Tochter. Und ja, ich hab schon gesagt, dass in meinem Heimatsland habe ich sehr lange eine Arbeit gesucht. Und ich habe etwas ganz Anderes gearbeitet. Und ich kann nicht träumen, dass ich in einem Kindergarten arbeiten kann, oder ja. Und ja, ich bin hergekommen … das ist für meine Tochter und für ihre Bildungszukunft oder (alles) es ist besser." (TN09; ebd.)

Die Zuwanderung nach Deutschland wurde in den Interviews aber nicht nur als persönlicher *Türöffner* für die Zugewanderten beschrieben, sondern es wurde auch angemerkt, dass das Land umgekehrt von den Fähigkeiten und dem Wissen der zugewanderten Fachkräfte profitieren könne:

„[I]ch bin nicht hier um andere (bedrohen) und andere wegzunehmen. Ich komm, ich (ermittle) was ich machen kann, ich bin zur Verfügung und ich bin, ich will nicht deinen Platz wegnehmen. Im Gegenteil, ich will mit dir zusammenarbeiten. Und zusammen, also, wenn jemand aus dem Ausland hierherkommt und was Gutes bringt von seiner Heimat hierher, das Land profitiert viel mehr [...]. Und diese Vielfalt hier drin, da profitieren wir hier, weil ... und das ist das, genau der Sinn, was ich meine. Ja, ich, wir wollen zusammenwachsen." (TN08; ebd., S. 160 f.)

Neben diesen freien Entscheidungen zur Auswanderung wird jedoch auch deutlich, dass mitunter Krieg, der Verlust der Heimat, Angst, Tod, politische und religiöse Verfolgung sowie fehlender Schutz und fehlende Freiheit eine Flucht nach Deutschland notwendig machten – zum Teil unter großen Strapazen:

„Und im Herkunftsland haben wir keine Zukunft zum Arbeiten und zum Schutz auf unser Leben. Und keine Freiheit, die Politik ist schlecht und [...] viele Bomben auch, jeden Tag [...] Der Krieg [...] [u]nd meine Stadt ist kaputt [...] Zu Fuß und wir sind nicht gestorben." (TN16; ebd., S. 160)

Somit lassen sich insgesamt sowohl harte als auch weiche Migrationsgründe bei den Befragten identifizieren, wobei unter die harten Faktoren beispielsweise ökonomische Faktoren wie Arbeitsmarkt, Lebenshaltungskosten und Wohnraumverfügbarkeit fallen, während zu den weichen Aspekten eher persönliche, lebensweltliche Motive wie beispielsweise die Familie, Bildungs-, Kultur- und Freizeitangebote zählen (vgl. Greis 2005).

Die Aufnahme in Deutschland hat ein Großteil der befragten Fachkräfte als positiv und zufriedenstellend erlebt. Dies wurde aus ihrer Sicht zum einen durch familiäre Ressourcen wie die Unterstützung und Hilfe durch die eigenen Ehepartner:innen erreicht. Diese kannten zum Teil das Land und konnten gezielt Ratschläge geben. Zum anderen wurden weitere Unterstützungsmöglichkeiten genannt, darunter Bekanntschaften und Freund:innen sowie Menschen, die aus demselben Herkunftsland kommen, aber auch Verwandte in Deutschland. Vor allem Bekannte, die bereits in Deutschland lebten oder aus Deutschland kamen, wurden als Unterstützungsmöglichkeiten angeführt, da diese als Informationsquellen bezüglich des deutschen Systems dienen konnten. Auch Kolleg:innen, Nachbar:innen, Lehrer:innen bzw. Erzieher:innen der eigenen Kinder sowie Eltern anderer Kinder oder auch Personen aus dem Wohnort wurden in diesem Zusammenhang aufgezählt:

„Am Anfang habe nur Gutes, Positives, weil alle meine Nachbarn sind nett, eigentlich. Und das ist egal, ob das Wohnung oder Garten ist oder im Kindergarten, haben wir gute Kontakt gehabt und alles. Und Lehrerin und ... für Kinder ja und, habe keine Probleme mit jemandem gefunden." (TN10; Faas et al. 2021, S. 161)

Dennoch wurde die Anfangszeit von zahlreichen Befragten als eine schwierige Phase beschrieben. Dies wurde mit fehlenden Sprachkenntnissen, teilweise auch fehlender Zeit zum Erlernen der Sprache aufgrund eigener Kinder, fehlender Berufstätigkeit sowie der Angst vor einem fremden und neuen Land begründet:

> „Die Sprache spielt auch eine große Rolle, ich hatte die Sprache nicht. Ja, und auch während meinem Deutschkurs … der Anfang war auch schwierig, weil das … die Basis oder so. Es hat dann gedauert bis man die hat und dann kann man wirklich, man fühlt: ‚Ok, ich kann ein bisschen sprechen'. Jetzt kann ich immer weiter üben und üben und ich kann was damit machen, ja. Was damit anfangen." (TN02; ebd.)

Vereinzelt berichteten die Befragten von Diskriminierungs- und Exklusionserfahrungen in ihren privaten Lebensräumen, insbesondere in ihrer Anfangszeit in Deutschland. Diese machen sich beispielsweise durch Kommentare anderer Mitmenschen hinsichtlich des eigenen Auftretens (z. B. Kopftuch), durch für die Teilnehmer:innen ungewohnte Verhaltensweisen der Bevölkerung (z. B. Distanz statt gegenseitigen Grüßens) oder scheinbaren Neid bei erreichten Erfolgen bemerkbar:

> „[…] zum Beispiel mein Mann hat ein neues Auto gekauft. Aber das haben wir gespart seit zwölf Jahren, sparen wir. Dann ja, man merkt die sind neidisch gefühlt. Ja, sie sind nicht mehr freundlich und wenn ich im Treppenhaus lauf, manchmal hört man die Tür zuschlagen, weil die merken, dass ich … Oft also, es gibt leider die Mentalität. Das, ich weiß nicht wie man das heilen kann, aber doch, die deutsche (Bevölkerung) entwickelt sich schon besser, aber nicht alle können das. Man … entweder man muss Zeit geben oder man muss es so akzeptieren." (TN08; ebd., S. 162)

Mitunter wurde auch von psychischen Folgen rassistischer und diskriminierender Erfahrungen berichtet, die letztendlich Depressionen und damit einen Rückzug aus dem alltäglichen gesellschaftlichen Leben zur Folge hatten. Somit ist zu realisieren, dass zugewanderte Fachkräfte mit jenen Wahrnehmungen und Erfahrungen als zentrale Integrationsrisiken umgehen müssen – ganz gleich, was dahintersteht –, gerade auch im Zusammenhang mit ihrer beruflichen Integration. Ebenso ist zu berücksichtigen, dass – unabhängig vom Einzelfall – prinzipiell von Diskriminationserfahrungen (nicht zuletzt struktureller bzw. institutioneller Art) und auch rassistischen Übergriffen in solchen Kontexten auszugehen ist (vgl. El-Mafaalani 2017; Gomolla 2017).

Der Verlust sozialen Kapitals und die Bedeutung sozialer Netzwerke für eine gelungene Aufnahme in Deutschland

Es ist davon auszugehen, dass sich einige Herausforderungen und Probleme, die sich für die Teilnehmer:innen im Rahmen der Zuwanderung aufgrund sozialer, kultureller und religiöser Unterschiede zum Herkunftsland, mitunter auch offenkundiger Diskriminierungserfahrungen stellten, zudem durch fehlende Netzwerke verschärfen. Alle Befragten sind im Familienkontext eingereist, d. h. sie sind entweder mit Familienangehörigen nach Deutschland gekommen oder haben Verwandte, die in Deutschland leben. Neben den rein familiären Netzwerken spielt jedoch auch die Zusammensetzung des Freundes- und Bekanntenkreises eine wichtige Rolle bei der sozialen Integration (vgl. Haug 2000; Stelzig-Willutzki 2012). Müller und Ayan (2019) gehen anhand von Ergebnissen einer von Ihnen durchgeführten Studie zu Bildungschancen von Migrant:innen davon aus, dass der Freundes- und Bekanntenkreis sogar einen deutlich größeren Einfluss auf die Integration in den Arbeitsmarkt habe als das familiäre Netzwerk. Hierzu berichteten die Befragten, dass sie ihr soziales Netzwerk überwiegend im Herkunftsland zurückgelassen haben. Zwar wurde auf Telefonate, seltene Treffen etc. verwiesen, dennoch war oftmals der Wunsch zentral, Freund:innen und Familie aus dem Herkunftsland um sich zu haben. Hierbei ist zu berücksichtigen, dass einige der Befragten ihr soziales Netzwerk im Herkunftsland nicht freiwillig, sondern beispielsweise durch Krieg, Verfolgung und Flucht verloren haben, worunter deren psychische Gesundheit im Besonderen leidet. Einige mussten ihren neuen Bekanntenkreis in Deutschland erst, zum Teil über Jahre hinweg, mühsam aufbauen:

> „[A]ber man muss aktiv sein, das hab ich immer bemerkt. Also die Leute waren bisschen […] verschlossen […]. Aber wenn du zu den Leuten gegangen bist, dann haben sie sich irgendwie gefreut, hab ich mir gedacht. Ja, also nicht … also, wenn ich den ersten Schritt gemacht habe … ." (TN06; Faas et al. 2021, S. 161)

Zudem wurde geschildert, dass neue Freundschaften in Deutschland oftmals nicht mit den Freundschaften im Herkunftsland vergleichbar seien, die zum Zeitpunkt der Migration teilweise schon viele Jahre bestanden und meist auch nicht die fehlende räumliche Nähe zu den Eltern kompensieren können:

> „Ja, dass ich meine Familie nicht bei mir habe und auch meine Freunde von damals. Also ich sehe die auch ab und zu oder wir telefonieren zusammen, aber das ist nicht das Gleiche. Und ich finde auch die Freunde von jetzt, die man erst, wenn man erwachsen ist kennt, sind nicht die gleichen Freunde von früher. Das ist … das ist ganz unterschiedlich. Man spricht von Sachen mit denen … die nicht hier wohnen, also im Herkunftsland meine Freundinnen von damals … mehr als mit denen die hier sind, wirklich. Weil man fühlt sich wirklich, ich weiß nicht. Ja, man ist mit denen vielleicht aufgewachsen." (TN02; ebd., S. 165)

> „Ich fühl mich wie zuhause aber ich vermisse meine Mutter, meinen Vater." (TN03; ebd., S. 163)

Der Verlust von Freunden und Bekannten im Herkunftsland bedeutet letztlich, dass weniger Möglichkeiten der gegenseitigen Hilfe und psychosozialen Unterstützung gegeben sind (vgl. Dahlheimer 2013; Kluß/Farrokhzad 2020). Dies erschwert nicht nur gegenwärtig den Zugang zum Arbeitsmarkt, sondern verringert dadurch gleichzeitig auch die künftigen Möglichkeiten, Personen kennenzulernen und somit Freundschaften und Bekanntschaften aufzubauen (vgl. Müller/Ayan 2019). Denn als wichtiger Indikator für eine erfolgreiche soziale Integration und zentrale Form sozialen Kapitals können soziale Beziehungen zu Einheimischen erachtet werden. Ihnen wird nicht nur ein positiver Einfluss auf die persönliche Entwicklung und das individuelle Wohlbefinden zugeschrieben, sondern sie dienen in der Regel auch dem Auffinden bestimmter integrativer Ressourcen, wie beispielsweise einem Arbeitsplatz (vgl. Haug 2010; Maehler 2012; Müller/Ayan 2019).

In den Interviews beschreiben die Teilnehmer:innen selbst den bloßen Kontakt zu und oberflächliche Gespräche mit anderen Menschen (z. B. Nachbar:innen, Freund:innen, weitere Verwandte) als zentralen Faktor einer gelungenen Aufnahme in Deutschland. Dabei müsse es sich nicht zwangsläufig um Freundschaften handeln, Kontakt wurde hierbei auch als eine einfache Begrüßung auf der Straße definiert. Des Weiteren wurden hierdurch erwartungsgemäß ein Gefühl des Zuhause- und nicht des Fremdseins, des Sich-Wohlfühlens, ein angstfreies Leben, Sicherheit und Alltagsroutinen angesprochen:

„Also wir müssen nicht befreundet sein, ich muss nicht unbedingt zu dir gehen oder so. Einfach mit dir reden und fragen und: ‚Hallo guten Morgen, na wie geht's, was macht deine Tochter?'." (TN06; Faas et al. 2021, S. 163)

Auch wenn – wie vorangehend dargestellt – einige der Befragten insbesondere die Anfangszeit in Deutschland als schwierig und problembelastet erlebt haben, fühlen sich die meisten während der Projektteilnahme bereits gut in Deutschland aufgenommen:

„Man fühlt sich auch … da wo man sich … da wo man wohnt, sehr wohl. Weil, die Nachbarn, also … jetzt kenne ich alle meine Nachbarn, die lachen, ich kann nur kurz auf der Treppe zwei Minuten sprechen mit denen. Ich kann auch … ich hab jetzt Freunde, ich kann auch ab und zu mal rausgehen. Ich hab Aktivitäten, ich bin nicht nur alleine mit Mann … entweder mit Mann raus oder ich alleine oder so. Ne, jetzt habe ich wirklich Freunde, auch wenn die Familie nicht da ist. Wenn Freunde auch da sind, ich kann auch zu meiner Familie, die kommen auch zu mir. Also ja, wirklich es klappt jetzt ganz gut." (TN02; ebd., S. 162)

2 Auflagen im Anerkennungsverfahren und Integration in den Arbeitsmarkt

Qualifikationen und Anpassungsbedarf der Teilnehmer:innen

Die zugewanderten Projektteilnehmer:innen verfügen über sehr unterschiedliche Abschlüsse, die sie alle noch in ihren jeweiligen Herkunftsländern erworben haben. Hierbei handelt es sich zum Teil um pädagogische bzw. gesundheitsbezogene Berufsausbildungen, zum Teil um pädagogische bzw. psychologische Studiengänge. In Bezug auf Letzteres sind die Studiengänge Grundschullehramt, Kinderpsychologie und -entwicklung, (Früh-)Pädagogik oder Studiengänge mit der Fächerkombination Lehramt, Pädagogik und Psychologie anzuführen. Die Berufsqualifikationen wurden dagegen im Bereich der Erzieher:innen- bzw. Hebammenausbildungen absolviert. Die anvisierte Anerkennung als Erzieher:in oder Kinderpfleger:in stellt somit insbesondere für die akademisch gebildeten Teilnehmer:innen eine Herabstufung gegenüber ihrer im Ausland erworbenen Qualifikation dar, welche die Befragten insgesamt zwar als akzeptabel wahrzunehmen scheinen. Eine gewisse Abwertung dieser Berufsbilder im Vergleich zum Lehrer:innenberuf wird in den Aussagen jedoch mitunter deutlich:

> „… vor ich Lehrer, z. B.… […]. Ja, ich liebe die Arbeit als Lehrer, aber auch hier im Kindergarten ist es auch nicht schlecht. Auch gut. Hier ist es einfach, im Kindergarten einfach. In der Grundschule die Arbeit, das ist nicht arbeiten, das ist … ich denke das ist nicht arbeiten, das ist spielen." (TN13; Faas et al. 2021, S. 152)

> „Und in der Grundschule, da hatte ich mich auch selber nicht getraut zu unterrichten wegen meinem Akzent halt. Und grammatikalischen Fehlern die ich immer noch ab und zu mache." (TN12; ebd.)

Ihre Berufserfahrung zu Beginn des Anerkennungsverfahrens beschreiben die Interviewten in Zeiträumen von ein- bis zweiwöchigen Praktika bis hin zu 27 Jahren Berufstätigkeit. Als Arbeits- und Praktikumsorte wurden beispielsweise Schulen, Kindergärten, Kinderkrippen und Altersheime, aber ebenso der Gesundheitsbereich benannt. Zudem kann auch auf Berufserfahrungen im Ausland sowie auf Gründungs- und Leitungserfahrung zurückgegriffen werden.

Das behördliche Anerkennungsverfahren der Projektteilnehmer:innen startete zu unterschiedlichen Zeitpunkten zwischen Projektbeginn und rund einem halben Jahr Projektlaufzeit. Die Laufzeiten der einzelnen Anerkennungsverfahren der Teilnehmer:innen variierten in Abhängigkeit von den bereits vorhandenen Qualifikationen und angestrebten Bildungsabschlüssen zwischen neun und 18 Monaten, was von einigen als deutlich zu lange kritisiert wurde:

„Diese neun Monate, und ich arbeite nicht Vollzeit, weil ich ein kleines Kind habe und, aber müsste ich Vollzeit arbeiten, um diese neun Monate zu absolvieren, wenn ich … wie soll ich das sagen. Also es ist eine megagroße (Umstände) und man verdient auch nicht viel. Es ist okay, man weiß es. Aber trotzdem, wenn ich von dieser Arbeit leben müsste, das … das wäre nichts. […] Und dann würden vielleicht viele überlegen, also mach ich alle diese Umstände und… .“ (TN06; ebd., S. 153)

Gründe für die Nichtanerkennung ausländischer Abschlüsse

Die Interviewten wurden mit Blick auf das Anerkennungsverfahren zunächst nach den Gründen gefragt, weshalb ihr im Ausland erworbener Abschluss in Deutschland nicht 1:1 anerkannt werden konnte. Hierbei wurde deutlich, dass einem Teil der Befragten die Gründe des Regierungspräsidiums nicht bekannt waren; die Gründe für die jeweiligen Entscheidungen und somit auch das Verfahren insgesamt wenig transparent für die Fachkräfte sind:

„Keine Ahnung. […]. Ich kann wirklich nicht erklären warum. […] Weiß nicht warum … ich weiß nicht. Bis jetzt.“ (TN03; ebd., S. 151)

„Also sie haben … das steht alles in … auf meinen Papieren eigentlich, deswegen sage ich, dass die haben eine ( ) und so gerechnet meine Noten und so, und da wurde dann meine Ausbildung nur zu 80% anerkannt. […] Nur, ich hab nur verstanden wie sie das machen. […] Das ist so, die sehen alle Prüfungen, die ich dort gemacht habe und die, die ich hier mache. Und die haben das dann verglichen und meine Noten und die Noten von hier gesehen. Ich glaube, so haben die das gemacht, aber genau weiß ich es leider nicht, nein. [E]s steht nicht ein Grund … Sie haben das, z. B., wenige Punkte oder das, oder so…Ne, also davon steht gar nichts, ja.“ (TN02; ebd., S. 152 f.)

Diejenigen, die angaben, über die Gründe des Regierungspräsidiums für eine Teilanerkennung informiert zu sein, verwiesen auf fehlende Kenntnisse in Bezug auf die Sprache, das deutsche (Aus-)Bildungssystem sowie kulturelle Unterschiede, wobei den Teilnehmer:innen aber auch hier nicht immer alle Entscheidungen transparent zu sein scheinen:

„Ja ich brauche das zu … um meine Sprache zu verbessern und zu Kontakt machen […] Mit kleinen Kindern und mit neuer Sprache, und mit neuem System. Und alles, alles. […] Neue Kultur auch.“ (TN07; ebd., S. 152)

„Also ich glaube, vor … vor allem, dass die Ausbildung schon anders aussieht in Deutschland als im Herkunftsland. Ich hab im Herkunftsland z. B. alle Fächer unterrichtet außer Religion. Und hier studiert man zwei, drei Fächer. Und das ist halt der Schwerpunkt.“ (TN12; ebd.)

„Die sagen, dass ich zu wenige Stunden habe. Dass ich noch ein Jahr Praktikum machen soll. Also zu wenige Stunden im Vergleich zu Deutschland. […] Aber von Inhalten wurde nichts gesprochen. Nur von den Stunden, das war für sie irgendwie so radikal wichtig […].“ (TN08; ebd.)

Insgesamt ist jedoch zu resümieren, dass einigen Teilnehmer:innen die Notwendigkeit einer Nachqualifizierungsmaßnahme nicht plausibel erscheint – unabhängig davon, ob die Gründe benannt wurden:

„Also mein Diplom, ja ok, es reicht nicht. Aber ich habe 15 Jahre […] Erfahrung, also wie, was erwarten sie von mir? […] Klar, aber ich verstehe das, aber warum zählt das … was der Unterschied ist? […] Mhhh, aber so ist das.“ (TN06; ebd., S. 153)

Anderen hingegen erschien die Auflage einer Nachqualifizierung jedoch – unabhängig ihres beruflichen Hintergrundes und ihrer Deutschkenntnisse – durchaus plausibel. Dies wird u. a. mit der Möglichkeit zu arbeiten, aber auch der Chance, die eigenen Sprachkenntnisse zu verbessern, begründet:

„Also ich … ich verstehe das schon, also in dem Fall denke ich … finde ich, das ist schon sehr wichtig, dass die Lehrerin wirklich richtig spricht und keine Fehler macht.“ (TN12; ebd.)

„Mh, ja. Gutes Thema. Ja normalerweise hab ich Erfahrung. Ich hab vier Jahre schon … […] Aber nicht so viel, aber doch bisschen in Deutschland muss man Erfahrungen … muss. Weil Kultur, und Sprache, und Eltern und, ja. Kindergartenatmosphäre, vielleicht Kollegen, ist bisschen was anderes.“ (TN11; ebd.)

Erfahrungen der Zugewanderten mit dem Anerkennungsverfahren

Bei der Frage nach den Erfahrungen mit dem behördlichen Anerkennungsverfahren wurden von den Teilnehmer:innen häufig der bürokratische Aufwand und andere wahrgenommene Hindernisse zum Thema gemacht:

„Gut, also ich hatte es kompliziert … mh, also einfach war es nicht, erst mal. Weil solche Sachen, bürokratische Sachen sind nicht, sind nie einfach.“ (TN06; ebd., S. 148)

Mit Blick auf die Frage nach Unterstützung bei der Vorbereitung und Einreichung des Antrags zur Anerkennung der Ausbildung äußerten einige der Befragten, keine behördliche Unterstützung erfahren zu haben: „Ne, ich habe ganz … selber alles geschickt“ (TN01; ebd., S. 149). Jene Fachkräfte, die von anderen unterstützt wurden, verwiesen vor allem auf Hilfe aus dem familiären Kreis:

„[…] mein Mann ist Deutscher. Und er möchte immer, dass ich alles alleine mache und so, ne. Aber, naja gut. Und dann, aber irgendwann hab ich ihn, also um seine Hilfe gebeten, weil, genau … also um genau zu wissen, was für Dokumente ich brauche und so weiter und so fort. Also ich habe mich immer, also von Anfang an begleitet gefühlt." (TN06; ebd.)

Weitere Beratungsmöglichkeiten, wie z. B. die Anerkennungshotline waren einem Großteil der Interviewten gar nicht bekannt: „Jetzt wie …, wenn Sie das jetzt sagen, ich wusste nicht, dass es eine Beratung und das Ganze gibt" (TN02; ebd., S. 150). So wird deutlich, dass einige Informationen, beispielsweise hinsichtlich der Verfahrensdauer und einzelner Verfahrensschritte, unbekannt waren bzw. fehlten:

„Ich glaube [ich wurde nicht] nicht so gut [beraten]. Weil ich habe noch viele Fragen, was ist … ja z. B., ich weiß nicht ganz genau: Soll ich zwei Jahre Praktikum machen oder ich muss zwei Jahre. Weil vor vielleicht zwei Wochen hab ich noch eine E-Mail bekommen, das ist von […] Hochschule. Ja, also ich habe meine Unterlagen vom Regierungspräsidium bekommen und ja, in dieser E-Mail steht, dass ich soll z. B. nur ein Jahr Praktikum machen. Und jetzt weiß ich nicht, ja, ist das ein Jahr oder zwei Jahre, oder soll ich nach dem Praktikum noch eine Prüfung hier in Deutschland machen, oder (wieso nicht) … Ja, ich brauch vielleicht noch ein bisschen Information… " (TN09; ebd.)

Ähnliches zeigt sich auch hinsichtlich der Möglichkeit, statt der Anpassungsmaßnahme in einer Kindertageseinrichtung, eine Eignungsprüfung zu absolvieren[3]:

„Ich weiß nicht, was ist Eignung … Eignungsprüfung? " (TN09; ebd., S. 157)

Ob sich die Befragten für eine Eignungsprüfung entschieden hätten, sofern sie über diese Möglichkeit informiert gewesen wären, konnten die meisten der Befragten retrospektiv nicht sicher beantworten („Ich weiß nicht", TN09; ebd.):

---

3   Werden bei der Gleichwertigkeitsprüfung zwischen der im Ausland erworbenen Qualifikation und dem Referenzberuf in Deutschland (z. B. Erzieher:in) seitens der zuständigen Stelle wesentliche Unterschiede festgestellt (durch Prüfung von Abschluss- und Arbeitszeugnissen), so folgt eine Ablehnung des Antrags oder eine teilweise Anerkennung. In diesem Fall kann sich der Antragsteller/die Antragstellerin zwischen einer Anpassungsqualifizierung bzw. Ausgleichsmaßnahme oder eine Eignungsprüfung entscheiden, um die volle Anerkennung zu erreichen (vgl. Ekert et al. 2019). Der Anpassungslehrgang gilt als Ausgleichsmaßnahme für reglementierte Berufe und beinhaltet die Arbeit im jeweiligen Beruf unter Beaufsichtigung einer qualifizierten Person bei einer maximalen Dauer von drei Jahren (Annerkennung in Deutschland, o. J.). Bei der Eignungsprüfung werden die im Rahmen der Gleichwertigkeitsprüfung festgestellten Unterschiede mittels Prüfung ausgeglichen.

„Vielleicht hätte ich es mir … […]. Also ich freue mich auf die Erfahrung und so, das möchte ich nicht verpassen. Aber ich […] hätte vielleicht die Prüfung absolvieren können und dann, ne, eingestellt sein mit einem normalen Lohn auch. Weil das macht einen großen Unterschied." (TN06; ebd., S. 158)

Die Erfahrungen im Hinblick auf Unterstützung und Beratung im Anerkennungsverfahren kann insgesamt als sehr heterogen eingeschätzt werden, was nicht zuletzt in der fehlenden Transparenz und dem schlechten Informationsfluss bedingt ist. Als besonders hilfreich zur Vorbereitung und Einreichung des Antrags zur Anerkennung beurteilten die Teilnehmer:innen Informationen zu den bevorstehenden Aufgaben und Tätigkeiten der Fachkräfte, zum Ablauf, zur Dauer und zu den Arbeitsmodellen. Vereinzelt musste zur Unterlagenbeschaffung für das Anerkennungsverfahren der Kontakt zu Ausbildungsstätten im Herkunftsland wiederhergestellt werden, auch mittels kostenintensiver Reisen und Übersetzungshonorare:

„Ja, da musste ich aus dem Herkunftsland anfordern und übersetzen lassen, das hat auch viele Kosten… […] Dann gab es da ein Dokument von der Schule, das musste ich in der Schule selber persönlich abholen im Herkunftsland, das heißt, ich musste ins Herkunftsland reisen dafür. Das war wirklich teuer." (TN08; ebd., S. 151)

Hierbei wurde auch der enge zeitliche Rahmen zur Beschaffung der notwendigen Dokumente aus den Herkunftsländern bemängelt sowie die im Gegensatz dazu lange Bearbeitungsdauer der Anträge nach Einreichung der Dokumente. Oftmals sei lange Zeit keine Rückmeldung erfolgt – beispielsweise in Bezug auf noch fehlende Dokumente oder eine Eingangsbestätigung:

„Und das waren schon ganz viel. Ich hab erst gedacht ne, ich schaffe das nicht. […] Und dann hab ich meine Adresse und Telefonnummer von meiner Uni gefunden im Internet, dann hab ich da angerufen im Archiv und da war ein netter Mann, er hat mir geholfen, hat per Mail mir das alles zugeschickt. Also ich hab keine Originale mehr gehabt. Und dann hab ich abends noch einen Dolmetscher gefunden […] und er hat sich bereit erklärt, mir am nächsten Morgen einen Termin zu geben." (TN12; ebd.)

„[E]s hat ein bisschen gedauert bis ich meine Bescheinigung hatte, was ich machen soll, was ich noch brauche für meine Anerkennung." (TN01; ebd.)

Insbesondere die Dauer des formalen Anerkennungsprozesses und der hierfür erforderliche Verwaltungsaufwand wurden auch von Kluß und Farrokhzad (2020) auf Basis der Ergebnisse vier qualitativer Gruppendiskussionen mit zugezogenen Fachkräften als herausfordernd beschrieben. Es scheint sich demnach bei den Wahrnehmungen der Projektteilnehmer:innen von *Vielfalt willkommen* nicht um Einzelerfahrungen zu handeln.

Neben den aufgeführten formellen Herausforderungen wurde des Öfteren zum Ausdruck gebracht, dass mit dem Anerkennungsverfahren und einer damit einhergehenden Teilanerkennung generell Gefühle von Erniedrigung, Diskriminierung und Abwertung verbunden sind:

> „Es wurde so fest, dass ich … also die Bildung […] ist nicht so stark bewertet, also ein gleiches Niveau, oder … wie andere Länder, von anderen Kontinenten, ja. […] Da habe ich leider ein Erniedrigungsgefühl gehabt, mein Gott, wie sich das anhört. […] ich habe bei der VHS eine Abendhauptschule besucht und ich habe auch hier […] eine Ausbildung gemacht. Und ich dachte, das ist … das noch zusätzlich von deutscher Schule und der Schule im Herkunftsland, ergibt einen besseren Wert. Und das war nicht der Fall bei mir. Und die anderen haben keine Ausbildung gemacht, also die anderen Kollegen von anderen Kontinenten. Und sie wurden besser bewertet als ich. Also ich … ich fand mich ein bisschen ja … diskriminiert. […] Ja es ist echt enttäuschend, weil man … also die Schule waren bei mir beide in Deutschland Privatschulen. Bei meinem Alter ist es nicht einfach, eine normale … normale Schule… […] öffentliche Schule zu besuchen. Dann habe ich extra Privatschulen bezahlt und trotzdem war es nichts wert für … ja." (TN08; Faas et al. 2021, S. 148)

Solche und deutlich gravierendere Erfahrungen scheinen ebenfalls keine Einzelfälle darzustellen. In einer Studie zu Erfahrungen von Migrant:innen bei ihrer Stellensuche wurden von Müller und Ayan (2019) 30 Personen, die alle einen im Ausland erworbenen Berufsabschluss im Sozial- und Gesundheitssektor vorweisen können, zu ihren Erlebnissen befragt. Auch hier berichten die Befragten mitunter von diskriminierenden und entwürdigenden Erfahrungen mit deutschen Ämtern. So erzählt z. B. eine Befragte, dass man ihr gesagt habe, dass sie doch auch „als Putzfrau oder Verkäuferin arbeiten" (S. 26) könne und eine andere äußert: „Ich habe verstanden, wir waren nicht wichtig" (ebd.). Die Teilnehmer:innen der Pilotstudie *Vielfalt willkommen* berichten zum Teil ebenfalls von Tätigkeiten, die sie in Altersheimen oder als Reinigungskräfte ausgeübt haben, da sie im Berufsfeld einer Erzieherin oder eines Erziehers keine Stelle gefunden haben und darüber hinaus mitunter abwertend behandelt wurden:

> „Weil … und dann hab ich mich sofort beworben, das war vor drei Jahren ungefähr. ( ). Und ich hatte ein Vorstellungsgespräch und bei diesem Vorstellungsgespräch … es ist schiefgelaufen, weil sie meinten mit Kopftuch geht gar nicht und dann … die Anerkennung ist nicht voll und … also ich wollte nur […] ein unbezahltes Praktikum machen. Und es hat […] wirklich sehr lange gedauert und es hat trotzdem nicht geklappt. Aber jetzt hab ich durch Zufall erfahren, […] ich kann hier in Deutschland auch mit Kopftuch arbeiten und so… deswegen hab ich als Reinigungskraft gearbeitet

zwei Jahre lang, weil ich dachte, es funktioniert wirklich nicht. Ja und…ja. […] Das finde ich schade, weil ich hätte ja dann früher anfangen können, verstehen Sie … " (TN02; Faas et al. 2021, S. 149)

Solche Erfahrungen der Geringschätzung verschwenden – aus ökonomischer Perspektive betrachtet – nicht nur Humankapital, sondern begünstigen auch eine schlechtere Integration der betroffenen Zugewanderten, wobei es vor allem Frauen seien, die durch ihre selbst erfahrenen oder zugetragenen Exklusionsmechanismen gegenüber Menschen mit Migrationshintergrund auf dem Arbeitsmarkt nur in einigen Berufsausbildungsbereichen Chancen erwarten eingestellt zu werden (vgl. Müller/Ayan 2019; Schahrzad, 2018). In diesem Kontext wird in den Interviews auch die Problematik einer fehlenden oder zumindest unzureichenden Kinderbetreuung bzw. ein Mangel an Teilzeitangeboten deutlich, was die Vereinbarkeit von Beruf und Familie deutlich erschwert. Viele Projektteilnehmer:innen haben sich hierdurch oft viele Jahre nicht mit der Anerkennung ihrer Ausbildung beschäftigt:

„Ja, also als meine Kinder … Kinder ganz klein waren, da hab ich mich schon, zusammen mit meinem Mann, haben wir uns informiert, ob das möglich wäre als Lehrerin zu arbeiten. Und dann hab ich erfahren, dass ich eigentlich praktisch fast ein neues Studium machen muss, also zwei Fächer studieren und dann eventuell als Realschullehrerin. Das wäre vielleicht am vernünftigsten. Und dann fand ich das einfach zu viel, zu … zu stressig, als die Kinder klein waren, habe ich das also nicht mehr verfolgt." (TN12; Faas et al. 2021, S. 149)

Dies ist nicht nur aus persönlicher, sondern auch aus ökonomischer Perspektive und in Anbetracht des vorliegenden Fachkräftebedarfs als äußerst kritisch zu betrachten. Denn es ist anzunehmen, dass viele Zugewanderte hierdurch entweder erst gar nicht den Schritt in die Beschäftigung oder in (Weiter-)Qualifizierungsmaßnahmen schaffen oder dies zu erhöhten Abbruchquoten führt. Dieses Problem umfasst nicht nur den Einstieg in den Arbeitsmarkt im engeren Sinne, sondern betreffe z. B. auch die Sprach- und Integrationskurse des Bundes. Im Rahmen einer Evaluation dieser Kurse gab mehr als ein Drittel der Kursträger (39,5%) an, dass mangelnde Kinderbetreuung einer der am häufigsten genannten Abbruchgründe der Teilnehmer:innen sei (vgl. Kluß/Farrokhzad 2020). Schlechte Erfahrungen im Anerkennungsverfahren können dann darüber hinaus einen erneuten Rückzug in die Familienarbeit oder in Beschäftigungen begünstigen, die eigentlich nicht dem Qualifikationsniveau dieser Frauen entsprechen (vgl. ebd.). Somit ist festzuhalten, dass insbesondere zugewanderten Frauen häufig zeitliche und psychische Ressourcen fehlen, um eine aktive Arbeitsmarktorientierung durchzuführen, während vorhandene Ressourcen wie berufliche Kompetenzen und Erfahrungen, formale Ausbildungen, Sprachfähigkeiten und soziale Leistungen oftmals nicht wahrgenommen werden (vgl. ebd.).

3 Das Projekt *Vielfalt willkommen* – Erwartungen und Erfahrungen

Motivation der zugewanderten Fachkräfte zur Teilnahme am Projekt

Als Motivation zur Teilnahme am Projekt *Vielfalt willkommen* wurden in den Interviews neben Neugierde (u. a. am deutschen System) und Lernbereitschaft in erster Linie die Möglichkeit zu arbeiten und in Deutschland zu bleiben sowie das Erlernen und Kennenlernen der deutschen Kultur genannt:

> „Erster Platz, das ist Arbeit oder Praktikum hier im Kindergarten. Das ist eine sehr, sehr große Erfahrung für mich, ja, weil ich hab schon gesagt, dass hier ist ein anderes Konzept und das, das ist sehr interessant für mich. ‚Wie funktioniert das hier?‘ Und ja, kann ich eine (Komparation) oder wie heißt das … ein Vergleich oder vielleicht: ‚Wie funktioniert das in meiner Heimat? Und hier? Und, kann …‘, ja, einfach etwas Neues lernen. Das ist sehr wichtig.“ (TN09; Faas et al. 2021, S. 174)

Alle Teilnehmer:innen nahmen in diesem Zusammenhang Bezug auf die deutsche Sprache bzw. die eigenen sprachlichen Kompetenzen. Zum einen ging es ihnen mit der Projektteilnahme und der Anerkennungsmaßnahme darum, die eigenen Sprachkenntnisse zu verbessern, zum anderen befürchteten sie jedoch auch, dass ihr aktueller Wortschatz nicht ausreiche:

> „Ich wollte erst mal gucken und sehen wie es läuft. Vielleicht ein Monat ein Praktikum machen, oder zwei, um zu gucken wie es läuft und … und besonders wegen der Sprache und auch hab ich viel gehört, dass es so unterschiedlich ist. Deswegen, ich finde es ist auch nicht so schlecht, dass ich dieses Anpassungsjahr wirklich mache. […] Also ich freu mich auch drauf, weil ich werde ja hier auch viel lernen um es besser zu machen in einem Jahr.“ (TN02; ebd., S. 157)

Zudem wurde das Projekt von den Befragten als passgenaue Hilfe und Unterstützung sowie große Chance für Zugewanderte erachtet, die in einer Kita arbeiten möchten:

> „Ich sehe das als eine große Chance für uns, die Menschen mit pädagogischer Ausbildung, die halt hierher ausgewandert sind. Einfach in dem Bereich weiter arbeiten zu dürfen, das ist doch schön.“ (TN12; ebd., S. 175)

Aber auch die Erwartung, durch das Projekt gut auf die zukünftige Tätigkeit im Kita-Bereich vorbereitet und als vollwertige Fachkraft angesehen zu werden, stellte ein entscheidendes Motiv zur Projektteilnahme dar. Zudem wurde die Hoffnung formuliert, durch das Projekt einen dauerhaften Arbeitsplatz zu erhalten oder sich nach dem Anpassungslehrgang weiterqualifizieren bzw. studieren zu können. Diesbezüglich wurde das Projekt generell als große Chance und Türöffner wahrgenommen:

> „Also ich … ich, ich hoffe, dass das Projekt mich vorbereitet zu … also, dass man das ungefähr vergleichen kann mit einer Ausbildung zu einer Erzieherin." (TN12; ebd., S. 177)

> „Ich möchte gerne ein Jahr oder zwei Jahre ein Diplom … weiß nicht, wie hier sagen, an der Universität, ja. […] Ja, nochmal studieren." (TN07; ebd.)

Unterschiede zwischen der pädagogischen Arbeit in Deutschland und im Herkunftsland der zugewanderten Fachkräfte

Im Projektverlauf nahmen die meisten Teilnehmer:innen große Unterschiede zwischen der pädagogischen Arbeit in Deutschland und der pädagogischen Arbeit im jeweiligen Herkunftsland wahr, die mitunter, insbesondere zu Beginn der Tätigkeit, auch zu Herausforderungen führten. Die Wahrnehmungen der Teilnehmer:innen sind dabei durchaus heterogen, sodass vorhandene Unterschiede auf verschiedenen Ebenen aufgeführt werden, darunter beispielsweise die Eingewöhnungsphase, der Tagesablauf, die Interaktion mit den Kindern, die Teamarbeit, die Dokumentation und die Freispielgestaltung, aber auch die Ressourcenausstattung in den Einrichtungen (z. B. Personalschlüssel). Vor dem Hintergrund der wahrgenommenen Unterschiede zur Tätigkeit der Befragten in ihren jeweiligen Herkunftsländern wäre zu erwarten, dass die befragten Fachkräfte Herausforderungen im vollzogenen Systemwechsel sehen und es gegebenenfalls auch zu größeren Problemen bei der pädagogischen Arbeit im neuen Kontext kommt. Allerdings wurde nur vereinzelt von kleineren Hürden, wie dem Kennenlernen des Teams oder in der direkten pädagogischen Arbeit, zu Beginn des Projektes berichtet, die sich im Verlauf aber gelegt hätten:

> „Ich denke, das ist nur am Anfang schwer. Weil mit …, wenn du mit Kindern arbeitest, mit verschiedenen Jahren, dann musst du überlegen: ‚Was kann man in einem Kurs mit vielen Kindern machen? Und welche Ziele kann, dass die kleinen Kinder haben, was können sie in dieser Zeit machen? Was müssen die großen Kinder machen?' Und das ist ein großer Unterschied, ja. Was Kinder schon können und welche Kinder noch gar nichts können." (TN10; ebd., S. 156)

Wurden Herausforderungen und Schwierigkeiten angesprochen, so beziehen sich diese insgesamt jedoch in erster Linie auf sprachliche Probleme. Hier habe die Sprachbarriere manchmal zu kleineren Schwierigkeiten im Arbeitsalltag geführt, beispielsweise zu Verständigungsschwierigkeiten mit den Kindern, und dies teilweise trotz vorhandener Erfahrung in der Arbeit mit Kindern:

> „Ich weiß nicht, ich habe Probleme, weil meine deutsche Sprache ist sehr schlecht, aber früher, ja, ich hatte guten Kontakt mit Kindern. Ja ich denke das. Und hier auch, ich kann mit Kindern lesen oder etwas zusammen machen, aber ja. Ich hab ein großes Problem wegen der Sprache." (TN09; ebd., S. 145)

Ein Großteil der Teilnehmer:innen hatte daher bereits zu Beginn die projektbegleitenden Sprachkurse in Anspruch genommen, andere hatten zu diesem Zeitpunkt schon einen Sprachkurs besucht, sodass sie von dieser Möglichkeit keinen Gebrauch machten. In den Interviews wurde mit der Teilnahme an Sprachkursen vor allem die Hoffnung auf ein festes Arbeitsverhältnis verbunden. Im Umkehrschluss gingen damit aber auch Ängste einher, dass bei schlechten Deutschkenntnissen ein Arbeitseinstieg nach Ende des Projektes nicht möglich sein werde:

> „Ich weiß, ich habe nicht neue Vertrag hier haben, weil mein Deutsch nicht gut. Ich bin sicher, das ist. Weil hier gibt es, soll auch mit Kinder sprechen, nicht nur arbeiten, nur essen, nur wegkehren. Sollen auch die Kinder gut lernen, soll eine richtig Sätze sagen. Wenn Kinder sagt ‚Wasser‘, dann sagst du: ‚Ich möchte bitte ein Wasser, ein Glas Wasser‘. Zum Beispiel. Ich kann das nicht sicher. Deswegen ich habe nicht neue Vertrag hier." (TN14; ebd., S. 211)

Sprache als zentrale Hürde beruflicher Integration

Zusammenfassend zeigt sich die Sprache in der Wahrnehmung der Teilnehmer:innen somit als größte Hürde im Projektverlauf. („Ich weiß nicht genau, was Sie meinen" (TN06; ebd., S. 147), „Ich verstehe das nicht genug" (TN07; ebd., S. 147 f.)). Einige berichteten, dass die Sprachbarrieren nur durch einen sehr hohen Arbeitsaufwand kompensieren konnten. Es wurde aber auch beschrieben, dass der pädagogische Alltag durch die begleitenden Sprachkurse vereinfacht werden konnte und umgekehrt auch dabei helfen konnte, sprachliche Hürden zu überwinden:

> „Ich habe auch eine Eingewöhnung machen [mit Kolleg:in]. Mit dieses kleine Mädchen, […], weißt du? Das ist mit mir immer bleiben, das ist gut Gefühl, wenn dieses Kind möchtet nur mit mich bleiben. Ich habe eine Eingewöhnung machen […]. Die [Kolleg:in] hat ein Woche krank und hat ein Woche Urlaub und dieses Kind bleibt

mit mir. Und ich spreche mit Mutter und sag: ‚Mein Deutsch nicht so gut, könntest du bitte langsam?' Und sie hat gesagt: ‚Alles gut, ich habe alles verstehen und alles gut'. Und jetzt ist super, dass ein Eingewöhnung gelaufen. Das ist wichtige [...] dieses Elterngespräch. Deswegen ich möchte Deutschkurs besuchen." (TN14; ebd., S. 212)

„Ja, das ist ... es gibt viele Sachen, besonders mit Kindern. Weil [...] wir lernen auch von Kindern, jeden Tag gibt es etwas Neues. Nicht immer gleich. Ja und ... ja, auch ich ... meine Sprache wird besser mit Kindern. [...] Besser als Kurs, auch. Der Kontakt, viel Kontakt mit Kindern." (TN07; ebd., S. 145)

Als Grund für bestehende Sprachprobleme wurden in erster Linie die enorme zeitliche Beanspruchung durch den sogenannten „Anpassungslehrgang" bzw. die fehlenden Möglichkeiten einer Teilzeitbeschäftigung genannt. Durch die Vollzeitarbeit bliebe den Teilnehmer:innen – trotz der genannten positiven Aspekte für den Spracherwerb – kaum Zeit, um sich nach dem Arbeitsalltag noch ausreichend dem theoretischen Erlernen der neuen Sprache zu widmen:

„Aber das große Problem ist die Sprache. Und ich finde das ist nicht einfach. Z.B. vor zehn Monaten war ich mit Deutsch lernen besser als jetzt. Ich bin sechs Monate zuhause geblieben und ich habe die Grammatik vergessen. Und jetzt, leider, die Arbeit ist Vollzeit und ich habe auch weniger Zeit zum Lernen. Ich weiß nicht, was ich mache. Und vielleicht jetzt im Sommer, die Tage werden bisschen länger und dann kann ich zwei oder drei Stunden nachmittags lernen. Ich lerne gerne, aber ich weiß nicht was ich machen soll." (TN16; ebd.)

Die demzufolge durchaus unterschiedlichen Sprachfortschritte und -niveaus wurden von den Teilnehmer:innen selbst mitunter als hinderlich wahrgenommen, da es das Diskutieren und Sich-Einbringen in den inhaltlichen Qualifizierungsseminaren und Sprachkursen erschwert habe:

„Manchmal ja. Manchmal das war Problem, weil, wie kann ich sagen? Pädagogische Vokabular oder, ja, das war ein bisschen schwierig. Wir haben mit B1 plus gestartet am Anfang Projekt. Und ja, zum Beispiel das war vielleicht ein Nachteil: War zwölf Kollegen. Und zum Beispiel manche sind schon ganz lange in Deutschland, über zehn Jahre. Und sie können schon sehr gut sprechen. Und zum Beispiel, manche sind nur ein oder zwei Jahre. Und wir können [...] ja, noch nicht so gut. Und dann, das war auch Problem mit unserem Sprachkurs. Wir sind alle in unterschiedlichem Niveau. Und dann können wir nicht so gut diskutieren und sagen, was wir wollen oder was wir möchten." (TN09; ebd., S. 218)

Daher wurde am Projektende von einigen auch der Wunsch nach einem weiteren Sprachkurs geäußert, um sowohl im Kontakt mit Kindern im Kitaalltag als auch in Elterngesprächen eine bessere Ausdrucks- und Kommunikationsfähigkeit nutzen zu können:

„Und manchmal habe ich Sorge von die Eltern und ich weiß nicht, wie sie denken. Natürlich, sie sind nicht die gleichen Gedanken, jeder hat was anderes in seinem Kopf, aber trotzdem macht mir Sorgen manchmal. Vielleicht finden sie, das ist schwer, eine Erzieherin mit einem Kopftuch, auch mit fremder Sprache und die deutsche Sprache ist nicht meine Muttersprache und ist verantwortlich für mich, was ich sage auch. Falsche Grammatik, falsche Wörter und das Kind nimmt natürlich von mir viel, er ist bei mir ganz Zeit. Wenn ich fertig bin, vielleicht ich würde gerne zuerst C1 machen, tun, alleine oder im Kurs. […] Aber ich selber auch denke, das reicht mir nicht als Erzieherin." (TN07; ebd., S. 219)

Die Ergebnisse verweisen insgesamt mehrheitlich darauf, dass gute Sprachkenntnisse eine wichtige Voraussetzung für die Integration in den Arbeitsmarkt darstellen (vgl. auch Müller/Ayan 2019). Niveau B1 scheint hierbei meist nicht auszureichen. Auch die Bundesregierung wies bereits im Jahr 2009 darauf hin, dass „die Beherrschung der deutschen Sprache auf angemessenem Niveau zwingend notwendig für eine erfolgreiche berufliche Integration in den Arbeitsmarkt" (Müller/Ayan 2019, S.173) sei. Ergebnisse aus einer qualitativen Pilotstudie legen einen Zusammenhang zwischen der in den Familien gesprochenen Sprache und der Integration in den Arbeitsmarkt nahe, wobei in jenen Familien, in denen zumindest zum Teil Deutsch gesprochen wurde, der überwiegende Anteil der Befragten berufstätig war (vgl. ebd.). Das Angebot an berufsbezogenen oder gar begleitenden Deutschkursen außerhalb solcher Einzelprojekte wie *Vielfalt willkommen* ist bislang jedoch, insbesondere bei C1- Niveau[4] und höher noch als sehr lückenhaft anzusehen (vgl. Kluß/Farrokhzad 2020). Dies erscheint nicht nur im Hinblick auf die berufliche Integration problematisch, sondern auch mit Blick auf die soziale Integration. Denn angemessene Sprachkenntnisse sind nicht nur als grundlegend für die pädagogische Arbeit in den Einrichtungen, sondern auch für den Aufbau von Freundschaften und Bekanntschaften mit Einheimischen zu erachten (vgl. Haug 2010).

---

4   Die Kenntnisse einer Sprache lassen sich in die Niveaustufen: A1, A2, B1, B2, C1 und C2 einteilen, wobei Niveaustufe A auf eine elementare Sprachverwendung, Niveaustufe B auf eine selbstständige Sprachverwendung und Niveaustufe C auf eine kompetente Sprachverwendung zielt (vgl. Gemeinsamer Europäischer Referenzrahmen für Sprachen 2015).

4 Bedarfe, Zugangswege und Gelingensbedingungen einer guten beruflichen und sozialen Integration

Formelle Anerkennung und Integration in den Arbeitsmarkt

Die Teilnehmer:innen des Pilotprojektes *Vielfalt willkommen* stellen auf ihrem Weg zur Anerkennung ihrer beruflichen Qualifikation eine Minderheit in der Population qualifizierter Zugewanderter dar. Hierauf verweist auch die BAMF-Familiennachzugsstudie, im Rahmen derer lediglich 16,6 Prozent der Zugewanderten mit Berufsausbildung und 30,6 Prozent der Zugewanderten mit Hochschulabschluss angaben, es überhaupt versuchen zu wollen, ihre Zeugnisse anerkennen zu lassen. Als Gründe hierfür nannten mehr als ein Drittel der Befragten Unwissenheit darüber, wo und wie der Antrag gestellt werden könne, knapp ein Drittel erachtete die Anerkennung als nicht wichtig oder notwendig (29,8%) und einige sahen das Anerkennungsverfahren als zu bürokratisch (12,8 %) (BAMF 2018, S. 68). Die *Vielfalt willkommen*-Teilnehmer:innen gingen zwar den Schritt in das behördliche Anerkennungsverfahren, nannten diesbezüglich aber sehr ähnliche Hürden, sodass für Zugewanderte, insbesondere aufgrund der mangelnden Transparenz, der vielen benötigten Unterlagen und langen Laufzeit die Anerkennung kaum ohne Unterstützung zu bewältigen scheint (vgl. Kap. 3). Die Interviewpartner:innen in der Studie zu Berufen und Bildungschancen bei Migrant:innen von Müller und Ayan (2019) beklagen, dass die Beratung durch die Agentur für Arbeit bzw. das Jobcenter oft nur wenige differenzierte und detaillierte Informationen liefere, sodass die Befragten die Antragsstellung immer wieder verschoben haben. Entsprechend niedrigschwellige und flächendeckende Beratungsinstitutionen, die ihr Klientel gezielt ansprechen, wären daher dringend indiziert. Englmann und Müller-Wacker (2010) weisen darauf hin, dass es in Deutschland zwar zahlreiche solcher Stellen gebe, es jedoch meist schwierig sei, die richtige zu finden, was sich negativ auf die Effizienz der Beratungsleistung auswirke. Oftmals mangele es – wie auch in den Interviews mit den *Vielfalt willkommen*-Teilnehmer:innen angeklungen – zudem an verständlichem Informationsmaterial und standardisierten Dokumenten und Verfahrensweisen. Auch Döring und Hoffmann (2016) weisen auf die Komplexität bestehender Regelungen und Zuständigkeiten im Rahmen des Anerkennungsverfahrens hin und machen die Bedeutung der Inanspruchnahme einer Beratung zur Orientierung deutlich. Wichtige Meilensteine, welche zur bundesweiten Verfügbarkeit von Anerkennungsberatung beigetragen haben, liegen u. a. in der Verabschiedung des „Gesetzes zur Verbesserung der Feststellung und Anerkennung von im Ausland erworbenen Berufsqualifikationen" (Anerkennungsgesetz) im Jahr 2012 und im Förderprogramm „Integration durch Qualifizierung (IQ)" seit 2005. Anerkennungsberatung kann demnach zwar mittlerweile als flächendeckend etabliert bezeichnet werden, sodass prospektiv in erster Linie die Qualitätssicherung dieser Beratung als bedeutsame Aufgabe zu verstehen ist. Dennoch ist die Ausgestaltung der verschiedenen Kooperationsstrukturen zwischen den Bundesländern als sehr divers zu bezeichnen. Rahmenbedingungen wie die Größe des Bundeslandes, der Träger, die Zuständigkeiten und vorhandene Bedarfe haben demnach einen Einfluss auf die Beratung bzw. den Verweis der Ratsuchenden und die Zusammenarbeit der verschiedenen Stellen (vgl. ebd.). Seit Inkrafttreten des Anerkennungsgesetzes 2012 kann die Internetseite *www.anerkennung-in-deutschland.de* als zentrale Plattform bei der Suche nach Informationen und entsprechenden Beratungsstellen dienen (vgl. ebd.). Zusätzliche – aber vermeidbare – Irritationen entstehen jedoch nach wie vor aufgrund uneinheitlicher Anforderungen und Regelungen innerhalb Deutschlands. Aber auch Anpassungsleistungen, Sprachbarrieren sowie Unsicherheit aufgrund fehlender Kenntnisse über das deutsche Berufs- und Bildungssystem bzw. über die Anforderungen und Regelungen, die in den jeweiligen beruflichen Bereichen gelten, können Integrationshemmnisse darstellen, die durch gezielte Ansprache und Beratung gemindert werden könnten (vgl. Müller/Ayan 2019).

Wenngleich es sich bei den Aussagen in den Interviews mit den Teilnehmer:innen an *Vielfalt willkommen* um subjektive Wahrnehmungen handelt, die in diesem Rahmen nicht kontextualisiert und objektiviert werden können, verdeutlichen sie doch, dass nicht nur adäquate Qualifizierungsmaßnahmen verfügbar sein müssen, um eine effiziente und gleichberechtigte Integration in den Arbeitsmarkt zu gewährleisten, sondern dass diese auch flexibilisiert werden und genügend Raum lassen müssen, um einerseits Familie und Beruf vereinbaren zu können und andererseits die Möglichkeit zu bieten, die eigenen Sprachkenntnisse zu erweitern (vgl. Müller/Ayan 2019; Thränhardt 2010). Dringend indiziert erscheint in diesem Kontext auch der Ausbau kostenloser berufsbezogener Sprachkurse, insbesondere ab Niveau C1, die zu arbeitnehmerfreundlichen Zeiten spezifische arbeitsweltrelevante Sprachkompetenzen vermitteln, damit qualifizierte Zugewanderte frühzeitig damit starten können, ihre Sprachkenntnisse zu verbessern, denn laut einer Studie aus dem Jahr 2019 sinke mit jedem Jahr der Verzögerung die Wahrscheinlichkeit, die Sprache des Gastlandes bis zu einer guten Kompetenz zu lernen (vgl. Kluß/Farrokhzad 2020).

Aus den Ergebnissen der Interviews geht gleichzeitig aber auch hervor, dass die interkulturellen Kompetenzen des zugewanderten Fachpersonals kaum in den pädagogischen Alltag einbezogen und dort entsprechend genutzt und gefördert werden. Interkulturelle Kompetenz wird hierbei verstanden als „die Kompetenz, in Handlungssituationen kulturelle Bedeutungen zu erkennen und zu verstehen und effektive und angemessene kommunikative Verhaltensweisen partner-, situations- und kontextbezogen zu entwickeln und anzuwenden" (Schenk 2001, S. 59). Diese umfassenden Kompetenzen kamen nach Aussagen der Teilnehmer:innen jedoch lediglich im Rahmen von Elterngesprächen oder in der Kommunikation mit Kindern zum Einsatz, die kein oder kaum deutsch sprechen. Wenngleich Personen mit Migrationshintergrund (inter-)kulturelle Potenziale aufweisen, so ist dennoch nicht davon auszugehen, dass diese bei allen Fachkräften in gleichem Maße bereits vorhanden sind und direkt auf die berufliche Arbeitswelt übertragen werden können. Somit sollten auch Menschen mit Migrationshintergrund stärker als Adressat:innen interkultureller Bildungsangebote betrachtet werden. Im sprachlichen Bereich gibt es z. B. durchaus bereits Zertifikate für Fremdsprachen in der beruflichen Bildung, die bei anderen Herkunftssprachen als Englisch jedoch kaum genutzt werden und auch in manchen Bildungs- und Orientierungsplänen wird explizit benannt, dass die interkulturellen Kompetenzen von Fachkräften mit Migrationshintergrund in die pädagogische Arbeit von Kindertageseinrichtungen einbezogen werden sollten. Um einen stärkeren und effektiven Einbezug der sprachlichen Kompetenzen und des kulturellen Wissens der zugewanderten Fachkräfte in die alltäglichen Aktivitäten und Angebote (z. B. in das Rollenspiel, das Musizieren, das Lesen oder das Essen) zu ermöglichen, wäre es demnach nicht nur wünschenswert, Einrichtungsteams entsprechend zu sensibilisieren und motivieren, sondern vor allem auch Möglichkeiten einer berufsspezifischen interkulturellen Professionalisierung sowie die Zertifizierung solcher interkulturellen (Sprach-)Kompetenzen auszubauen. Hierbei sollten berufsspezifische kulturelle Anforderungen inhaltlich, methodisch und hinsichtlich des erforderlichen sprachlichen Niveaus beschrieben sowie die Anforderungen an damit einhergehende Rollen und Tätigkeiten reflektiert werden, sodass sie letztlich in standardisierter Weise auch im Rahmen der Anerkennungsverfahren berücksichtigt werden können. Dies könnte diesen Fähigkeiten und Wissensfacetten darüber hinaus zu mehr gesellschaftlicher Geltung verhelfen. (Vgl. Neugebauer/Klein 2016; Settelmeyer 2011b; Settelmeyer 2020) Vereinzelte Pilotprojekte konnten hier sehr positive Ergebnisse verbuchen. Zu nennen wäre hier z. B. ‚BILA', ein Projekt, das sich binational relevanten Inhalten der betrieblichen Regelausbildung widmet und Auszubildenden türkischer, griechischer, italienischer, portugiesischer und spanischer Herkunft in unterschiedlichen Berufen Unterricht in der Herkunftssprache und zu herkunftslandspezifischen Kenntnissen anbietet (vgl. Settelmeyer 2011a). Dies bedeutet sowohl für die beteiligten Akteure aus Politik und Fachwissenschaft als auch für die Teams in den Einrichtungen vor Ort die oftmals vorherrschende defizitorientierte Sichtweise zugunsten einer ressourcenorientierten Perspektive aufzugeben, um solche Potenziale nicht zu übersehen und die zugewanderten Fachkräfte in ihren Bildungslaufbahnen unterstützen zu können. Hierzu bedarf es dann nicht nur einer differenzierten Betrachtung und Feststellung deren individueller Kompetenzen, sondern auch einer Sicherstellung der Passgenauigkeit der Nachqualifizierungsmaßnahmen (Schahrzad 2018).

Eng damit verknüpft ist die Frage nach notwendigen sprachlichen Voraussetzungen und der Prüfung bereits vorhandener sprachlicher Fähigkeiten. Vor allem Fachkräfte, deren Abschlüsse nicht anerkannt wurden, fallen zunächst durch das Anerkennungssystem und erhalten über dieses keine Möglichkeit mehr zur Aufnahme einer Tätigkeit im Kontext der Kindertagesbetreuung. Dies kann als blinder Fleck im Anerkennungsdiskurs bezeichnet werden. Aus einer solchen Perspektive sind hierzu weitere Untersuchungen sowie Entwicklungen auf Ebene der Qualifizierungsmaßnahmen anzustoßen. Mit Blick auf die oftmals notwendige Voraussetzung bereits vorliegender sprachlicher Fähigkeiten nehmen Angebote zur Weiterbildung und insbesondere die Angebote, die als sogenannte „Anpassungsmaßnahmen verstanden werden, die Rolle von Gate-Keepern beim Zugang zum System der Kindertagesbetreuung ein. Hier wird dann auch sichtbar, wie das Anerkennungssystem mit der Regelung, dass sprachliche Fähigkeiten nicht im Rahmen der Gleichwertigkeitsprüfung geprüft werden dürfen, umgeht. Aus der Perspektive der Anerkennungsinteressierten lassen sich damit die sprachlichen Fähigkeiten als ein Hindernis betrachten. Vor dem Hintergrund erscheint es erforderlich, einerseits Sprachlernangebote noch stärker auszubauen sowie andererseits den aktuellen Umgang mit den sprachlichen Fähigkeiten von Fachkräften mit einem im Ausland erworbenen pädagogischen Abschluss breiter zu diskutieren. Gemeint ist damit vor allem eine kritische Betrachtung der Frage, welche sprachlichen Fähigkeiten im System der Kindertagesbetreuung zwingend erforderlich sind; ebenso ein transparenterer Umgang damit im Anerkennungsprozess.

Um umfassende Erfolge der Integration in den Arbeitsmarkt und den Einrichtungsteams vor Ort verzeichnen zu können, sollten aber nicht nur die interkulturellen Kompetenzen der zugewanderten Fachkräfte gefördert werden, sondern es sollten vielmehr allen Fachkräften Kompetenzen im Umgang mit kultureller Diversität vermittelt werden. Personen mit Migrationshintergrund sind hierbei als heterogene Gruppe zu betrachten, die nicht nur zwischen, sondern auch innerhalb der Herkunftsländer sehr unterschiedlich sein können. Darunter fällt auch ein kompetenter Umgang mit phänotypischen Merkmalen, der in der alltäglichen Wahrnehmung oftmals die Grundlage für kulturelle Unterscheidungen markiert und Personen entsprechend kategorisiert, was stereotype Vorstellungen begünstigt (vgl. Akbas/Leiprecht 2015). Rahmenlehrpläne weisen bislang jedoch kaum Inhalte der interkulturellen Kompetenzbildung aus. Hier ist in der Regel lediglich der Erwerb von Fremdsprachen vorgesehen. Kulturspezifische Kenntnisse sollten daher unbedingt im Rahmen der Ausbildung, aber auch berufsbegleitend immer wieder aufgegriffen und stärker gefördert werden. (Vgl. Neugebauer/Klein 2016; Settelmeyer/Hörsch 2009) Das Pilotprojekt *Vielfalt willkommen* lieferte hierbei im Rahmen seiner Organisations- und Teamentwicklung für das Personal der beteiligten Kindertageseinrichtungen einen wichtigen Beitrag.

Informelle Anerkennung durch Erfahrungen der Individualität und Wertschätzung

Im Rahmen des fachwissenschaftlichen Diskurses wird der Begriff *Anerkennung* meist mit dem formalen Anerkennungsverfahren oder der generellen beruflichen Anerkennung in Verbindung gebracht. Es geht dabei also vordergründig in der Regel um die Anerkennung von Arbeit als eine bestimmte Leistung, die eine Person als Form des wirtschaftlichen Leistungsaustausch unserer Gesellschaft erbringt oder um die Ausbildung beruflicher Fähigkeiten und die damit einhergehende Professionalität sowie die Ausbildung einer beruflichen und organisatorischen (Rollen-)Identität (vgl. Sichler 2010). Dies erscheint nicht erstaunlich, da die Anerkennung von Personen, insbesondere in den westlichen Industriegesellschaften, stark mit deren Leistungsfähigkeit in der Gesellschaft zusammenhängt. Als Gradmesser gelte hier meist die Höhe des erwirtschafteten Einkommens (vgl. Klügel 2009).

Der Begriff ‚Anerkennung‘ fasst jedoch weit mehr als die formale Einordnung und Bewertung von Qualifikationen. Selbst mit der Anerkennung einer beruflichen Qualifikation ist immer auch eine Würdigung und Wertschätzung der Person und ihrer vorhandenen Qualifikationen verbunden. Ferner ist mit einer Nichtanerkennung die Missachtung ebenjener Qualifikationen verbunden. Auf zwischenmenschlicher Ebene kann Anerkennung somit als wertschätzender Vorgang bezeichnet werden, in dem zum Ausdruck kommt, dass die andere Person Geltung erhalten soll, während Nichtanerkennung ein Zeichen der Geringschätzung darstellt. Bekräftigende, aber auch entkräftende Prozesse der Anerkennung vermögen somit immer auch ein Prozedere der Identitätsbildung in Gang zu setzen, das in Debatten über berufliche Anerkennungsverfahren berücksichtigt werden sollte. Nichtanerkennung kann sich daher in Empörung und Wut gegenüber den zuständigen Behörden oder schlimmer noch, in einer ablehnende Haltung gegenüber der neuen Heimat Deutschland niederschlagen (vgl. Peuckert 2018). Kluß und Farrokhzad (2020) kommen dementsprechend zu dem Schluss, dass nicht nur den formalen Kriterien und Papieren Beachtung geschenkt werden dürfe, sondern auch den individuellen Fähigkeiten und Potenzialen der Person.

Die im Rahmen des Pilotprojektes *Vielfalt willkommen* erfahrene Wertschätzung sowie die Wahrnehmung eigener Fortschritte kann somit an sich bereits als wesentlicher Schritt in die Arbeitsmarktmigration erachtet werden, da anzunehmen ist, dass bereits subjektive Erfolgsaussichten die eigene Orientierung und Aktivität im Erwerbssektor erhöhen (vgl. Kluß/Farrokhzad 2020). Denn erst wenn Menschen erleben, dass sie in einer Gemeinschaft wahrgenommen, aufgenommen und anerkannt werden, können sie ein Selbstwertgefühl und Selbstbewusstsein entwickeln. Anerkennung stellt somit eine zentrale Komponente sozialer Integration dar (vgl. Holtgrewe et al. 2000; Peuckert 2018; Voswinkel 2009).

Die Teilnehmer:innen selbst geben in den Interviews mitunter auch klare Hinweise darauf, wie Prozesse informeller Anerkennung gut gestaltet werden können: Offenheit gegenüber anderen Kulturen, Ländern, Hautfarben und Religionen. Auch Respekt und Interesse an anderen Menschen, ein Gefühl des Willkommen-Seins und des Unterstützt-Werdens sowie Toleranz gegenüber Sprachfehlern und anderen kulturellen Vorstellungen und Riten können dies begünstigen „[...] das Gefühl, dass man ... man willkommen ist. Dass man sich nicht schämen muss, wenn man was nicht weiß oder dass man auch fragen darf und man eine Antwort bekommt" (TN12; Faas et al. 2021, S. 163).

Zudem ist anzunehmen, dass die radikalen, mitunter auch traumatischen Erlebnisse und Einschnitte, die die zugewanderten Personen zum Teil erleben mussten (vgl. Kap. 2), diese nachhaltig so belasten können, dass auch eine psychische Stabilisierung Ziel der Integration und beruflichen Anerkennung sein muss. Denn letztlich kann psychische Stabilität nicht nur als eine zentrale Voraussetzung für die Teilnahme am Qualifizierungs- und Arbeitsmarkt angesehen werden (vgl. Kluß/Farrokhzad 2020), sondern fehlende Traumatabewältigung kann im Sinne einer transgenerationalen Traumavererbung auch nachfolgenden Generationen den Zugang zum Arbeitsmarkt erschweren (vgl. hierzu ausführlicher Jawaid/Mansuy 2021).

Das bedeutet, dass auch Behörden und Beratungsstellen den individuellen Unterstützungsbedarf ihrer Klientel im Blick haben und ihn entsprechend erkennen sowie ihre Leistungen dahingehend ausrichten sollten. Hierbei ist es wichtig, sich nicht nur die formalen Qualifikationen, sondern auch die persönliche Zuwanderungsgeschichte anzuhören und die damit verbundenen Erfahrungen im Integrationsprozess zu berücksichtigen, denn die Heterogenität der Hintergründe führt auch zu unterschiedlichen Bedarfen bei der Integration in den Arbeitsmarkt. Zudem sollten Zugewanderte die Möglichkeit haben, negative Erfahrungen mit Behörden, Arbeitgeber:innen oder Kolleg:innen zu thematisieren, damit sie den weiteren Entwicklungsprozess nicht nachhaltig beeinflussen. (Vgl. Kluß/Farrokhzad 2020; Müller/Ayan 2019)

Literatur

Akbas, Bedia/Leiprecht, Rudolf (2015). Auf der Suche nach Erklärungen für die geringe Repräsentanz von Fachkräften mit Migrationshintergrund im frühpädagogischen Berufsfeld. In: Otyakmaz, Berrin Özlem /Karaksoglu, Yasemin (Hrsg.). Frühe Kindheit in der Migrationsgesellschaft. Oldenburg: BIS, S. 207–228.

Anerkennung in Deutschland (o. J.): Glossar. www.anerkennung-in-deutschland.de/html/de/service/glossar.php (Abfrage: 25.01.2023).

BAMF (Bundesamt für Migration und Flüchtlinge) (2018). Arbeitsmarktintegration von Zuwanderern im Familiennachzug. Ergebnisse der BAMF-Familiennachzugsstudie 2016. www.bamf.de/SharedDocs/Anlagen/DE/Forschung/Forschungsberichte/fb32-arbeitsmarktintegration-zuwanderer-im-familiennachzug.pdf?__blob=publicationFile&v=15 (Abfrage: 18.08.2022).

BMBF (Bundesministeriums für Bildung und Forschung) (o. J.): Glossar. www.anerkennung-in-deutschland.de/html/de/glossar.php# (Abfrage: 12.10.2022).

Dahlheimer, Sabrina (2013). Freundschaft im Zeitalter virtueller Netzwerke. Eine explorative Studie zur Bedeutung von Freundschaften im Kontext spätmoderner Gesellschaften. In: Neue Praxis. Zeitschrift für Sozialarbeit, Sozialpädagogik und Sozialpolitik, H. 2, S. 109–128.

Döring, Ottmar/Hoffmann, Jana (2016): Beratung zur Anerkennung ausländischer Berufsqualifikationen. In: Gieseke, Wiltrud/Nittel, Dieter (Hrsg.). Handbuch Pädagogische Beratung über die Lebensspanne. Weinheim und Basel: Beltz Juventa, S.267–276.

Ekert, Stefan/Larsen, Christa/Otto, Kristin/Poel, Lisa/Schäfer, Lisa (2019): Gemeinsame Evaluierung der Anerkennungsgesetze der Länder. Abschlussbericht. Berlin/Frankfurt.

El-Mafaalani, Aladin (2017). Diskriminierung von Menschen mit Migrationshintergrund. In: Scherr, Albert/El-Mafaalani, Aladin/Yüksel, Gökçen (Hrsg.). Handbuch Diskriminierung. Wiesbaden: Springer VS, S. 465–478.

Englmann, Bettina/Müller-Wacker, Martina (2010). Analyse der bundesweiten Anerkennungsberatung im Modellprojekt Global Competences. Dokumentation 2008-2009. Herausgegeben von Tür an Tür Integrationsprojekte gGmbH. Integration durch Qualifizierung (IQ). Augsburg

Faas, Stefan/Treptow, Rainer/Dahlheimer, Sabrina/Geiger, Stefan/von Guilleaume, Christine (2021). Evaluation des Projekts Vielfalt willkommen – Internationales Fachpersonal für Kindertageseinrichtungen. Schwäbisch Gmünd und Tübingen. Abschlussbericht.

Gemeinsamer Europäischer Referenzrahmen für Sprachen (GER) (2015). Gemeinsamer Europäischer Referenzrahmen für Sprachen. www.europaeischer-referenzrahmen.de/ (Abfrage: 16.08.2022).

Gomolla, Mechtild (2017). Direkte und indirekte, institutionelle und strukturelle Diskriminierung. In: Scherr, Albert/ El-Mafaalani, Aladin/Yüksel, Gökçen (Hrsg.). Handbuch Diskriminierung. Wiesbaden: Springer VS, S. 133–155.

Greis, Martin (2005). Migration in Deutschland. Interregionale Migrationsmotivatoren. Wiesbaden: Deutscher Universitäts-Verlag.

Haug, Sonja (2000). Soziales Kapital und Kettenmigration. Italienische Migranten in Deutschland. Opladen: Leske + Budrich.

Haug, Sonja (2010). Interethnische Kontakte, Freundschaften, Partnerschaften und Ehen von Migranten in Deutschland. Integrationsreport Teil 7. Working Paper der Forschungsgruppe des Bundesamtes, Nr. 33. Nürnberg.

Holtgrewe, Ursula/ Voswinkel, Stephan/Wagner, Gabriele (Hrsg.) (2000). Anerkennung und Arbeit. Konstanz: UVK Universitätsverlag Konstanz GmbH.

Jawaid, Ali/Mansuy, Isabelle M. (2021): Generationsübergreifende Auswirkungen von Traumata: Implikationen für Individuen und Gesellschaft. In: Fehse, Boris et al. (Hrsg). Fünfter Gentechnologiebericht. Sachstand und Perspektiven für Forschung und Anwendung. Baden-Baden: Nomos-Verlagsgesellschaft, S. 277–298.

Klügel, Christiane (2009). Integration von Migranten in den Arbeitsmarkt. Ein Ländervergleich zwischen Deutschland und Großbritannien. Saarbrücken: VDM Verlag Dr. Müller.

Kluß, Anno/Farrokhzad, Schahrzad (2020). Zugangswege und Unterstützungsbedarfe von Migrantinnen und ihren Familien aus dem EU-Ausland und aus Drittstaaten. Im Hinblick auf Qualifizierung und Erwerbsarbeit unter besonderer Berücksichtigung des Familiennachzugs. Berlin: BMFSFJ.

Maehler, Débora B. (2012). Akkulturation und Identifikation bei eingebürgerten Migranten in Deutschland. Internationale Hochschulschriften, Band 558. Münster: Waxmann.

Meuser, Michael/Nagel, Ulrike (2009). Das Experteninterview – konzeptionelle Grundlagen und methodische Anlage. In: Pickel, Susanne/Pickel, Gert/Lauth, Hans-Joachim/Jahn, Detlef (Hrsg.). Methoden der vergleichenden Politik- und Sozialwissenschaft. Neue Entwicklungen und Anwendungen. Wiesbaden: Springer VS, S. 465–479.

Müller, Eva M. (2007). Welches Zeugnis zählt? In: Flüchtlingsrat Schleswig-Holstein e.V. (Hrsg.). Vielfalt gestalten! Handbuch für Multiplikatoren, Berufliche Integration von Migrantinnen und Migranten (25). Kiel.

Müller, Eva M./Ayan, Türkan (2019). Ausgewählte Einflussfaktoren der Integration: Wanderungsmotiv, Netzwerke, Sprache. In: Ayan, Türkan (Hrsg.): Einsteigen, Umsteigen, Aufsteigen. Personenbezogene und strukturelle Rahmenbedingungen für Berufe und Bildungschancen im Sozial- und Gesundheitssektor. Wiesbaden: Springer VS, S. 169–200.

Müller, Eva M./Ayan, Türkan (2019). Die Anerkennung im Ausland erworbener Qualifikationen im Sozial und Gesundheitswesen. Eine hypothesengenerierende Pilotstudie unter Migranten. In: Ayan, Türkan (Hrsg.): Einsteigen, Umsteigen, Aufsteigen. Personenbezogene und strukturelle Rahmenbedingungen für Berufe und Bildungschancen im Sozial- und Gesundheitssektor. Wiesbaden: Springer VS, S. 1–40.

Neugebauer, Martin/Klein, Oliver (2016). Profitieren Kinder mit Migrationshintergrund von pädagogischen Fachkräften mit Migrationshintergrund? In: Kölner Zeitschrift für Soziologie und Sozialpsychologie 68. Wiesbaden: Springer, S. 259–283.

Peuckert, Martin (2018): Bedeutung von Anerkennung in der Gesellschaft. In: Ayan, Türkan (Hrsg.). Anerkennung ausländischer Qualifikationen: Forschungsergebnisse und Praxisbeispiele. Wiesbaden: Springer VS, S. 3–11.

Robert Bosch Stiftung (o. J.): *Vielfalt willkommen – Internationales Fachpersonal für Kindertageseinrichtungen*. Eine Qualifizierung für zugewandertes Fachpersonal und begleitende Unterstützung bei der Teamentwicklung für interessierte Kitas. Stuttgart. www.bosch-stiftung.de/de/projekt/vielfalt-willkommen-internationales-fachpersonal-fuer-kindertageseinrichtungen (Abfrage: 12.08.2022).

Schahrzad, Farrokhzad (2018). Potenziale Erkennen, Hürden abbauen – Situation von Frauen mit Migrationshintergrund in Bildung und Beschäftigung. Eine differenzierte Betrachtung von Prof. Dr. Schahrzad Farrokhzad. www.netzwerk-iq.de/presse/news/meldung/der-kampf-mit-den-glaesernen-decken-erweiterte-version-des-fachbeitrags-von-schahrzad-farrokhzad-jetzt-online (Abfrage: 18.01.2023).

Schenk, Eberhard (2001). Interkulturelle Kompetenz. In: Bolten, Jürgen/Schröter, Daniela (Hrsg.): Im Netzwerk interkulturellen Handelns. Theoretische und praktische Perspektiven der interkulturellen Kommunikationsforschung. Sternenfels: Wissenschaft & Praxis, S. 52–61.

Settelmeyer, Anke (2020). Mehrsprachigkeit in beruflicher Ausbildung und im Beruf. In: Ingrid Gogolin et al. (Hrsg.): Handbuch Mehrsprachigkeit und Bildung. Wiesbaden: Springer VS, S. 251–257.

Settelmeyer, Anke (2011a). Natio-ethno-kulturelle Zugehörigkeit als Perspektive auf die Ausbildung Jugendlicher mit Migrationshintergrund. In: bwp@ Spezial 5 – HT201. www.bwpat.de/ht2011/ws19/settelmeyer_ws19-ht2011.pdf (Abfrage: 18.08.2022).

Settelmeyer, Anke (2011b): Haben Personen mit Migrationshintergrund interkulturelle Kompetenz? In: Granato, Mona/Münk, Dieter/Weiß, Reinhold (Hrsg.): Migration als Chance. Bonn: BIB, S. 143–160. www.agbfn.de/dokumente/pdf/a12_voevz_agbfn_9_settelmeyer_1.pdf (Abfrage:18.08.2022).

Settelmeyer, Anke/Hörsch, Karola (2009). Einsatz interkultureller Kompetenz am Arbeitsplatz - Beobachtungen aus der beruflichen Praxis von Fachkräften mit Migrationshintergrund. In: Bahl, Anke (Hrsg.): Kompetenzen für die globale Wirtschaft, S. 89–105.

Sichler, Ralph (2010). Anerkennung im Kontext von Arbeit und Beruf. www.journal-fuer-psychologie.de/index.php/jfp/article/view/71/197 (Abfrage: 13.08.2022)

Stelzig-Willutzki, Sabina (2012). Soziale Beziehungen im Migrationsverlauf. Brasilianische Frauen in Deutschland. Wiesbaden: VS Verlag für Sozialwissenschaften.

Stocké, Volker (2004). Entstehungsbedingungen von Antwortverzerrungen durch soziale Erwünschtheit. Ein Vergleich der Prognosen der Rational-Choice Theorie und des Modells der Frame-Selektion. In: Zeitschrift für Soziologie 33, H. 4, S. 303–320.

Taddicken, Monika (2009). Methodeneffekte von Web-Befragungen. Soziale Erwünschtheit vs. Soziale Entkontextualisierung. In: Weichbold, Martin/Bacher, Johann/Wolf, Christof F (Hrsg): Umfrageforschung. Herausforderungen und Grenzen. Wiesbaden: Springer VS, S. 85–104.

Thränhardt, Dietrich (2010). Integrationsrealität und Integrationsdiskurs. In: Aus Politik und Zeitgeschichte, 46-47, S.16–21.

Voswinkel, Stephan (2009). Anerkennung – was ist das? Vortrag auf der Tagung Anerkennung und Vertrauen als Wettbewerbsfaktoren in unsicheren Zeiten am 18./19.März 2009 in Frankfurt a.M. www.bertelsmannstiftung.de/cps/rde/xbcr/SID-C30ACE51-0611ED6D/bst/092_Stephan_Voswinkel_Skript.pdf (Abfrage: 16.08.2022).

Teil II
Erziehungswissenschaftliche
Reflexionen und Weiterführungen

Berufliche Anerkennung im Spiegel von Wissen, Handeln, biografischer Erfahrung und Sozialität

Überlegungen zur (Neu-)Organisation professionellen Wissens

Stefan Faas und Nadja Lindenlaub

Das Thema Anerkennung von im Ausland erworbenen beruflichen Abschlüssen hat in den letzten Jahren in frühpädagogischen Handlungsfeldern zunehmend an Bedeutung gewonnen. Im Kontext des aktuellen Fachkräftemangels in Kindertageseinrichtungen sowie von Migration und Zuwanderung wird berufliche Anerkennung dabei vor allem als Instrument zur Verbesserung des Fachkräfteangebots und zur Unterstützung von Integrationsprozessen bei zunehmender Heterogenität in den Blick genommen (vgl. Netzwerk Integration durch Qualifizierung 2014; Friederich/Schneider 2020). Wendet man das Thema wissenstheoretisch, dann rückt die Frage der Organisation bzw. Neuorganisation professionellen Wissens in den Vordergrund. Angesprochen ist der Sachverhalt, dass sich das Subjekt im Kontext beruflicher Anerkennungsprozesse herausgefordert sieht, bisherige Gewissheiten zu hinterfragen und das eigene Wissen neu zu organisieren. Diese Perspektivität ist dem Anerkennungsverfahren inhärent. So basiert die bei der Anerkennung obligatorische Gleichwertigkeitsprüfung auf dem *Konzept der wesentlichen Unterschiede*, das als prinzipielle Infragestellung des im Herkunftsland erworbenen beruflichen Wissens gedeutet werden kann; d. h., es wird zunächst unterstellt, dass der im Ausland erworbene Abschluss gegenüber dem von der/dem Antragstellenden angegebenen Referenzberuf in Deutschland wesentliche Unterschiede aufweist.[1] Wie sich diese, hier mit Blick auf den Erzieher:innenberuf, dann im Einzelnen darstellen, ob eine volle Anerkennung oder eine Teilanerkennung möglich ist bzw. eine Ablehnung erfolgt, wird durch die

---

1 Wesentliche Unterschiede werden dann als gegeben angenommen, wenn „sich der im Ausland erworbene Ausbildungsnachweis auf Fähigkeiten und Kenntnisse bezieht, die sich hinsichtlich des Inhalts oder auf Grund der Ausbildungsdauer wesentlich von den Fähigkeiten und Kenntnissen unterscheiden, auf die sich der entsprechende inländische Ausbildungsnachweis bezieht [...]" (§9 Abs.2 S.1 BQFG), und diese Unterschiede „nicht durch sonstige Befähigungsnachweise oder nachgewiesene einschlägige Berufserfahrung ausgeglichen" (§9 Abs.2 S.3 BQFG) werden können.

jeweils in den Ländern zuständigen Stellen auf Basis von Abschluss- und Arbeits-zeugnissen geprüft. Bei einer Teilanerkennung ist die volle Anerkennung über sogenannte „Anpassungsqualifizierungen" bzw. „Ausgleichmaßnahmen" oder eine Eignungsprüfung zu erreichen (vgl. Ekert et al. 2019). Hinzukommt, dass – neben diesem allgemein mit dem Anerkennungsverfahren verbundenen Zweifel bezüglich Wissen und Können der Antragsstellenden – die Aufnahme einer be-ruflichen Tätigkeit in einem anderen Land bzw. Bildungssystem immer schon Differenzerfahrungen, Unsicherheiten und Irritationen sowie Anforderungen der Neu- bzw. Umorientierung mit sich bringen dürfte. Dies fordert zur Selbst-vergewisserung und letztlich dann auch zur Veränderung bzw. Umgestaltung der professionellen Wissensbasis heraus.

Der vorliegende Beitrag setzt hier an und beleuchtet – bezugnehmend auf Er-gebnisse der Evaluation des Programms „Vielfalt willkommen" (Faas et al. 2021; Dahlheimer et al. in diesem Band)[2] – verschiedene Dimensionen und Aspekte der Organisation bzw. Neuorganisation professionellen Wissens im Kontext von Zuwanderung und beruflicher Anerkennung im frühpädagogischen Feld. In ei-ner theoretischen Perspektive richtet sich dabei der Blick zunächst auf die Un-terscheidung von allgemeinem und individuellem professionellem Wissen, was zum einen auf kollektive Wissensressourcen und deren kulturelle Bedingtheit verweist, zum anderen auf die Selbstkonstruktion bzw. Selbstorganisation indi-viduellen Wissens. Dabei werden die Organisation und Neuorganisation profes-sionellen Wissens als Vermittlungsaufgabe zwischen Theorie, Praxis und Erfah-rung gefasst. Als weiterer Analyserahmen wird ein Modell zur Differenzierung unterschiedlicher Wissensformen eingeführt (Kap. 1). Vor diesem Hintergrund fokussiert die weitere Auseinandersetzung dann zunächst auf die Frage nach der Vermittlung zwischen Allgemeinem und Individuellem, indem der soziale und kulturelle Kontext der Wissensorganisation im Rahmen beruflicher Anerken-nung und damit einhergehende (biografische) Erfahrungen in den Blick genom-men werden. Diese theoretischen Überlegungen werden an ausgewählten Be-funden und Ausschnitten der leitfadengestützten Interviews mit an „Vielfalt will-kommen" teilnehmenden Fachkräften im Anerkennungsverfahren konkretisiert (Kap. 2).[3] Ausgehend von der Unterscheidung verschiedener Wissensformen und deren Entstehungs- bzw. Erwerbskontexten richten sich in einer zweiten Perspektive dann die wissenstheoretische Analyse und Erörterung auf Aspekte der Explizitheit und Implizitheit von Wissen und deren Bedeutung für die Rela-

---

2   Hierbei handelt es sich um Ergebnisse, die auf Basis leitfadengestützter Interviews mit an „Vielfalt willkommen" teilnehmenden Fachkräften im Anerkennungsverfahren zu Beginn (t0: n=13) und gegen Ende des Programms (t2: n=11) evoziert wurden. Im Fokus der In-terviews standen folgende Themenblöcke: (Bildungs-) Biografien, Erfahrungen im Aner-kennungsverfahren, Zuwanderungsgeschichte sowie soziale und kulturelle Aspekte.
3   Siehe hierzu auch Dahlheimer/von Guilleaume in diesem Band.

tionierung und Weiterentwicklung individuellen Wissens – auch hier wiederum in Bezugnahme auf Ergebnisse bzw. Material der Evaluationsstudie (Kap. 3). Die Auseinandersetzung mit dem Anerkennungsverfahren und Aspekten der (Neu-) Organisation professionellen Wissens in diesem Zusammenhang wird im abschließenden Fazit zusammengefasst und mit Blick auf die Frage, wie dieser Prozess durch Maßnahmen der Weiterbildung gewinnbringend unterstützt werden kann, verdichtet (Kap. 4).

1 Allgemeines und individuelles professionelles Wissen im Spannungsfeld kultureller Differenz

Die Besonderheit der beruflichen Anerkennung und damit verbundenen Qualifizierungsmaßnahmen ist aus wissenstheoretischer Perspektive darin zu sehen, dass sich letztere an Personen richten, die fachlich einschlägig vorgebildet sind und oftmals umfangreiche berufliche Erfahrungen mitbringen. Sie verfügen damit über ein breit entwickeltes individuelles Professionswissen – allerdings bezogen auf ihr jeweiliges Herkunftsland, d. h. auf einen differenten sozialen, kulturellen und professionsbezogenen Kontext. Dieses Professionswissen und damit verbundene Praktiken professionellen Handelns erfahren durch das Anerkennungsverfahren eine Infragestellung; in den meisten Fällen bleibt die vollständige Anerkennung auch tatsächlich aus (vgl. Geiger/Faas in diesem Band). Auf Seiten des Subjekts verweist dies auf Prozesse der Irritation und Verunsicherung sowie die Herausforderung, die bisherige berufliche Wissensbasis zur Disposition zu stellen und neu zu organisieren bzw. neu aufzubauen. Wolfgang Neuser (2013, S. 253) versteht in einem inhaltlich anschließenden begriffstheoretischen Zusammenhang Wissen als Form „methodische[r] Selbstorganisation" in der Verbindung von Begriff, Erfahrung und Handlung. Wissen wird dabei als dreidimensionales Konstrukt verstanden, d. h., Begriffe, Erfahrungen und Handlungen werden als Projektionen auf eine bestimmte Dimension von Wissen und in je spezifischer Weise miteinander verknüpft gedacht (vgl. ebd.). Prozesse der beruflichen Anerkennung erscheinen vor diesem Hintergrund, mit Blick auf das Subjekt und insbesondere bei ausbleibender vollständiger Anerkennung, als Aufforderung zur Neuorganisation persönlichen Wissens, indem – abhängig vom jeweiligen sozialen und kulturellen Kontext – bisherige Verbindungen von Begriff, Erfahrung und Handlung individuell hinterfragt, gelockert oder auch gelöst werden müssen, um Transformationen vornehmen bzw. neue Verknüpfungen herstellen zu können. Eine solche Vorstellung von wissensbezogener Neuorganisation ist anschlussfähig an gängige professionstheoretische Ansätze, die professionelles Handeln und professionelles Wissen in spezifischer Kopplung miteinander betrachten (vgl. Dewe 1998); zum einen ausgehend von der Annahme, dass „individuelle und soziale Handlungen und deren [...] Resultate auf die Involviertheit von Wissen zurückzuführen" (Alisch 1990, S. 20) sind, zum anderen vor dem Hintergrund der Überzeugung, dass professionelles Wissen durch die beruflichen Aufgaben und deren Bearbeitung modelliert wird (vgl. Bromme/ Sträßer 1990). Dies schließt dann auch die jeweiligen sozialen und kulturellen Zusammenhänge bzw. Erfahrungen als Rahmen solcher Modellierungsprozesse mit ein. Professionswissen impliziert in dieser Lesart die gegenseitige Bezogenheit von Begriff oder Konzept, Handeln und Erfahrung im Kontext der beruflichen Tätigkeit sowie des sozialen und kulturellen Umfelds.

Als zentrale Analyseperspektive eines solchen Zugangs bietet sich die systematische Unterscheidung von persönlichem bzw. individuellem und allgemeinem Wissen an sowie die Vorstellung, dass sich der Einzelne in einem Spannungsfeld von individuellem und allgemeinem Wissen bewegt (vgl. Neuser 2013). Allgemeines Wissen beschreibt dabei das Wissen, das in einer Kultur oder hier in einem professionellen Handlungskontext verfügbar ist und sich nicht subjektbezogen begründen lässt; d. h., es existiert unabhängig von einem bestimmten Subjekt als eigenständiges „System von Erfahrung, Handlung und Begriff" (ebd., S. 179) – hier als Professionswissen im Rahmen des fachwissenschaftlichen bzw. fachpraktischen Diskurses. Dieses allgemeine Wissen wird dann vom Individuum reflektiert, von seinen subjektiven Erfahrungen gestört bzw. irritiert. Dabei werden allgemeine Erkenntnisse, Einsichten etc. vor dem Hintergrund individueller Erfahrungen in das bestehende Wissen integriert, so dass Bedeutungen des allgemeinen Wissens, d. h. des allgemeinen Professionswissens, eine Überformung, Transformation, Kontrastierung bzw. Relationierung im individuellen Wissen erfahren. Insbesondere der Begriff der Relationierung verweist dabei auf die Annahme, dass allgemeines oder fachwissenschaftliches Wissen nicht eins zu eins in individuelles Wissen überführt werden, sondern sich vielmehr in der Begegnung von allgemeinem Wissen sowie subjektiven Erfahrungen und Sichtweisen ein eigenständiges Wissen konstituiert (vgl. Dewe/Ferchhoff/Radtke 1992); letzteres lässt sich als individuelles Professionswissen fassen. Diese Vorstellung impliziert, dass dabei verschiedene Wissensformen und -inhalte miteinander verbunden und – abhängig von deren jeweiligen Anschlussfähigkeit an subjektive Erfahrungen und Reflexionen – von Person zu Person unterschiedlich, d. h. in je spezifischer Weise bedeutsam und schließlich handlungsrelevant werden (vgl. Bromme 1992; Fried 2003). Dabei ist zu berücksichtigen, dass sich Erfahrungen und Wissen Einzelner aber nur dann als Erfahrungen und Wissen fassen lassen, wenn sie im Kontext der Begriffe im allgemeinen Wissen gedeutet werden können. „Auch individuelle Erfahrungen sind immer nur kulturelle Erfahrungen im Horizont eines Systems von Erfahrungen. Zu Erfahrungen eines Individuums werden sie nur, sofern sie im System des Wissens repräsentiert sind" (Neuser 2013, S. 174).

Im aktuellen frühpädagogischen Fachdiskurs wird in analytischer Perspektive das Professionswissen – abhängig vom jeweiligen Forschungszugang – vor dem Hintergrund zweier unterschiedlicher Modelle beschrieben und untersucht. Ein erster Zugang betrachtet dabei pädagogisches Professionswissen analog zur Lehrer:innenbildungsforschung und differenziert zwischen dem *Fachwissen*, im Sinne eines vertieften inhaltsbezogenen Hintergrundwissens (in Bezug auf die in den Bildungs- bzw. Orientierungsplänen beschriebenen Bildungsbereiche wie Sprache, Naturwissenschaften, Mathematik etc.), dem *fachdidaktischem Wissen*, das als Wissen hinsichtlich des Verfügbarmachens spezifischer Lerninhalte verstanden wird (mit Blick auf typische fachbezogene Kognitionen von Kindern, situationsspezifische Bildungspotenziale, Lernmaterialen und die Gestaltung von Lerngelegenheiten, effektive Instruktionsstrategien im jeweiligen inhaltlichen Bereich etc.) und dem *allgemeinen pädagogischen Wissen*, welches das fachübergreifende Wissen zu pädagogischen Prozessen, Interaktionen und Kontexten beschreibt (vgl. Anders 2018). Das Modell schließt damit direkt an die Klassifikation pädagogischen Wissens von Lee S. Shulman (1986; 1987) an, wenngleich nur jene Wissensbereiche aufgegriffen werden, die sich eher in theoretischer Perspektive auf die Gestaltung inhaltsbezogener Vermittlungsprozesse beziehen. Andere bei Shulman zusätzlich thematisierte Wissenselemente, wie z. B. Kenntnisse hinsichtlich der individuellen Lernvoraussetzungen der Kinder oder der Besonderheiten des pädagogischen Kontextes, finden in diesem ersten Modell keine Berücksichtigung.

Der zweite derzeit im frühpädagogischen Diskurs gängige Zugang fasst dagegen das Professionswissen weiter (vgl. hierzu auch Peters et al. 2020). Neben dem Theoriewissen wird mit dem Praxiswissen eine zusätzliche Dimension professionellen Wissens in den Blick genommen; der Annahme folgend, dass frühpädagogische Praxis und Reflexion an grundlegend unterschiedlichen Referenzsystemen anknüpfen (vgl. Faas 2013). Während das Theoriewissen jene Bereiche und Inhalte des berufsbezogenen Wissens umfasst, die vor allem wissenschaftlich begründet sind und in Forschungskontexten gewonnen werden, bezieht sich das Praxiswissen auf solche Aspekte des Wissens, die im Rahmen des Interagierens in pädagogischen Institutionen und Situationen entstehen. Dabei ist das Theoriewissen im zweiten Modell – ebenfalls in Anlehnung an Lee S. Shulman (1986;1987) – ganz ähnlich wie im ersten Modell strukturiert, berücksichtigt aber begrifflich und konzeptionell stärker den nicht schulischen Kontext von Bildungsprozessen in früher Kindheit. Entsprechend unterscheidet es zwischen dem *Bereichs- und themenbezogenen Fachwissen* als vertieftes Hintergrundwissen zu einem bestimmten Bildungsbereich oder Bildungsgegenstand, dem *Pädagogischen Grundlagenwissen*, verstanden als Wissensbasis der Disziplin und damit als inhaltliche Komponente, die eher im Kontext von Reflexion und Begründung von Praxis zum Tragen kommt (z. B. erziehungsphilosophische und bildungstheoretische Grundlagen, historische, rechtliche und bildungspolitische Aspekte der Arbeit in Kindergarten und Krippe; entwicklungs-, lern- und motivationspsychologische Kenntnisse etc.), sowie dem *Didaktischen Planungs- und*

Handlungswissen. Letzteres ist auf die Aneignung bzw. Vermittlung spezifischer Inhalte gerichtet und bezieht sich insofern direkter auf konkretes pädagogisches Handeln. Aufgrund der stärkeren Alltagsorientierung frühkindlichen Lernens und seiner starken Verzahnung mit Freispielsituationen bzw. offenen Bildungsarrangements wird das didaktische Wissen in diesem Modell – mit Blick auf einen weniger von curricularen Inhalten ausgehenden Bildungsansatz in Kindertageseinrichtungen – bereichsübergreifend und nicht so sehr fachbezogen gedacht. Das didaktische Wissen bezieht sich damit sowohl auf allgemeine als auch auf fach- bzw. themenspezifische Fragen zur Gestaltung von Lernprozessen. Das eher implizite und erfahrungsbasierte Praxiswissen als zweite Dimension wird wiederum ähnlich dem Theoriewissen auch dreigliedrig konzeptualisiert. Es umfasst das *Organisationswissen*, welches die spezifischen Handlungslogiken einer Organisation/Institution (hier der jeweiligen Kindertageseinrichtung) zusammenfasst, das *Subjektbezogene Interaktionswissen*, das sich auf die einzelnen Interaktionspartner:innen bzw. deren Lebenswelten und die daran geknüpften Bildungsvoraussetzungen bezieht (in Hinsicht auf die zu betreuenden Kinder, ihre Eltern, Familien, deren Lebenssituation etc.), sowie das *Beratungswissen*, das jene Kenntnisse und Fähigkeiten der Fachkraft in den Blick nimmt, die dezidiert im Kontext der Zusammenarbeit und der konkreten Kommunikation mit Eltern bzw. anderen Partner:innen (z. B. Lehrer:innen der aufnehmenden Grundschulen) zum Tragen kommen (vgl. Faas 2013).

Den sich anschließenden Erörterungen und Analysen zu Fragen der Neuorganisation professionellen Wissens im Rahmen der beruflichen Anerkennung liegt das zweidimensionale Wissensmodell zugrunde. Verstanden als heuristisches Modell lässt es eine umfassendere Thematisierung und Analyse des Zusammenhangs von Begriff bzw. Konzept, Handeln und Erfahrung zu als ein rein am theoretischen Wissen orientiertes Konstrukt. Neben dem Theoriewissen, das primär als in Wissenschaftskontexten entstanden, kognitiv repräsentiert und in semantischen Netzwerken beschreibbar gedacht wird (vgl. ebd.), ermöglicht hier insbesondere die Dimension des Praxiswissens, Wahrnehmungen von Differenz, die auf der Ebene von Handlung und (biografischer) Erfahrung entstehen, einzuordnen und zu analysieren; dies ist in dem hier angesprochenen Zusammenhang von spezifischer Relevanz. In den Interviews mit den im Rahmen des Programms „Vielfalt willkommen" befragten Fachkräften lassen sich Thematisierungen von wissens- und handlungsbezogener Differenz finden, die mit der Einordnung in das Theoriewissen bzw. das Praxiswissen deutbar werden. Hinsichtlich des Theoriewissens rücken in den biografischen Selbstzuwendungen z. B. die Auseinandersetzung mit dem eigenen Bildungsweg und damit verbundenen Bildungsprozessen als auch bestimmten Ausbildungsinhalten in den Blick, die auf unterschiedliche Fundierungen und Konzeptualisierungen frühkindlicher Bildung verweisen; auch wahrgenommene Unterschiede zwischen dem Bildungssystem in Deutschland und dem des jeweiligen Herkunftslands sind hier zu nennen. Dagegen lassen sich Wahrnehmungen von unterschiedlichen Arbeits- und Organisationsweisen oder Formen der Zusammenarbeit in den Teams vor Ort eindeutig als Aspekte des Praxiswissens verorten. Sie werden damit wissensbezogen auf der Ebene pädagogischen Handelns und organisationaler Interaktion deutbar (vgl. Faas et al. 2021). Darüber hinaus zeigt sich in den Analysen als zentraler Aspekt die vorangehend eingeführte Unterscheidung von allgemeinem und individuellem Wissen, z. B. wenn zu konstatieren ist, dass „die Bildungshintergründe und beruflichen Erfahrungen […] sehr unterschiedlich sind" und entsprechend „von einer recht heterogenen Teilnehmer:innengruppe […] von ‚Vielfalt willkommen'" auszugehen ist, gleichzeitig sich aber „die zu bewältigende Anforderungen ganz ähnlich darstellen und […] offensichtlich weniger die eigenen Ausgangslagen, sondern eher strukturelle Aspekte von Bedeutung sein dürften" (ebd., S. 146). Dieser letzte Aspekt verdeutlicht das Spannungsverhältnis zwischen Allgemeinem und Individuellem als wesentliche Herausforderung der Neuorganisation der professionellen Wissensbasis im Rahmen beruflicher Anerkennung und damit verbundener „Anpassungsqualifizierung".

Neben den vorangehend genannten Kategorien und Ebenen des professionsbezogenen Wissens sind zusätzlich das sprachbezogene Wissen bzw. die sprachlichen Kompetenzen und Kompetenzgrenzen zu berücksichtigen, die gerade im Kontext beruflicher Anerkennungsverfahren und des beruflichen Handelns in pädagogischen Arbeitsfeldern eine spezifische Bedeutung haben (vgl. ebd.).

2 Wissensorganisation und Sozialität

Betrachtet man, wie vorangehend herausgearbeitet, das Spannungsverhältnis von Allgemeinem und Individuellem als wesentliche Herausforderung der Organisation bzw. Neuorganisation professionellen Wissens, dann ist zu berücksichtigen, dass es sich hierbei nicht um einen solitären Prozess der Auseinandersetzung des Subjekts mit einem Inhalt handelt. Die Aneignung und Relationierung von Wissen erfolgen immer in sozialen Zusammenhängen, d. h., sie sind sozial und kulturell überformt (vgl. Knoblauch 2014). Daraus folgt, dass das Verhältnis von Allgemeinem und Individuellem erweitert gedacht werden muss, indem nicht nur curriculare Wissensinhalte als allgemein zu verstehen sind. Vielmehr ist davon auszugehen, dass auch der Prozess des In-Beziehung-Setzens von Begriff, Erfahrung und Handlung selbst Allgemeines beinhaltet. Hintergrund ist die wissenssoziologische Annahme, dass „in der Erfahrung eines Individuums etwas auftritt, was nicht nur seine Erfahrung ist, sondern die Erfahrung eines jeden sein könnte" (Adler 1925, zit. nach Knoblauch 2014, S.14). Dies impliziert, dass Begriffe auf Erfahrungen zurückgehen, die im Laufe der Zeit im Rahmen von Kommunikation zu abstrakten Zeichen, zu Symbolen verallgemeinert wurden (vgl. Mead 1973); und Begriffe ermöglichen es wiederum, Erfahrungen zu interpretieren und einzuordnen. Dieser Aspekt der Sozialität von Wissen und Denken eröffnet eine erweiterte Perspektive auf die Organisation von Wissen. In dieser kann die Relationierung von Wissen auch als kommunikativer Prozess bzw. symbolische Kommunikation verstanden werden. Dabei finden bewusst oder auch beiläufig soziale Regeln, Konventionen, soziale Situationen und deren Bewertung Eingang in die Herstellung von Bedeutung und werden zum Bezugspunkt des Nachdenkens und Handelns; dies schließt den routinemäßigen Handlungsvollzug in der pädagogischen Praxis mit ein (vgl. Pfadenhauer 2014).

Im Zusammenhang mit Fragen der beruflichen Anerkennung gewinnt dieser Aspekt eine besondere Bedeutung. Versteht man die Organisation von Wissen als symbolisch vermittelte Kommunikation, dann ermöglicht dies einen spezifischen Blick auf die Verwobenheit und Reziprozität von Begriff/Konzept, Handeln und Erfahrung in der reflexiven Auseinandersetzung und wechselseitigen Verschränkung mit sozialen bzw. pädagogischen Situationen und Gegebenheiten sowie im Handlungsvollzug selbst; darüber hinaus werden die Wirkungen dieses Prozesses thematisierbar. Dabei richtet sich der Fokus zum einen auf das Neuordnen, Austarieren, Erweitern von Wissen bzw. Wissenselementen in der Konfrontation mit differenten sozialen Kontexten – im Kontext kritischer Annäherung und Selbstvergewisserung, der Antizipation von Sicht- und Handlungsweisen anderer oder allgemein von Sinndeutung bzw. der Herstellung subjektiven Sinns in der Bewältigung veränderter Anforderungen. Zum anderen wird virulent, dass symbolische Kommunikation neben wissensbezogenen Veränderungen auch mit Strukturbildung bzw. Strukturveränderung in der konkreten Praxis einhergeht (vgl. Treptow 2016). Im Kontext des fachöffentlichen Diskurses um berufliche Anerkennung im frühpädagogischen Bereich rückt dabei der Aspekt der Strukturveränderung insbesondere im Zusammenhang mit der Erwartung bzw. Annahme in den Vordergrund, dass sich mit der Erhöhung des Anteils von Fachkräften mit Migrationshintergrund in Kindertageseinrichtungen die Bedingungen für die pädagogische Arbeit im Kontext von Mehrsprachigkeit, der Zusammenarbeit und Kommunikation mit Eltern sowie des Abbaus von Zugangsschwellen für Familien mit Migrationshintergrund verändern – weil Fachkräfte mit einem im Ausland erworbenen Abschluss andere Erfahrungen, Orientierungen und Wissensbestände in die pädagogische Arbeit und Kommunikation mit Eltern und Familien einbringen können (vgl. Faas/Geiger 2017). Inwiefern sich das tatsächlich realisiert, ist dann eine andere Frage.

Die Ergebnisse der Evaluation des Programms „Vielfalt willkommen" (Faas et al. 2021) – speziell die Auswertungen zu den (Bildungs-)Biografien und persönlichen Erfahrungen der teilnehmenden Fachkräfte – konkretisieren das vorangehend skizzierte In-Beziehung-Setzen von Begriff, Handlung, Erfahrung und Sozialität im Medium Wissen in vielfältiger Art und Weise sowie entlang verschiedener Dimensionen. Ein wesentlicher Aspekt in diesem Zusammenhang bezieht sich auf die vorangehend akzentuierte Anforderung, im Handeln und in der reflexiven Zuwendung zur pädagogischen Praxis zwischen dem Allgemeinen und dem Individuellen zu vermitteln. Dabei ist im Kontext beruflicher Anerkennung von spezifischer Relevanz, dass das allgemeine professionelle Wissen, d. h. die in Ausbildungskontexten erworbenen curricularen Inhalte und die in der allgemeinen Praxis gängigen Handlungsweisen mindestens zweidimensional gedacht werden müssen: als allgemein anerkanntes Wissen und Handeln im Herkunftsland und im Einwanderungsland. Dieser Aspekt knüpft an dem Sachverhalt an, dass das Feld der Kindertagesbetreuung in anderen Ländern oftmals system- und disziplinbezogen unterschiedlich zugeordnet ist. Während in Deutschland die Kindertagesbetreuung dem Bereich der Kinder- und Jugendhilfe angehört und disziplinär sozial- und kindheitspädagogisch geprägt ist, gliedert sich diese anderenorts oftmals mehr in den Bildungs- oder auch Gesundheitssektor mit entsprechend differenter inhaltlicher Ausrichtung ein. Demnach sind dann auch die inhaltlichen Schwerpunkte in Ausbildungskontexten z.T. andere, wenngleich es aufgrund der gleichen Verortung der pädagogischen Arbeit im außerfamilialen, vorschulischen Kontext immer auch Überschneidungen gibt. So lassen sich in den Aussagen der befragten Fachkräfte Elemente zur frühpädagogischen Ausbildung oder zum Alltag in Kindertageseinrichtungen identifizieren, die auch in Deutschland von Bedeutung sind: die Vorbereitung und Durchführung gezielter Angebote, das Beobachten kindlicher Aktivitäten und Kompetenzen, die Begleitung der Kinder bei Gruppenaktivitäten, Routinen und im Freispiel, die Anregung von Aktivitäten wie Spielen, Bauen, Basteln und Malen, das Führen von Elterngesprächen etc. Gleichzeitig scheinen in den Herkunftsländern die gezielten Angebote gegenüber dem Freispiel eine größere Rolle zu spielen, als das in deutschen Kindertageseinrichtungen der Fall ist; d. h., das Lernen im Kindergarten ist dort offensichtlich in der Regel stärker angeleitet. Darüber hinaus gaben insbesondere Fachkräfte, die im Herkunftsland eine Lehrer:innenausbildung absolviert hatten, auch konkrete Fächer wie z. B. Mathematik, Musik, Kunst, Religion, Geschichte, Biologie, Physik, Sport, Arabisch oder Englisch als relevante Ausbildungsinhalte bzw. -domänen an (vgl. ebd.). Die Neuorganisation des persönlichen oder individuellen professionellen Wissens im Zuge der Aufnahme einer Tätigkeit in einem differenten pädagogischen Kontext bedeutet dann nicht nur, die bisherigen persönlichen Denk- und Handlungskonzepte zu hinterfragen, sondern auch eine Irritation des bisherigen allgemeinen Bezugsrahmens professionellen Denkens und Handelns.

In ähnlicher Weise stellt sich dies auch für die pädagogische Arbeit in den Kindertageseinrichtungen bzw. die dabei gemachten Erfahrungen dar. Als entscheidender Unterschied wurden hierzu in den Interviews allgemein – d. h. neben Einzelaspekten wie der Gestaltung der Eingewöhnung, die es den Herkunftsländern oftmals nicht gibt, dem Tagesablauf, der Interaktion mit den Kindern, der Teamarbeit, der Dokumentation und Freispielbegleitung – die im jeweiligen Herkunftsland oftmals dominante Schulorientierung und instruktive pädagogische Praxis gegenüber dem offeneren und spielorientierten Ansatz in Deutschland herausgestellt. Das folgende Interviewzitat illustriert diesen Sachverhalt und ebenso den Versuch, den wahrgenommenen allgemeinen Unterschied vor dem Hintergrund der bisherigen Erfahrungen im Herkunftsland und persönlichen fachlichen Orientierungen einzuordnen.

„Also, dass im Kindergarten, hier in Deutschland ist es spielorientiert. […]. Und das find ich voll in Ordnung, dann die Entwicklung, oder sie dürfen sich entwickeln im eigenen Rhythmus und so, also ich glaube das ist sehr, sehr gut. Genau, im Herkunftsland, was ich z. B. die letzten … oder im Laufe der Jahre beobachtet habe, es ist weniger spielorientiert, weniger, weniger, weniger. Also es … die Kinder haben, also ich finde es gut, die Kinder haben Englisch, Sport, Musik und alles und manche Lehrer wie ich, oder Erzieherinnen wie ich, haben immer versucht, diese Spielerei zu behalten […]. Und wir haben immer darauf geachtet, was für Bedürfnisse die Kinder hatten und das versucht, zu respektieren und trallali, trallala. Aber das ist auch nicht selbstverständlich. […] Es gibt auch Kindergärten wo die Kinder, die Dreijährigen kaum Platz zum Spielen haben, weil alles voll mit Tischen und Stühlen besetzt ist. […] Klar, wenn du reinkommst, dann siehst du: Ok, so arbeiten sie da. […] Also ne, weil komm, mit sechs müssen die Kinder, also wie in der Armee wirklich. Ich übertreibe ein bisschen, aber es ist schon mehr schulorientiert. […] Und es ist ein Teufelskreis, weil die Eltern erwarten das auch, ne, dass die Dreijährigen zurück nach Hause kommen mit einem Block voll mit Kritzelkratzel, egal wie, Hauptsache ‚Ich hab's gekauft, bitte machen Sie das fertig'. Und das ist so ein Druck und ein Stress für die Erzieherin oder die Lehrerin. Riesengroß, weil ich muss unbedingt dieses Material benutzen. […] Weil nur spielen heißt jetzt nicht nichts machen. Also spielen ist sehr wichtig und … und die Frustration, so … aber man kann alles bereichern durch das Spielen" (TN06; ebd., S. 154).

Wenn hier die Erfahrungen in der deutschen Kindergartenpraxis vor allem als positiv und gegenüber den eigenen Orientierungen als anschlussfähig wahrgenommen werden, verweist die Aussage *„also ich finde es gut, die Kinder haben Englisch, Sport, Musik und alles und manche Lehrer wie ich, oder Erzieherinnen wie ich, haben immer versucht, diese Spielerei zu behalten"* nicht auf eine einfache Übernahme des Neuen. Vielmehr wird das Austarieren zwischen differenten Erfahrungen, eigenen fachlichen Überzeugungen und verschiedenen Wissenselementen (Bedeutung des Spiels, Anknüpfen an den Bedürfnissen der Kinder, Bedeutung domänenspezifischer Förderung) deutlich. Dies zeigt sich auch in einem Zitat einer anderen Fachkraft, in dem die gleiche allgemeine Erfahrung und Praxis allerdings eine andere individuelle Kontextualisierung und Einordnung findet.

„Also ich finde, in beiden gibt es positive Sachen. Also beide … wären auch noch besser, aber hier ist natürlich auch gut. Aber ich meine, z. B., ab drei Jahren finde ich, dass die Kinder schon lernen können. Also auch mit Lernspielsachen. Nicht nur um zu spielen, um Spaß zu haben, aber …, sondern um zu lernen. Im Herkunftsland, ab drei Jahren, lernen die Kinder wirklich. Die Buchstaben, zählen, Farben, alles. Hier ist es nicht so. Und sogar auch ab …, wenn die noch nicht mal drei sind, die bereiten die Kinder vor im Kindergarten. Und ich find das nicht so schlimm, also man könnte es auch hier machen und es klappt wirklich gut. Manche Kinder, hier auch bei uns in unserer Gruppe, die können schon die Farben, Zahlen… […] Die mögen das auch. Das ist nicht so richtig lernen, das ist so…(bisschen)" (TN02; ebd., S. 156).

Betrachtet man solche narrativen Zuwendungen zum Anerkennungsprozess bzw. zur erlebten pädagogischen Praxis in Deutschland und dem jeweiligen Herkunftsland in einem erweiterten Kontext als biografisch, dann eröffnet dies eine zusätzliche Perspektive auf die Frage der Neuorganisation professionellen Wissens im Spannungsfeld von Allgemeinem und Individuellem, von Wissen und Sozialität. Biografische Narrationen spiegeln zum einen die im Erzählen vorgenommene Einordnung lebensgeschichtlicher Erfahrungen in die persönlichen, individuellen Deutungsmuster und Wissensbezüge des Subjektes wider; dabei wäre diese Einordnung ohne den Rückgriff auf individuelles Wissen bzw. verschiedene Formen des Wissens gar nicht möglich (vgl. Hanses 2010). Zum anderen ist dieses Erzählen wiederum in einem hohen Maße durch allgemeine soziale Erfahrungen bzw. eine übergeordnete soziale Wirklichkeit – wie sie erlebt oder erinnert wird – bestimmt, d. h., im Erzählen werden gesellschaftliche Bedingungen sozialer „Erfahrungs- und Erlebniswelten der Subjekte" (Rosenthal 2005, S. 46) zum Ausdruck gebracht. Mit Blick auf die Einordnung von pädagogischen Erfahrungen und pädagogischem Handeln sowie ihrer Verknüpfung mit individuellem professionellem Wissen durch Fachkräfte im Anerkennungsverfahren ist dieser Aspekt von spezifischer Bedeutung. In den Interviews der am Programm „Vielfalt willkommen" teilnehmenden Fachkräfte finden sich diese Bezüge beispielsweise in den Thematisierungen zur eigenen Zuwanderungsgeschichte. Als Gründe für das Verlassen des Herkunftslandes wurden von verschiedenen Fachkräften Aspekte wie Krieg, politische Entwicklungen, fehlende Freiheit, fehlender Schutz oder religiös motivierte Verfolgung genannt (vgl. Faas et al. 2021). Es ist davon auszugehen, dass solche allgemeinen Erfahrungen – zurückliegende und gegenwärtige – die Wahrnehmung und Einordnung anderer Erfahrungen und Erlebnisse und damit verknüpfte Wissensbestände moderieren; im Sinne einer spezifischen affektiven Grundgestimmtheit der Betroffenen (vgl. Sauerborn/von Scheve 2017).

„Heute … wahnsinniger Unterschied. Heute ist, gerade so traurig, ich bin nicht einverstanden mit dem aktuellen Präsident, ich hab ihn nicht gewählt. […] Also die aktuelle politische … ist im Herkunftsland für mich nichts. Das kenne ich nicht aus meiner Heimat, es ist nationalistisch geworden, das hat nichts mit … ja, bin ich halt nicht einverstanden. Ich bin froh, in einem Land wie Deutschland zu leben. In einem demokratischen Land. Und ja, das Leben, die Qualität im Herkunftsland macht einen großen Unterschied. [A]lso sie haben eine richtige [finanzielle] Krise […] aber das Volk leidet sehr mit der falschen Regierung, ja. Das … es ist ganz anders in Deutschland, hier hat es eine richtige definierte Regierung, mit Parteien, mit ihren Ideologien, mit ihren Interessen. Und hier ist es klar zu sehen: wen soll ich wählen? Und im Herkunftsland sind über zweihundert Parteien, kleine Parteien, die niemand … weiß gar nichts, was sie vorhaben. Und die Leute die werden immer wieder, diesen Teufelskreis, immer falsch wählen, es kommt immer falsch, weil es zu viele Parteien hat. Es ist besser so wie hier in Deutschland, es hat acht Parteien die stark sind, man kann blicken, es ist einfacher zu blicken welche Ideologie sie … […] Genau, und bei uns ist es leider viel zu viel und kein Überblick. Also da kann man nicht richtig wählen. Ich glaube nicht, solange das so ist im Herkunftsland, dass das irgendwann besser wird" (TN08; Faas et al. 2021, S. 165).

Neben den allgemeinen gesellschaftlichen Bedingungen rahmen aber auch private Situationen das persönliche Erleben sowie die Relationierung von Wissen, Handeln und Erfahrung. Dabei ist die individuelle Lebenssituation zum einen mit den allgemeinen gesellschaftlichen Bedingungen verknüpft bzw. von ihnen beeinflusst, zum anderen aber auch mit dem individuellen lebensgeschichtlichen Kontext, mit dem subjektiven Erleben und Empfinden verbunden. Letzteres dürfte dabei noch sehr viel mehr auch affektiv bedeutsam werden, wie das folgende Zitat vermuten lässt.

„Ja, natürlich wäre es für mich der große Punkt, dass meine Familie nicht hier ist. Das ist wirklich, das, also das wäre super, wenn ich hier wohne und auch meine Familie, also beide hier wären, wäre das für mich perfekt. Aber man kann's nicht … man kann nicht alles haben. Ja, dass ich meine Familie nicht bei mir habe und auch meine Freunde von damals. Also ich sehe die auch ab und zu oder wir telefonieren zusammen, aber das ist nicht das Gleiche. Und ich finde auch die Freunde von jetzt, die man erst, wenn man erwachsen ist kennt, sind nicht die gleichen Freunde von früher. Das ist … das ist ganz unterschiedlich. Man spricht von Sachen mit denen … die nicht hier wohnen, also im Herkunftsland meine Freundinnen von damals … mehr als mit denen die hier sind, wirklich. Weil man fühlt sich wirklich, ich weiß nicht. Ja, man ist mit denen vielleicht aufgewachsen" (TN02; ebd.).

Wissensbezogen ist der Verweis auf die Familie und den engeren Freundeskreis noch in einem weiteren Sinne relevant. In den Vordergrund rücken die subjektiven Bildungs- und Sozialisationserfahrungen im Verlauf des jeweils eigenen Aufwachsens und der jeweils eigenen Lebensgeschichte. Ihnen kann eine spezifische Bedeutung für die Relationierung professionellen Wissens zugeschrieben werden. Empirische Studien zur Kompetenzentwicklung sozialpädagogischer Fachkräfte deuten einen solchen Zusammenhang zwischen der Interpretation bzw. Rezeption wissenschaftlichen Wissens, der individuellen Lebensgeschichte und subjektiven Sozialisationserfahrungen an (vgl. dazu z. B. Rosken 2009). In dieser Perspektive sind die Ordnung und Neuorganisation professionellen Wissens auch vor dem Hintergrund von Deutungsweisen und Strukturierungsmuster pädagogischen Handelns und pädagogischer Situationen zu sehen, die sich Fachkräfte in der eigenen Geschichte des Aufwachsens angeeignet haben.

3 Explizitheit und Implizitheit von Wissen

Wird die Neuorganisation von Wissen – vor dem Hintergrund des bisher Erörterten – im Spannungsfeld von Allgemeinem und Individuellem, theoretischem und praktischem Wissen, zwischen Erleben, Erfahren, Handeln und Biografie in den Blick genommen, dann ist auch zu berücksichtigen, dass das zu Vermittelnde unterschiedliche Qualitäten aufweist, d. h. in unterschiedlicher Weise kognitiv repräsentiert und damit bewusst ist. Dies zeigt sich z. B. anhand verschiedener Beobachtungen, die einerseits aus Studien hervorgehen, sich andererseits aber auch eingebettet im (beruflichen) Alltag finden lassen: Personen sind erfolgreich im Lösen von Aufgaben und Problemen, ohne das dabei einbezogene Wissen im Anschluss angeben zu können; auch in umgekehrter Weise finden sich Beispiele, indem Wissen reproduziert wird, ohne dass dieses in einer Handlung zum Tragen kommt – manchmal scheint Wissen für eine Handlung sogar hinderlich zu sein (vgl. dazu Neuweg 2020; Dörner 2000). Im privaten, alltäglichen Kontext lassen sich viele solche Beispiele finden, aber auch in professionellen frühpädagogischen Handlungskontexten wird dieser Sachverhalt konkret, wenn z. B. eine Fachkraft den gewohnten Ablauf eines Morgenkreises verändert bzw. unterbricht, spürend, dass bei einzelnen Kindern „etwas nicht stimmt", in der Folge aber nur wenig darüber berichten kann, welches Wissen sie in diesem Moment aktualisiert hat. Dennoch ist davon auszugehen, dass sie nicht unbegründet handelt.

Eine umfassendere Betrachtung und Analyse dieses Phänomens wird im Kontext der zu Beginn eingeführten Unterscheidung von Theorie- und Praxiswissen bzw. der hier zuzuordnenden Wissensbereiche möglich (vgl. Kap. 1). Angesprochen ist der Sachverhalt, dass pädagogische Arbeit aufgabenbezogen strukturiert ist und je nach Aufgabe unterschiedliche Elemente und Facetten professionellen Wissens zum Tragen kommen. So sind bei der Planung eines didaktischen Arrangements in Form eines Morgenkreises Elemente des Theoriewissens, wie z. B. das verfügbare *Bereichs- und themenbezogene Fachwissen* oder *Didaktische Planungs- und Handlungswissen* und die darin integrierten Kenntnisse zu Strukturelementen, didaktischen Prinzipien und Konzepten sowie zur

Planung pädagogischer Aktivitäten von Bedeutung, die sich in Abhängigkeit des bestehenden Bildungsverständnisses unterscheiden können und verschiedene Perspektiven eröffnen (vgl. Faas 2013). Vor dem Hintergrund dieses Wissens können prospektiv Handlungen entworfen und hinterfragt, im Anschluss pädagogisches Vorgehen und Handlungsverläufe reflektiert werden. Hier wird die direkte Zugänglichkeit des Wissens deutlich; es kann versprachlicht werden und steht insofern in einem Zusammenhang mit konkretem pädagogischem Handeln, indem es dieses anleitet bzw. begründet. Eine zentralere Rolle in der konkreten pädagogischen Situation, d. h. in der direkten Interaktion mit den Kindern, spielen dagegen solche Wissenselemente, die stärker mit den Ebenen von Handlung und Erfahrung verknüpft sind. Angesprochen ist hier das Praxiswissen, insbesondere Elemente des *Subjektbezogenen Interaktionswissens*, wie z. B. das Verfügen über spezifische erfahrungsbasierte Erwartungen oder Handlungsroutinen in Hinsicht auf das Verhalten einzelner Kinder sowie den Verlauf bestimmter Situationen als auch die Fähigkeit zur Adaption des eigenen Verhaltens im Kontext einer spezifischen Kommunikationssituation (vgl. ebd.). Diese Fähigkeiten sind weniger bewusst und manchmal auch nur schwer zu versprachlichen, d. h., sie sind z.T. in anderer Weise kognitiv repräsentiert als die Wissenselemente des Theoriewissens. Neben dem berufsbezogenen Wissen ist zu berücksichtigen, dass es weitere Größen gibt – wie Einstellungen, Motive, Bedürfnisse etc. –, die das Handeln beeinflussen. Dies verweist auch auf die Unschärfen, die mit dem Wissensbegriff adressiert und im fachwissenschaftlichen Diskurs, insbesondere im Zusammenhang mit dem Kompetenzbegriff, zum Thema gemacht werden; nicht zuletzt im Kontext der Auseinandersetzung mit konkreten Anforderungen pädagogischer Praxis, im Rahmen der Typisierung von Herausforderungen, Problemlösungen und deren situationsbezogenen Angemessenheit sowie ihrer Bearbeitung. In spezifischer Weise in den Blick genommen werden dabei die „Kombination aus Bewusstseinsvorgängen und der Vermittlung von Wissen" sowie die „Koordinierung von Handlungen im Vermittlungsprozess" (Pfadenhauer 2014, S. 48) im Rahmen der konkreten pädagogischen Situationsbewältigung.

Im wissenstheoretischen Diskurs wird dieser Aspekt im Zusammenhang mit der Explizitheit und Implizitheit von Wissen thematisiert. Michael Polanyi (2016) konzeptualisiert dabei Implizitheit oder implizites Wissen (tacit knowledge) als ein Wissen, das sich in Handlungen bzw. im Können einer Person zeigt, aber nicht vollständig verbalisiert werden kann – sich folglich u. a. anhand des Merkmals der Nichtverbalisierbarkeit[4] konstituiert. Die Grundstruktur impliziten Wissens stellt sich in dieser Perspektive im Vorhandensein zweier Glieder

---

4 Weitere kennzeichnende Momente des impliziten Wissens sind das Intuitive, das Nichtformalisierbare und das Erfahrungsgebundene (vgl. dazu Neuweg 2020).

und deren Beziehung dar. Polanyi bezeichnet dabei das erste Glied als den *proximalen Term*, wobei dieser denjenigen Teil des Wissens kennzeichnet, der nicht in Worte gefasst werden kann. Der zweite Term – als *distaler Term* eingeführt – kann dagegen expliziert werden (vgl. ebd.). Nach Polanyi verschiebt sich im „Akt impliziten Wissens" die Aufmerksamkeit des Subjekts „*vom* ersten *auf* den zweiten Term" (ebd., S. 19), d. h. auf jenen, der als Ganzes – die Bedeutung des ersten Terms tragend – wahrgenommen wird. Am obigen eingeführten Beispiel des Morgenkreises lässt sich diese Logik verdeutlichen: Während des spontanen Reagierens auf kindliches Verhalten richtet sich die Aufmerksamkeit der pädagogischen Fachkraft nicht auf die eigenen Kognitionen bzw. Wissenselemente als solche, sondern auf deren Bedeutung, die im Empfinden der Situation bzw. des situativen Handelns zum Tragen kommt; diese Bedeutung kann in der hier eingenommenen Perspektive dann versprachlicht werden. In der Differenzierung der Wissensbasis knüpft dies an die Unterscheidung in ‚knowing-that' und ‚knowing-how' von Gilbert Ryle (2015) an, ohne aber dessen behavioristischen Grundannahmen zu folgen. Übersetzt ins Deutsche lassen sich diese beiden Wissensebenen als Wissen und Können bezeichnen. Mit seiner Konzeptualisierung von Wissen widerspricht Ryle der Annahme, Können sei als das Befolgen eines inneren Planes zu verstehen oder dieses lasse sich an die grundlegende Existenz mentaler Begleitakte binden, sozusagen an ein handlungsleitendes Wissen. Dagegen wird hier die Wissenszuschreibung direkt mit dem Können gekoppelt und nicht auf Grundlage von Regeln begründet, die kognitiv repräsentiert sind. Die Zuschreibung von Wissen erfolgt in dieser Perspektive auch nicht durch das agierende Subjekt selbst – markiert in Form der Möglichkeit einer sprachlichen Reproduktion –, sondern eher von außen, im Sinne einer rekonstruierenden Leistung einer beobachtenden Person, wenn das Handeln gewisse Merkmale[5] erfüllt (vgl. ebd.; Bromme 2014). In den eher kompetenztheoretischen Arbeiten zur mentalen Repräsentation von Denkstrukturen von Hubert L. Dreyfus und Stuart E. Dreyfus (1987) findet dieser Gedanke seine kognitionspsychologische Wendung. Im Zusammenhang mit der Konzeptualisierung von Stufen der Kompetenzentwicklung formulieren sie die Annahme, dass sich das Denken eines professionell agierenden Subjektes in seiner Struktur in Abhängigkeit der vorhandenen (beruflichen) Erfahrungen unterscheiden kann. Mit Zunahme der Erfahrungen bzw. der Genese von Expertise kommt es zu einer veränderten Struktur bzw. Neuorganisation des Denkens, die „vom regelgeleiteten ‚know-that' zum ‚erfahrungsbasierten ‚know-how'" (ebd., S. 41) führt. Dementsprechend haben Personen, die über eine umfangreiche Expertise in einem beruflichen Handlungsfeld verfügen, Schwierigkeiten, ihr Wissen angemessen zu verbalisieren,

---

5   Das Handeln erscheint z. B. als Können, wenn es erfolgreich ist, bestimmte Zwecke erfüllt, Bedingungen angepasst ist und flüssig wirkt (vgl. Bromme 2014).

weil es nicht (mehr) in Form von explizitem Regelwissen kognitiv repräsentiert ist, sondern vielmehr einem Repertoire an unterscheidbaren Situationen ähnelt. Ihr Handeln ist intuitiv – beschreibbar in Form des vollkommenen Eingebunden-Seins in eine Situation und des Erkennens von Ähnlichkeiten des vorherig Erfahrenem (vgl. ebd.). In ähnlicher Perspektive argumentiert John R. Anderson (1982; 1987) im Rahmen der Adaptive Control of Thoughts-Theorie (ACT). Hier finden sich Argumente, die der Annahme einer veränderten Struktur des Denkens bzw. der kognitiven Repräsentation des Wissens professionell agierender Personen bzw. Expert:innen folgen. Ausgangspunkt stellt dabei die Unterscheidung von Wissen in deklaratives und prozedurales Wissen dar, wobei ersteres als im Gedächtnis gespeichertes Faktenwissen zu verstehen ist, das sich in codierter Form konstituiert und verbalisiert werden kann, und letzteres die Grundlage für die Ausführung von Handlungen darstellt. Können entwickelt sich durch die Ausbildung von sogenannten „Produktionsregeln", die sich in ihrer Komplexität mit zunehmender Expertise verändern und zu einer Verdichtung des Wissens führen (vgl. Bromme 2014). In dieser Logik begründet dann die veränderte Wissensstruktur, dass Expert:innen die Wissensgrundlage ihres Handelns nicht mehr hinreichend verbalisieren können.

Die vorangegangen skizzierten Erklärungsansätze eröffnen einen differenzierten Blick auf die Prozesse der Veränderung bzw. Umgestaltung individuellen professionellen Wissens – gerade auch im Kontext beruflicher Anerkennung und Maßnahmen der Anpassungsqualifizierung bzw. in Hinsicht auf die sich dabei stellenden Herausforderungen. Mit der Aufnahme einer beruflichen Tätigkeit in einem anderen Land müssen sich Fachkräfte neuen Situationen stellen und in diesen nach und nach Handlungsfähigkeit erlangen. Dies geht zuweilen mit dem Gefühl einher, der neuen Situation nicht gerecht zu werden, die sich stellenden Aufgaben nicht adäquat bewältigen zu können oder auch Wissenslücken zu haben, wie nachfolgende Zitate zeigen.

„Das ist ganz anders, also bei uns im Herkunftsland, was ich gelernt hab und ... das is ja, andere Welt, die ich noch erkundigen muss, mehr entdecken" (TN08; Faas et al. 2021, S. 146).

„Und es ist wichtig für mich jetzt zurzeit alles zu lernen: wie funktioniert es hier in Baden-Württemberg, Orientierungsplan ... [...] Eingewöhnung hier in die Kita ... alles" (TN01; ebd.).

Dabei verweisen die Aussagen deutlich auf Prozesse der Neuorganisation und Erweiterung des individuellen professionellen Wissens. In der kompetenzorientierten Logik von Dreyfus und Dreyfus (1987) könnte man interpretieren, dass zuvor auf der Grundlage umfangreicher beruflicher Erfahrungen bzw. eines entwickelten erfahrungsbasierten ‚know-how' flüssig erlebtes Handeln als unterbrochen oder verunsichert wahrgenommen wird und die Möglichkeit fehlt, auf bestehendes Wissen wie bisher ohne Weiteres direkt zuzugreifen. Dies konkretisieren auch Aussagen von befragten Fachkräften im Rahmen der Beschreibung ihres veränderten Kompetenzerlebens.

> „Ich weiß nicht, ich habe Probleme, weil meine deutsche Sprache ist sehr schlecht, aber ja früher hatte ich guten Kontakt mit Kindern. Und hier auch, ich kann mit Kindern lesen oder etwas zusammen machen, aber ja. Ich habe ein großes Problem wegen der Sprache." (TN09; ebd., S. 145).

Auch hier werden die Ebenen von Handlung und Erfahrung zur Sprache gebracht (*„früher hatte ich guten Kontakt mit Kindern"*), und auch hier bietet sich die Perspektive von Dreyfus und Dreyfus als Interpretationsfolie an. In den Blick rücken dann insbesondere Elemente des Praxiswissens, konkret das *Subjektbezogene Interaktionswissen*. Die Interaktion mit den Kindern wird dabei von der befragten Fachkraft als unzureichend und die mangelnden sprachlichen Kompetenzen als dafür ursächlich bewertet. Darüber hinaus verweist der Interviewausschnitt aber auch allgemein auf die besondere Bedeutung von Sprache bzw. sprachlichen Kompetenzen, die ein Großteil der befragten Fachkräfte als problematisch ansieht (vgl. ebd.). Angesprochen ist damit ein Bereich, der nicht nur mit Blick auf die gleichwertige Mitarbeit in der Kindertageseinrichtung weiterentwickelt bzw. verbessert werden soll – insbesondere, wenn es zu Einschränkungen bezüglich des eigenen Kompetenzerlebens und flüssigen Handelns kommt. Darüber hinaus ist zu berücksichtigen, dass primär sprachliche Probleme bzw. dadurch bedingte Einschränkungen in den eigenen Kommunikationsmöglichkeiten in sozialen Situationen negative Auswirkungen auf die emotionale Befindlichkeit und das eigene Erleben nehmen (vgl. Kauschke 2019). Nach Aussagen der befragten Fachkräfte werden die wahrgenommenen sprachlichen Kompetenzgrenzen auch deshalb als belastend erlebt, weil durch die Vollzeitarbeit im Rahmen der Anpassungsqualifizierung oftmals wenig Zeit bleibt, um sich ausreichend dem Erlernen der neuen Sprache zu widmen; d. h., die Möglichkeit, sich entsprechende Fähigkeiten anzueignen, wird in der aktuellen Lebenssituation als kritisch wahrgenommen und damit die Möglichkeit, etwas an der Situation zu ändern, als eingeschränkt.

> „Aber das große Problem ist die Sprache. Und ich finde das ist nicht einfach; z. B. vor zehn Monaten war ich mit Deutsch lernen besser als jetzt. Ich bin sechs Monate zuhause geblieben und ich habe die Grammatik vergessen. Und jetzt, leider, die Arbeit ist Vollzeit und ich habe auch weniger Zeit zum Lernen. Ich weiß nicht, was ich mache. Und vielleicht jetzt im Sommer, die Tage werden bisschen länger und dann kann ich zwei oder drei Stunden nachmittags lernen. Ich lerne gerne, aber ich weiß nicht, was ich machen soll" (TN16; Faas et al. 2021, S. 145).

Im Gegensatz zu den vorangehend dargestellten Thematisierungen von Aspekten frühpädagogischen Praxiswissens und sprachlicher Fähigkeiten finden sich in den Interviews mit den Fachkräften im Anerkennungsprozess nur wenige explizite Aussagen zum eigenen Theoriewissen; allenfalls sind Andeutungen dieser Wissensform zu erkennen. Dabei ist auch hier von einer Vagheit und Einschränkung der Möglichkeit auszugehen, dieses für Reflexions- und Relationierungsprozesse umfänglich nutzbar zu machen – vermutlich auch durch die z.T. noch nicht ausreichenden sprachlichen Fähigkeiten begründet, wie die nachfolgende Aussage einer pädagogischen Fachkraft zeigt.

> „Ich weiß nicht ob ich das kurz auf Deutsch sagen kann, aber ich habe viel Programm mit den Kindern gemacht. […] Ja ich habe viele Aktivitäten mit Kindern zusammen gemacht ja und Kunst, Muttersprache oder auch Sport" (TN09; ebd., S. 143).

Allerdings ist in diesem Zusammenhang zu berücksichtigen, dass auch in Studien zum Professionswissen frühpädagogischer Fachkräfte, die überwiegend keinen Migrationshintergrund haben, in den subjektiven Zuwendungen zur eigenen Praxis vor allem eine Bezugnahme auf jene Wissensanteile zu erkennen ist, die eine enge Anbindung an konkretes Handeln aufweisen, also weniger theoretisch sind (vgl. Faas 2013). Bezieht man hier die Ausführungen von Polanyi zur zweigliedrigen Struktur impliziten Wissens mit ein, eröffnet dies einen weiteren Erklärungsrahmen. Vor diesem Hintergrund fungieren z. B. Theorien, aber auch (biografische) Erfahrungen als Werkzeuge, mit deren Hilfe die Welt aufgeschlossen werden kann; von ihnen aus wendet sich der/die Professionelle einer Situation zu, deutet sie bzw. ordnet sie ein. Dabei ändert das Wissen im Gebrauch seine Form sowie den Grad seiner Explizitheit (vgl. Polanyi 2016; Neuweg 2020). Dies führt einerseits zur Einschränkung der Möglichkeit der umfänglichen Verbalisierung des Wissens, erklärt aber andererseits auch, vor welchem Hintergrund Situationen bzw. neue Erfahrungen eingeordnet und verstanden werden. Betrachtet man diesen Zusammenhang mit Blick auf die (Neu-)Organisation bzw. Relationierung von professionellem Wissen, dann wird der beschriebene Aspekt der Explizitheit und Implizitheit bzw. verschiedene Grade der Explizitheit von Wissen in spezifischer Weise bedeutsam. Wissen, das weniger eng mit Handeln verknüpft und entsprechend explizit ist – d. h. kognitives, faktenbasiertes Wissen, zumeist Theoriewissen, aber auch bestimmte Anteile des Praxiswissens –, scheint allgemein leichter kommunikativ vermittelbar als stärker mit Handlungen verbundenes, implizites Wissen. Dies stellt sich im Kontext des Anerkennungsverfahrens bzw. hier der Befragungen im Rahmen der Evaluation des Programms „Vielfalt willkommen" allerdings anders dar. Ein Grund hierfür könnten die z.T. eingeschränkten sprachlichen Kompetenzen sein. Das eigentlich schwerer der Reflexion zugängliche, eher implizite Praxiswissen wird von den befragten Fachkräften als einfacher kognitiv einzuordnen wahrgenommen als das Theoriewissen, da es direkt in der Praxis in Form von Handlungsabläufen erlebt und angeeignet werden kann.

> „Ja die Texte von der Schulung, es ist sehr schwierig. Also mit … diesen Dienstag und Freitag hab ich Schulung […] Und da hat es den Professor und der bringt zahlreiche Texte von der Pädagogik und so. Und es sind viele Sachen, also jedes Mal sind mindestens 30 Blätter. Viel zu lesen, viel Pädagogik, ganz andere Literatur […] Auf Deutsch, das ist eine Herausforderung für alle, nicht nur für mich. Aber auch für alle Kollegen, ja. Es gibt auch Kollegen, die leider nicht so gut Deutsch sprechen. Und ja, sie müssen sich richtig bemühen, weil es ist echt schwer. Und das … man muss auch Zeit haben zu lernen, ja. Das ist echt eine große Herausforderung finde ich" (TN08; Faas et al. 2021, S. 179).

> „[…] ja, wir hatten sogar einen Elternabend letzte Woche und es war wirklich super, weil ich konnte ja dann alles sehen, wie es funktioniert […]." (TN02; ebd., S. 155).

Neben diesen inhaltlichen Aspekten im Kontext des In-Beziehung-Setzens von Erfahrungen, wahrgenommenen konzeptionellen Unterschieden und fachlichem Verständnis, finden sich in den Interviews auch Passagen, die noch stärker die eigene Person und persönliches Erleben thematisieren. Angesprochen sind Aspekte, die insbesondere affektiv bedeutsam werden und mehr implizit den Prozess der Neuordnung von Wissen tangieren (vgl. Sauerborn/von Scheve 2017). Konkret handelt es sich im evozierten Material um Aussagen zum Erleben der im Rahmen des Anerkennungsverfahrens durchgeführten Gleichwertigkeitsprüfung und der damit einhergehenden Teilanerkennung, die nicht selten als Infragestellung der eigenen Fachlichkeit erscheinen; einhergehend mit Gefühlen von Erniedrigung und Abwertung.

> „Es wurde so fest, dass ich … also die Bildung […] ist nicht so stark bewertet, also ein gleiches Niveau, oder … wie andere Länder, von anderen Kontinenten, ja. […] Da habe ich leider ein Erniedrigungsgefühl gehabt, mein Gott, wie sich das anhört. Schade, weil ich habe auch in Deutschland den Hauptschulabschluss" (TN08; Faas et al. 2021, S. 148).

Verfestigen sich solche Gefühle der Erniedrigung – aber auch umgekehrt solche des Erfolgs und der Anerkennung – zu einer affektiven Stimmungslage in Bezug auf die aktuelle Situation im Anerkennungsverfahren bzw. die pädagogische Arbeit in der Kindertageseinrichtung, im Sinne „eine[r] anhaltende[n] Form des Weltbezugs" (Sauerborn/von Scheve 2017, S. 162), dann dürfte dies in spezifischer Weise auch die Relationierung verschiedener Elemente im Prozess der Neuordnung des professionellen Wissens beeinflussen. In Rückgriff auf den zu Beginn von Kapitel 2 entwickelten Gedanken der (Neu-)Organisation von Wissen als kommunikativer Prozess bzw. symbolische Kommunikation, die neben der Veränderung des individuellen Wissens auch zu Strukturveränderungen führt, d. h. Auswirkungen auf die Praxis selbst nimmt, sind dann auch etwaige Konsequenzen dieses Prozesses in den Blick zu nehmen. Neben der Einflussnahme solcher Stimmungen auf die pädagogische Arbeit als solche, ist hier insbesondere auch der Aspekt der Integration und des langfristigen Verbleibs von anerkannten Fachkräften in frühpädagogischen Handlungsfeldern zu berücksichtigen (vgl. Faas/Geiger 2017). In diesem Zusammenhang dürften Erfahrungen der Erniedrigung und Abwertung im alltäglichen beruflichen Handeln, wie sie in den anschließenden Zitaten zur Sprache kommen bzw. als solche interpretiert werden können, noch eine größere Bedeutung zukommen.

„Ja, im Herkunftsland, Lehrer…Lehrer, Mathematik und Unterricht. Aber hier (Pflege). (Pflege) nur achten oder helfen, essen, nicht … und in der Grundschule Arbeit. Hier nicht so einfach" (TN13; Faas et al. 2021, S. 155).

„Also mein Diplom, ja ok, es reicht nicht. Aber ich habe 15 Jahre […] Erfahrung, also wie, was erwarten sie von mir? […] Klar, aber ich verstehe das, aber warum zählt das … was der Unterschied ist? […] Mhhh, aber so ist das. Ich spiele … ich spiele mit den Regeln und alles ist gut" (TN06; ebd., S. 153).

4 Fazit

Im Kontext beruflicher Anerkennung und damit verbundenen Qualifizierungsmaßnahmen sind die Prozesse der Aneignung und Relationierung professionellen Wissens insofern spezifisch, weil sie von Personen vollzogen werden, die fachlich einschlägig vorgebildet sind, oftmals umfangreiche berufliche Erfahrungen mitbringen und in Bezug auf ihr jeweiliges Herkunftsland i.d.R. über ein bereits entwickeltes individuelles Professionswissen verfügen; zudem wird die Anpassungsqualifizierung – z. B. im Rahmen der Teilanerkennung – von außen auferlegt. Damit erfährt das individuelle professionelle Wissen und Können von Fachkräften eine Infragestellung bzw. Verunsicherung; möglicherweise auch durch etwaige Praxiserfahrungen, die sich nicht in die bisher etablierten Deutungsmuster und Selbstwahrnehmungen (z. B. hinsichtlich eigener Kompetenzen und Fähigkeiten) einordnen lassen. Auf Seiten des Subjekts dürfte dies nicht selten mit Irritationen und Unbehagen einhergehen und verweist allgemein auf die Herausforderung, die bisherige berufliche Wissensbasis zur Disposition zu stellen und neu zu organisieren. Bezugspunkte hierfür sind insbesondere das allgemeine Professionswissen des Herkunftslandes sowie jenes des Einwanderungslandes – d. h. das jeweils dort in der Ausbildung vermittelte *Bereichs- und themenbezogene Fachwissen*, das *Pädagogische Grundlagenwissen* und *Didakti-*

sche Planungs- und Handlungswissen sowie die in der frühpädagogischen Praxis gängigen Handlungsweisen hinsichtlich der Interaktion mit den Kindern und Familien, der Organisation arbeitsbezogener Abläufe etc. sowie das in diesem Kontext angeeignete Wissen. Des Weiteren fließen bewusst oder auch beiläufig soziale Regeln, Konventionen, soziale Situationen und deren Bewertung wie darüber hinausgehende biografische Erfahrungen in die Herstellung von Bedeutungen und die ggf. damit einhergehende Revision von Deutungsmustern ein, d. h., sie werden zu Bezugspunkten des Nachdenkens und Handelns.

Vor diesem Hintergrund lassen sich mindestens zwei Dimensionen der (Neu-)Organisation professionellen Wissens identifizieren. Zum einen die Ebene der Sozialität, die – neben den zuweilen unterschiedlichen systembezogenen Zuordnungen von Kindertageseinrichtungen, differenten Ausbildungsinhalten etc. – auf sozial-kulturell unterschiedlich überformte Praxen von Erziehung und Bildung sowie der Begleitung kindlichen Aufwachsens verweist. Die beruflichen Erfahrungen im Herkunftsland, die ihnen zugrundeliegenden fachlichen Begründungskontexte, aber auch die gesellschaftlichen und politischen Kontextualisierungen sowie die erlebte bzw. erinnerte soziale Wirklichkeit müssen im Kontrast zu den neuen Erfahrungen eingeordnet, d. h. in das individuelle Wissen und die individuellen Deutungsmuster integriert werden. Dies erfolgt in den biografischen und berufsfeldbezogenen Zuwendungen der befragten Fachkräfte im Anerkennungsprozess in unterschiedlicher Art und Weise – je nach persönlichem Kontext in einer stärkeren oder einer weniger starken Abgrenzung zum Herkunftsland, im Betonen der Chancen des Neuanfangs oder der damit einhergehenden Probleme, im Austarieren zwischen Differenz und Ähnlichkeit, im Herausarbeiten von Unterschieden etc. Zum anderen spielt bei der Frage der Neuausrichtung der professionellen Wissensbasis und der individuellen Sichtweisen auf Erziehung und Bildung der Sachverhalt eine Rolle, dass im Medium Wissen Konzepte, Erfahrungen, Handeln etc. – im Spannungsfeld von Theorie und Praxis – unterschiedlich kognitiv repräsentiert sind. Verschiedene Wissensinhalte sind in differenter Abstufung explizit verfügbar, d. h., sie sind in unterschiedlicher Art und Weise erfahrungs- bzw. handlungsgebunden, intuitiv, formalisiert und verbalisierbar. Daraus folgt, dass in der Reflexion die verschiedenen Elemente professionellen Wissens und Könnens nicht gleich zugänglich sind. Der Relationierung und Neuordnung von Wissen sind damit Grenzen gesetzt. Dies wird in besonderer Weise im Zusammenhang mit den sprachlichen Fähigkeiten von Fachkräften im beruflichen Anerkennungsprozess evident. Denn explizites Wissen – d. h. vor allem Theoriewissen und faktenbasiertes Praxiswissen wie z. B. über Einrichtungskonzeptionen, Leitlinien, Arbeitsabläufe etc. – scheint allgemein leichter sprachlich vermittelbar und entsprechend leichter der reflexiven Zuwendung zugänglich als stärker mit Handlungen verbundenes, implizites Wissen. Sind die sprachlichen Fähigkeiten allerdings eingeschränkt, dann ist oftmals auch der Zugriff auf das vermeintlich leichter zugängliche explizite Wissen versperrt oder eingeschränkt. Dies kann wissens- und handlungsbezogene Integrationsprozesse beeinträchtigen und auch affektiv als belastend erlebt werden. Dabei spielt auch eine Rolle, dass eingeschränkte sprachliche Fähigkeiten allgemein der gleichwertigen Mitarbeit in Kindertageseinrichtungen entgegenstehen – im Sinne der Übernahme möglichst aller mit der beruflichen Rolle verbundenen Aufgaben – , wodurch auch das eigene Kompetenzerleben und die emotionale Befindlichkeiten getrübt werden können; letzteres dürfte allgemein mit Einschränkungen der eigenen Kommunikationsmöglichkeiten in sozialen Situationen einhergehen.

Betrachtet man die berufliche Anerkennung aus der hier dargelegten wissenstheoretischen Perspektive, dann wird deutlich, dass sie das Subjekt mit komplexen Anforderungen der biografischen und wissensbezogenen Neuorganisation konfrontiert, die auf verschiedenen Ebenen bearbeitet und bewältigt werden müssen. Von den Betroffenen können diese – in Bezugnahme auf die Ergebnisse der Evaluationsstudie – auch als affektiv belastend erlebt werden. In Anbetracht dieses Sachverhalts ist die aktuelle Organisation des Anerkennungsverfahrens bzw. der Anerkennungsqualifizierung kritisch zu hinterfragen, gerade dann, wenn sich letztere, wie z. B. in Baden-Württemberg, auf eine praktische Ausbildung, d. h. „eine praktische Tätigkeit in einer (sozial-)pädagogischen Einrichtung im Berufsfeld einer Erzieherin, vergleichbar mit dem Berufspraktikum zum Abschluss der Ausbildung von Erzieherinnen und Erziehern" (Faas/Geiger 2017, S. 32 f.) beschränkt. Vor dem Hintergrund der vorangegangenen Erörterungen erscheint dies als nicht ausreichend. Vielmehr ist davon auszugehen, dass in diesem Zusammenhang der Prozess der Wissensorganisation einer systematischen und professionellen Begleitung bedarf. Dies erfordert neben eines umfassenden sprachlichen Qualifizierungsangebots und der gezielten Vermittlung notwendiger fachlicher und rechtlicher Inhalte für die pädagogische Arbeit in Kindertageseinrichtungen, auch die Eröffnung von Räumen zur Reflexion pädagogischer Situationen, des eigenen Handelns, der Erfahrungen mit Kindern, Eltern und im Team, von biografischen Erfahrungen, wahrgenommenen Systemunterschieden etc. Angesprochen ist damit sowohl der Austausch in einer Gruppe mit anderen Fachkräften mit ähnlichen Erfahrungen als auch eine enge individuelle Begleitung des Anerkennungsverfahrens, im Sinne von Supervision und Coaching. Darüber hinaus erscheint es sinnvoll, nicht nur die Fachkräfte im Anerkennungsverfahren zu unterstützen, sondern auch die aufnehmenden Teams. Je nachdem, wie sie den Integrationsprozess in den Einrichtungen rahmen, dürften die Chancen eines gelingenden Ankommens im neuen Arbeitskontext unterschiedlich sein.

Literatur

Alisch, Lutz-Michael (1990): Einleitung: Professionalisierung und Professionswissen. In: Alisch, Lutz-Michael/Baumert, Jürgen/Beck, Klaus (Hrsg.): Professionswissen und Professionalisierung. Braunschweig: Technische Universität, S. 9–76.

Anders, Yvonne (2018): Professionalität und Professionalisierung in der frühkindlichen Bildung. In: Zeitschrift für Grundschulforschung 11, H. 2, S. 183–197.

Anderson, John R. (1982): Acquisition of cognitive skill. In: Psychological Review 89, H. 4, S. 369–406.

Anderson, John R. (1987): Skill acquisition. Compilation of weak method problem solutions. In: Psychological Review 94, H. 2, S. 192–210.

Bromme, Rainer (2014): Der Lehrer als Experte. Zur Psychologie des professionellen Wissens. In: Rost, Detlef H. (Hrsg.): Standardwerke aus Psychologie und Pädagogik. Münster/New York: Waxmann, S. 121–138.

Bromme, Rainer/Sträßer, Rudolf (1990): Mathematik im Beruf: Die Beziehung verschiedener Typen des Wissens im Denken von Berufsschullehrern. In: Alisch, Lutz-Michael/Baumert, Jürgen/Beck, Klaus (Hrsg.): Professionswissen und Professionalisierung. Braunschweig: Technische Universität, S. 207–226.

Dewe, Bernd (1998): Zur Relevanz der Professionstheorie für pädagogisches Handeln. In: Schulz, Wolfgang K. (Hrsg.): Expertenwissen. Soziologische, psychologische und pädagogische Perspektiven. Opladen: Leske + Budrich, S. 67–86.

Dewe, Bernd/Ferchhoff, Wilfried/Radtke, Frank-Olaf (1992): Das „Professionswissen" von Pädagogen. Ein wissenstheoretischer Rekonstruktionsversuch. In: Dewe, Bernd/Ferchhoff, Wilfried/Radtke, Frank-Olaf (Hrsg.): Erziehen als Profession: Zur Logik professionellen Handelns in pädagogischen Feldern. Opladen: Leske + Budrich, S. 70–91.

Dörner, Dietrich (2000): Die Logik des Mißlingens. Strategisches Denken in komplexen Situationen. 13. Auflage. Reinbek: Rowohlt.

Dreyfus, Hubert L./Dreyfus, Stuart E. (1987): Künstliche Intelligenz. Von den Grenzen der Denkmaschine und dem Wert der Intuition. Reinbek: Rowohlt.

Ekert, Stefan/Larsen, Christa/Otto, Christin/Poel, Lisa/Schäfer, Lisa (2019): Gemeinsame Evaluierung der Anerkennungsgesetze der Länder. Abschlussbericht. Berlin/Frankfurt.

Faas, Stefan (2013): Berufliche Anforderungen und berufsbezogenes Wissen von Erzieherinnen. Theoretische und empirische Rekonstruktionen. Wiesbaden: Springer VS.

Faas, Stefan/Geiger, Steffen (2017): Anerkennung im Ausland erworbener beruflicher Abschlüsse in der Frühpädagogik. Potential- und Bedarfsanalyse. Schwäbisch Gmünd. www.bosch-stiftung.de/sites/default/files/publications/pdf/2018-02/Anerkennung_berufliche_Abschluesse_in_der_ Fruehpaedagogik_Ausland.pdf (Abfrage: 09.10.2022).

Faas, Stefan/Treptow, Rainer/Dahlheimer, Sabrina/von Guilleaume, Christine/Geiger, Steffen (2021): Evaluation des Programms „Vielfalt willkommen – Internationales Fachpersonal für Kindertageseinrichtungen". Abschlussbericht. Schwäbisch Gmünd und Tübingen.

Fried, Lilian (2003): Dimensionen pädagogischer Professionalität. Lehrerausbildungsforschung in internationaler Sicht. In: Die Deutsche Schule. Zeitschrift für Erziehungswissenschaft, Bildungspolitik und pädagogische Praxis, 7. Beiheft, S. 7–31.

Friederich, Tina/Schneider, Helga (Hrsg.) (2020): Fachkräfte mit ausländischen Studienabschlüssen für Kindertageseinrichtungen: Wie Professionalisierung gelingen kann. Weinheim und Basel: Beltz Juventa.

Hanses, Andreas (2010): Biographisches Wissen: heuristische Optionen im Spannungsfeld diskursiver und lokaler Wissensarten. In: Griese, Birgit (Hrsg.): Subjekt – Identität – Person? Reflexionen zur Biographieforschung

Kauschke, Christina (2019): Linguistische Perspektiven auf Emotion und Sprache. In: Kappelhoff, Herrmann/Bakels, Jan-Hendrik/Lehmann, Hauke/Schmitt, Christina (Hrsg.): Emotionen. Ein interdisziplinäres Handbuch. Berlin: Springer, S. 262–271.

Knoblauch, Hubert (2014): Wissenssoziologie. Konstanz: UVK.

Mead, George Herbert (1973): Geist, Identität und Gesellschaft. Frankfurt am Main: Suhrkamp.

Netzwerk Integration durch Qualifizierung (2014): Arbeiten als Erzieher/-in in Deutschland – Anerkennung ausländischer Qualifikationen als Antwort auf den Fachkräftemangel. Situationsanalyse und Handlungsoptionen. Köln.

Neuser, Wolfgang (2013): Wissen begreifen. Zur Selbstorganisation von Erfahrung, Handlung und Begriff. Wiesbaden: Springer VS.

Neuweg, Georg Hans (2020): Könnerschaft und implizites Wissen: Zur lehr-lerntheoretischen Bedeutung der Erkenntnis- und Wissenstheorie Michael Polanyis. 4. Auflage. Münster u. a.: Waxmann.

Peters, Svenja/Wolstein, Katrin/Mischo, Christoph/Ehm, Jan-Henning (2020): Wissen, Wissensorientierung und die Qualität von Fachkraft-Kind-Interaktionen: Eine Analyse ihrer Zusammenhänge. In: Zeitschrift für Erziehungswissenschaft 23, H. 6, S. 1227–1250.

Polanyi, Michael (2016): Implizites Wissen. 2. Auflage. Frankfurt a. M.: Suhrkamp.

Pfadenhauer, Michaela (2014): Der Kompetenzstreit um ‚Kompetenz' – Ein umkämpftes Konstrukt in wissens- und professionssoziologischer Perspektive. In: Faas, Stefan/Bauer, Petra/Treptow, Rainer (Hrsg.): Kompetenz, Performanz, soziale Teilhabe. Sozialpädagogische Perspektiven auf ein bildungstheoretisches Konstrukt. Wiesbaden: Springer VS, S. 41–50.

Rosenthal, Gabriele (2005). Die Biographie im Kontext der Familien- und Gesellschaftsgeschichte. In: Völter, Bettina/Dausien, Bettina/ Lutz, Helma/Rosenthal, Gabriele (Hrsg.): Biographieforschung im Diskurs. Wiesbaden: VS Verlag für Sozialwissenschaft, S. 46–64.

Rosken, Anne (2009): Diversity und Profession. Eine biografisch narrative Untersuchung im Kontext der Bildungssoziologie. Wiesbaden: VS.

Ryle, Gilbert (2015): Der Begriff des Geistes. 2. Auflage. Stuttgart: Reclam.

Sauerborn, Elgen/von Scheve, Christian (2016): Emotionen, Affekte und implizites Wissen. In: Kraus, Anja/Budde, Jürgen/Hietzge, Maud/Wulf, Christoph (Hrsg.): Handbuch Schweigendes Wissen. Erziehung, Bildung, Sozialisation und Lernen. Weinheim und Basel: Beltz Juventa, S. 155–166.

Shulman, Lee S. (1986/2006): Those Who Understand: Knowledge Growth in Teaching. In: Wilson, Suzzane M. (Hrsg.): The Wisdom of Practice. Essays on Teaching, Learning and Learning to Teach, Vol. I. San Francisco: Jossey-Bass, S. 189–215.

Shulman, Lee S. (1987/2006): Knowledge and Teaching: Foundations of the New Reform. In: Wilson, Suzzane M. (Hrsg.): The Wisdom of Practice. Essays on Teaching, Learning and Learning to Teach, Vol. II. San Francisco: Jossey-Bass, S. 219–248.

Treptow, Rainer (2016): Zur Vermittlung von Theorie und Praxis. Notizen über das Schwierige daran. In: Zipperle, Mirjana/Bauer, Petra/Stauber, Barbara/Treptow, Rainer (Hrsg.): Vermitteln. Eine Aufgabe von Theorie und Praxis Sozialer Arbeit. Wiesbaden: Springer VS, S. 15–25.

International vergleichende Forschung zur beruflichen Anerkennung

Befunde und Potenziale

Steffen Geiger und Rainer Treptow

Die Anerkennung von im Ausland erworbenen beruflichen Abschlüssen scheint auf den ersten Blick ein spezifisch nationalstaatliches Phänomen zu sein. Sie kann als Ergebnis eines institutionellen und durch nationale Gesetze geregelten Prüfungsverfahrens verstanden werden: Auf Antrag werden außerhalb des inländischen Bildungssystems erworbene Abschlussdokumente mit inländisch geltenden Kriterien verglichen und ihre Gleichwertigkeit eingeschätzt bzw. geprüft. Eine erfolgreiche Prüfung führt zur Ausstellung eines schriftlichen Zertifikats, das die Aufnahme einer Tätigkeit im Rahmen eines zugelassenen Berufsfeldes ermöglicht. Die ausländische Qualifikation wird somit in den nationalen Rechtsrahmen aufgenommen und kann auf dem Arbeitsmarkt verwertet werden. Zugleich bleibt der Zugang einstweilen für jene versperrt, denen keine zertifizierte Anerkennung erteilt wird (vgl. Geiger/Faas in diesem Band).

Dieses Verfahren ist Bestandteil weitgreifender nationaler Selbstverpflichtung zur Evaluation, die mit Globalisierungsprozessen und internationalen Steuerungen von Entwicklungen und Reformen verknüpft ist. Einerseits ist es eng verbunden mit grenzüberschreitender Mobilität und Migration. Andererseits existieren internationale und durch die Europäische Union (EU) formulierte Regelungen im Kontext der EU-Binnenarbeitsmarktes.

Die darin liegenden Kon- bzw. Divergenzen nationaler Anerkennungspraktiken sind auch für die international vergleichende Forschung von Interesse. Sie stellt Daten zum Vergleich von Anerkennungssystemen in nationalen, internationalen und transnationalen Rahmen bereit. Ein Teil dieses Forschungsbestands bildet den Gegenstand des vorliegenden Beitrags. Aus einer erziehungswissenschaftlichen, genauer sozialpädagogischen Perspektive werden einige Befunde und Potenziale beschrieben und kritisch diskutiert.

Dazu wird zunächst die berufliche Anerkennung als ein Phänomen begriffen, das sowohl Internationalität als auch Nationalstaatlichkeit umfasst (Kap. 1). Anschließend werden Befunde zur beruflichen Anerkennung aus international vergleichender Perspektive gesichtet und eruiert, welche Vorgehensweisen und Zielsetzungen ihnen zugrunde liegen (Kap. 2). Darauf aufbauend wird die vergleichende Forschung zur beruflichen Anerkennung eingeordnet (Kap. 3) und daraus hervorgehende Kritikpunkte herausgearbeitet (Kap. 4). Schließlich werden Anforderungen an eine systematische Vergleichsforschung diskutiert und ein Vergleichsrahmen („Cube") zur Untersuchung der beruflichen Anerkennung vorgeschlagen (Kap. 5).

1 Berufliche Anerkennung, Internationalität und Nationalstaatlichkeit

Steuerung von Migration und Integration

Berufliche Anerkennung ist eingeordnet in internationale und nationale Kontexte. Zunächst sind transnationale Akteur:innen zu nennen. Dazu zählen sowohl zwischenstaatliche Organisationen wie etwa die United Nations (UN) und deren unterschiedlichen Organe und Sonderorganisationen (z. B. UNESCO) sowie international operierende Nicht-Regierungsorganisationen (vgl. Rittberger/Zangl/Kruck 2013; Parreira do Amaral 2019). Die berufliche Anerkennung wird überwiegend im Kontext von Migration und Integration sowie arbeitsmarktbezogenen Themen aufgerufen. Eine *„successful economic integration"* (Sumption 2013, S. 2) wird etwa mit der Verwertung von beruflichen Fähigkeiten und berufsbezogenem Wissen von Migrant:innen auf nationalen Arbeitsmärkten verknüpft. Die Anerkennung von im Ausland erworbenen Qualifikationen wird als ein Instrument betrachtet, um individuelle Integration in Teilsysteme der Gesellschaft und den Zugang zum Arbeitsmarkt zu fördern (vgl. z. B. OECD 2014; Platonova et al. 2013). Die so ermöglichte Systemintegration kann erheblich zur Sozialintegration beitragen, ist aber auf soziokulturell flankierende Begleitung angewiesen (z. B. Sprachkurse, Mitgliedschaft in Vereinen, Teilhabe am sozialen und kulturellen Leben).

Fachkräftebedarf und Passung

Neben dieser gesellschaftlichen und wirtschaftlichen Einordnung wird die Anerkennung in den konjunkturell wechselnden Kontext von Fachkräftebedarf und Fachkräftemangel gestellt (vgl. z. B. Schuster/Desiderio/Urso 2013; IOM 2013; Kis/Windisch 2018). Der UNESCO-Weltbildungsbericht 2019 mit dem Schwerpunkt *Migration, Flucht und Bildung* bezieht dies explizit auch auf den pädagogischen Bereich: „Yet recognition is in the public interest, allowing immigrants to fill vacancies in the health and education sectors instead of working outside their fields" (UNESCO 2018, S. 104). Thematisiert werden mit einer Anerkennung zudem verbundene Vorteile für Zuwander:innen. Es wird darauf hingewiesen, dass Zuwander:innen sich aufgrund einer fehlenden Anerkennung oftmals in Arbeitsverhältnissen befinden, für die sie überqualifiziert sind (vgl. UNESCO 2018; Schuster/Desiderio/Urso 2013; OECD 2017; Kis/Windisch 2018). Die Anerkennung verbessere – so die Annahme und Argumentation – die Chancen für Zuwander:innen auf eine qualifikationsadäquate Tätigkeit (vgl. OECD 2017; Hawthorne 2013).

Unzureichende Anerkennungssysteme: Fokussierung auf Fehlendes

Neben dieser Einordnung zeigt sich in den Publikationen transnationaler Akteur:innen ein spezifisches Muster von Deutungen und Argumentationen. Dabei werden mit der beruflichen Anerkennung verbundene Problematiken beschrieben, um darauf aufbauend Vereinfachungen und Verbesserungen zu empfehlen. Als Probleme im Kontext der Anerkennung wird etwa thematisiert, dass nur wenige Zuwander:innen die Möglichkeit der Anerkennung ihres Abschlusses nutzen (vgl. OECD 2017) oder Anerkennungssysteme zu *unterentwickelt* sind, da die mit einem Anerkennungsverfahren verbundenen hohen Kosten und zeitlichen Ressourcen nicht den Bedürfnissen der Anerkennungssuchenden entspricht (vgl. OECD 2017; auch Platonova et al. 2013). Hervorgehoben werden weniger ihre mitgebrachten Kompetenzen, sondern ihre fehlende Passung bzw. das Fehlen von zwingend notwendig erachteten Qualifikationen. Mangelnde sprachliche Fähigkeiten oder fehlende fachliche Kenntnisse aufgrund unterschiedlicher Berufsbilder von Zuwander:innen oder zu unspezifische und nicht auf die benötigten Kenntnisse und Fähigkeiten zugeschnittene Weiterbildungsmöglichkeiten werden als Barrieren im Prozess der Anerkennung gesehen (vgl. Sumption 2013; OECD 2017). Vereinfachungen der beruflichen Anerkennung werden auf unterschiedlichen Ebenen empfohlen. Bezogen wird dies auf die Ermöglichung der Bewertung von Anträgen auf Anerkennung aus dem Ausland (vgl. Platonova et al. 2013; OECD 2017), auf eine stärkere Zusammenarbeit von die in Anerkennungsverfahren involvierten lokalen Behörden (vgl. UNESCO 2018), auf möglichst geringe Kosten der Verfahren und schnelle Bearbeitung eingereichter Anträge (vgl. OECD 2017) sowie auf die Schließung neuer internationaler Abkommen (vgl. OECD 2017; OECD 2007; UNESCO 2018; Sumption 2013). Letztere werden als vorteilhaft erachtet, da die unter die Abkommen fallenden Qualifikationen nicht länger durch individuelle Überprüfungen bewertet werden müssen: „The agreements are based on the idea that once participating countries have established trust in one another's standards, there is no need to assess individual qualifications case by case" (Sumption 2013, S. 10).

Besonderheiten in der Europäischen Union – Harmonisierung und Exklusion

Während es sich bei den bisherigen Aspekten um Empfehlungen handelt, ist die Regelung der beruflichen Anerkennung auf europäischer Ebene wesentlich restriktiver. Hier wurde im Jahr 2005 die EU-Berufsanerkennungsrichtlinie („Richtlinie 2005/36/EG") eingeführt. Dadurch sind die EU-Mitgliedstaaten verpflichtet die nationalen Gesetze zur Anerkennung an die Regelungen dieser Richtlinie anzupassen. Denn die Richtlinie kann zu den regulativen Standards der EU mit einer hierarchischen Steuerungslogik gezählt werden (vgl. Eising/Lenschow 2007). D.h. es handelt sich hierbei um einen intentionalen Top-Down Steuerungsprozess und um eine politisch gestaltete Herbeiführung von Harmonisierungsprozessen zwischen den EU-Mitgliedsstaaten. Geregelt wird in der Richtlinie die Anerkennung im Bereich reglementierter Berufe, worunter solche Berufe fallen, bei denen die Ausübung der Tätigkeit an bestimmte durch nationale Vorschriften definierte Berufsqualifikationen und/oder an die Führung einer Berufsbezeichnung geknüpft sind (Art. 3, Abs. 1a, RL 2005/36/EG). Die Richtlinie bezieht sich jedoch lediglich auf EU-Staatsangehörige, die ihre Qualifikation in einem Mitgliedsstaat der EU, des europäischen Wirtschaftsraums (EWR) oder der Schweiz, erworben haben. Personen außerhalb des geopolitischen Raums der EU werden mit der Richtlinie nicht adressiert und somit bereits formal von den Regelungen ausgeschlossen (vgl. Sachverständigenrat deutscher Stiftungen für Integration und Migration 2013; Becker-Dittrich 2009). Für reglementierte Berufe sieht die EU-Berufsanerkennungsrichtlinie vor, dass eine sogenannte Prüfung auf Gleichwertigkeit zur Aufnahme einer Tätigkeit erforderlich ist. Während für bestimmte sektorale Berufe eine automatische Anerkennung erfolgt, da hier innerhalb der EU für deren Ausbildung einheitliche Standards gelten (z. B. Ärzt:innen oder Krankenpfleger:innen), wird in anderen Berufen einschließlich des Erzieher:innenberufs eine Einzelfallprüfung vorgenommen (vgl. Sommer 2015). D.h. die im Ausland erworbenen Qualifikationen werden individuell auf Basis von eingereichten Zertifikaten zur Berufsausbildung geprüft (vgl. Geiger et al. 2019). Im Fokus steht hierbei, ob *wesentliche Unterschiede* zwischen der im Ausland erworbenen Ausbildung und dem nationalen Referenzberuf hinsichtlich Dauer und Inhalt der Ausbildung vorliegen (vgl. Sommer 2015). Es erfolgt damit ein Vergleich, bei der die jeweiligen nationalen Ausbildungen zu den im Ausland erworbenen Ausbildungen ins Verhältnis gesetzt werden.

Allerdings deutet das Konzept der *wesentlichen Unterschiede* daraufhin, dass es sich weniger um einen egalitären Vergleich zur Herausarbeitung von Ähnlichkeiten und Unterschieden zwischen den Ausbildungen handelt, sondern eher um einen hierarchischen Vergleich, bei dem die Suche nach Unterschieden zwischen der inländischen und der im Ausland erworbenen Qualifikation im Vordergrund steht (vgl. dazu auch Geiger/Faas in diesem Band). Werden keine wesentlichen Unterschiede festgestellt, so wird der Abschluss als gleichwertig mit dem inländischen Abschluss eingestuft und die Ausübung der Tätigkeit unmittelbar ermöglicht. Werden wesentliche Unterschiede festgestellt, so kann der Antrag entweder abgelehnt oder mit Auflagen zum Ausgleich der Unterschiede versehen werden. Dieser Ausgleich kann über sogenannte „Anpassungslehrgänge" oder dem Absolvieren einer Eignungsprüfung erfolgen (vgl. Sommer 2015; Becker-Dittrich 2009).

Ein weiteres in der EU auf den Vergleich von Qualifikationen gerichtetes Instrument bezieht sich auf den im Jahr 2008 eingeführten Europäischen Qualifikationsrahmen (EQR), der allgemeine, berufliche und akademische Abschlüsse der Aus- und Weiterbildung in der gesamten EU vergleichbar machen soll (vgl. Leu 2014). Die EU-Mitgliedsstaaten haben sich auch hier verpflichtet, den EQR in Nationale Qualifikationsrahmen (NQR) zu übersetzen. Dabei bestand ein großer Spielraum, was – neben nationalspezifischen Diskursen und Interessen, unterschiedlicher Gestaltungen der Bildungssysteme sowie der Spezifik der Qualifikationen – dazu führte, dass die Nationalen Qualifikationsrahmen unterschiedlich ausformuliert wurden und sich teilweise stark unterscheiden (vgl. Friederich 2013; 2020; Moch 2021). Nicht zuletzt daher, sondern auch aufgrund der im Anerkennungsverfahren in Deutschland starken Fokussierung auf formale Kompetenzen und der Ausklammerung non-formaler und informeller Kompetenzen – was der der EQR jedoch ebenso vorsieht (vgl. Leu 2014) – hat der NQR zumindest in Deutschland für die Anerkennung ausländischer Abschlüsse bislang kaum Relevanz (vgl. Friederich 2020; Faas et al. 2021).

Wenngleich internationale Empfehlungen und Vorgaben zur beruflichen Anerkennung vorliegen, bleibt der Nationalstaat als historisch und kulturell gewachsenes Konstrukt und als auf geografische Räume begrenzte „institutionalisierte Herrschaftsordnung" (Benz 2007, S. 340) die maßgebliche Einheit bei der praktischen sowie gesetzlichen Umsetzung der Anerkennung von im Ausland erworbenen Abschlüsse. Denn nur der Nationalstaat ist für die Erlassung und Durchsetzung von Gesetzen innerhalb gezogener Grenzen zuständig und für die Aussprache von Anerkennungen von außerhalb dieser Grenzen erworbenen Abschlüssen verantwortlich. Dadurch kann die berufliche Anerkennung als nationalstaatliche Konstruktion verstanden werden. Durch Globalisierungs- und Transnationalisierungsprozesse ist diese jedoch zugleich durch internationale Regelungen und Diskurse beeinflusst (vgl. Geiger et al. 2019). Dies spiegelt sich dabei im Besonderen in Deutschland wider, wo die Anerkennung im Ausland erworbener Abschlüsse durch das 2012 eingeführte sogenannte „Anerkennungsgesetz" geregelt wird.

Dieser nationale Gesetzesrahmen baut maßgeblich auf den Regelungen der EU auf (vgl. Sachverständigenrat deutscher Stiftungen für Integration und Migration 2013), erweitert diese jedoch auch; ein Rechtsanspruch auf die Prüfung eines im Ausland erworbenen Abschlusses besteht in Deutschland auch für Abschlüsse aus Staaten, die nicht zur EU, des EWR oder der Schweiz zugezählt werden (vgl. BMBF 2017). Auch derzeitige Entwicklungen in Deutschland beziehen sich vor allem darauf, Anerkennungsprozesse zu verbessern, was bereits als zentrales Motiv transnationaler Organisationen herausgearbeitet wurde. Ein Ende 2022 von der Bundesregierung veröffentlichtes Eckpunktepapier zur „Fachkräfteeinwanderung aus Drittstaaten" fokussiert unter anderem auf die Vereinfachung und Beschleunigung von Verfahren (vgl. BMBF o. J.) und auch nationale Studien untersuchen diesen Aspekt (vgl. Böse/Schmitz 2022). Zugleich entsprechen Vereinfachungsprozesse einer OECD-Studie zufolge auch den Perspektiven und Verbesserungsvorschlägen von Fachkräften, die Interesse an einer Tätigkeit in Deutschland haben, aber noch in anderen Ländern leben (vgl. Liebig/Senner 2022). Somit verweist dies erneut darauf, dass die Gestaltung der beruflichen Anerkennung nicht ausschließlich eine nationale Angelegenheit, sondern als ein komplexer Prozess zu betrachten ist, der sich sowohl innerhalb als auch über nationale Grenzen hinweg vollzieht (vgl. Dale 1999). Internationale Entwicklungen und nationalstaatliche Strukturbildung stehen damit nicht unverbunden nebeneinander, sondern sind aufeinander bezogen (vgl. Schriewer 2000).

2 Berufliche Anerkennung im Ländervergleich

Die berufliche Anerkennung wird sowohl bei Vergleichen von Migrations- und Einwanderungspolitiken berücksichtigt (vgl. z. B. Richardson/Lester 2004) als auch zum Teil insgesamt im Kontext der Anerkennung von Kompetenzen aufgegriffen. Neben der formalen Anerkennung von Abschlüssen wird in diesem Zusammenhang auch die Anerkennung von non-formalen und informellen Kompetenzen thematisiert (vgl. z. B. Petanovitsch/Schmid 2019; Schuster/Desiderio/Urso 2013; Pfeffer/Skrivanek 2013).

Arbeits- und Migrationspolitik im Fokus

Ein genereller Fokus vergleichender Studien liegt auf den Anerkennungsverfahren sowie auf der mit der Anerkennung verbundenen Arbeits- und Migrationspolitik. Hier unterscheiden sich die Zugänge zum Vergleich der Vergleichspraktiken. Einerseits liegen Einzelfallstudien vor, die auf die Analyse von Besonderheiten der beruflichen Anerkennung in dem untersuchten Land fokussieren und dabei spezifische Aspekte vertiefend in den Blick nehmen (vgl. Hörner 1993; Steiner-Khamsi 2015). Daneben lassen sich Studien identifizieren, die unterschiedliche Länder und deren spezifische Gestaltung und Organisation der Anerkennungsverfahren miteinander in Beziehung setzen. Hierbei wird insbesondere nach Entwicklungsanstößen, Argumenten oder Barrieren zur Weiterentwicklung von Anerkennungssystemen gesucht (vgl. dazu Hörner 1993; Treptow/Walther 2010). Wenngleich unterschiedliche Länder in den Blick genommen werden, scheint ein besonderes Interesse an den Systemen und Verfahren in Kanada und Australien vorzuliegen (vgl. z. B. Eberhardt/Annen 2019; Schuster/Desiderio/Urso 2013). Beide Länder werden als Beispiele einer *good practice* betrachtet. Australien wird etwa als „world leader" (Schuster/Desiderio/Urso

2013, S. 23) bei der Entwicklung von Weiterbildungsmaßnahmen im Kontext der beruflichen Anerkennung angesehen und ein Abkommen zur gemeinsamen Anerkennung zwischen Australien und Kanada wird als wertvoll zur Förderung der Mobilität von Fachkräften beschrieben, das als Vorbild für den europäischen Kontext dienen kann (vgl. ebd.).

Länderprofile

In Einzelfallstudien zur beruflichen Anerkennung werden neben spezifischen Aspekten des Anerkennungsprozesses, wie etwa der Unterstützung von Zuwander:innen durch *Migration Agents* in Australien (vgl. Eberhardt/Annen 2016), auch einzelne Verfahren in unterschiedlichen Ländern vertiefend beschrieben. In einer Publikation der *International Organisation for Migration (IOM)* werden dabei verschiedene Länder im Hinblick auf gemeinsame Fragestellungen porträtiert (vgl. Schuster/Desiderio/Urso 2013). Dabei wird die Frage gestellt, wie Qualifikationen von Migrant:innen in den ausgewählten Ländern anerkannt werden. Die in den Bericht enthaltenen Länderprofile fokussieren dabei auf die Beschreibung von Anerkennungsverfahren, die durch eine Kontextualisierung des Arbeitsmarktsystems ergänzt werden. Auf Basis dieser Länderprofile – und dies schließt insgesamt an die Thematisierungsweise der beruflichen Anerkennung von internationalen Organisationen an (vgl. Kap. 1) – werden Herausforderungen und *good practices* (ebd., S. 26) identifiziert und Politikempfehlungen formuliert. Vertiefende Einzelfallstudien und Länderprofile werden hier somit als Ausgangspunkt für den Vergleich herangezogen. Ein solches Vorgehen wird auch im Rahmen einer Publikation der *International Labour Organization* (ILO) zugrunde gelegt (vgl. Braňka 2016). Auch hier geht es um das Aufzeigen von *best practice* Beispielen sowie darum, welchen Einfluss die Anerkennung auf den Arbeitsmarkt nimmt.

Ländervergleiche

Auch Studien mit einem ländervergleichenden Fokus nehmen Anerkennungsverfahren und die damit verbundenen Migrationspolitiken in den Blick. Ein am Bundesinstitut für Berufsbildung (BIBB) angesiedeltes Projekt mit dem Titel *Modelle und Verfahren zur Anerkennung im Ausland erworbener beruflicher Qualifikationen und Kompetenzen (MoVa)* fokussiert etwa auf die Herausarbeitung von Strategien und Konzepten zur beruflichen Anerkennung in anderen Ländern, die dabei „'als Modelle guter Praxis' bei entsprechender Voraussetzung auch in Deutschland zur Anwendung kommen könnten" (BIBB o. J.). Im Vordergrund steht die Umsetzungspraxis der Anerkennungsverfahren sowie die Steuerungslogiken in Bezug auf die „Triebkräfte" (Eberhardt/Annen 2019, S. 19) und Zielsetzungen, die mit den Anerkennungsverfahren verbunden sind. Hierbei werden auf Basis umfassender Literaturrecherchen und qualitativer Expert:inneninterviews mit Akteur:innen aus Politik, Praxis und Forschung die Länder Australien, Kanada und Großbritannien ausführlich betrachtet und zudem eine Systematisierung der Anerkennungsmodelle von Norwegen, Dänemark, Schweiz, Österreich, Großbritannien, Kanada, Australien, USA und Südafrika vorgenommen. Die Ergebnisse zeigen zunächst, dass in allen betrachteten Ländern Anerkennungsverfahren existieren und dabei ähnliche Grundannahmen vorliegen: in einem nationalstaatlichen Kontext erworbene Abschlüsse werden zur Aufnahme einer Tätigkeit in einem anderen Land geprüft. Allerdings sind diese Verfahren unterschiedlich ausgestaltet; etwa in Bezug auf reglementierte und nicht-reglementierte Berufe, die Art der Qualifikation oder das Herkunftsland der Antragstellenden. In Bezug auf die Zielsetzungen der Anerkennungsverfahren werden dabei insbesondere nationale Entwicklungen in den Blick genommen. Die Autor:innen kommen zum Schluss, dass – bezogen auf Australien, Kanada und Großbritannien – die berufliche Anerkennung sowohl eng verknüpft ist mit einem Fachkräftebedarf als auch mit den migrationspolitischen und arbeitsmarktbezogenen Zielsetzungen und Steuerungen des jeweiligen Landes (vgl. ebd.).

Darauf verweist auch eine hinsichtlich der Vergleichsländer breiter angelegte Studie der OECD (2017). Der Veröffentlichung geht es um die Identifizierung von Anerkennungshürden und Lösungsansätzen „that policy makers can use to raise the benefits of recognition for immigrants, employers and origin countries" (ebd., S. 11). Die Ergebnisse zeigen auf Basis einer Fragebogenerhebung, dass nahezu alle OECD-Staaten Anerkennungsverfahren von ausländischen Abschlüssen eingeführt haben und die überwiegende Mehrheit einen Rechtsanspruch auf eine Prüfung auf Gleichwertigkeit festgelegt hat. In neun OECD-Staaten ist dieser Rechtsanspruch unabhängig von der Qualifikationsart und der Personengruppe (z. B. Angehörige von EU-Staaten), während in anderen Staaten der Zugang zum Anerkennungsverfahren unter anderem an herkunftsbezogene Kriterien gebunden ist. Zudem existieren im Großteil der Staaten Bearbeitungsfristen zur Prüfung eingereichter Anträge, wenngleich hier auch Unterschiede bestehen. Während die EU-Mitgliedsstaaten dabei an die Vorgabe von drei bis vier Monaten der EU-Berufsanerkennungsrichtlinie gebunden sind, ergeben sich für außereuropäische Staaten andere Regelungen; in Japan, Estland oder Neuseeland existieren keine gesetzlichen Fristen, in Kanada oder Korea werden Fristen nur für bestimmte Berufe festgelegt und in Australien ist eine Zielvorgabe von 90 Tagen gesetzlich festgeschrieben. Stärkere Unterschiede ergeben sich zwischen den Staaten mit Blick auf sogenannte „Brückenkurse" bzw. Nachqualifizierungsmaßnahmen im Falle einer Identifizierung von Unterschieden zwischen den Ausbildungen. Dabei existieren in einigen Staaten keine Nachqualifizierungsmaßnahmen (z. B. Chile oder Frankreich) oder nur für bestimmte Berufsgruppen (z. B. Japan oder Schweden), während wiederum andere Staaten solche Kurse anbieten (z. B. Kanada oder Deutschland).

3 Strukturelle Aspekte des Vergleichs zur beruflichen Anerkennung

In der derzeitigen Vergleichslandschaft werden insbesondere die Anerkennungsverfahren und Ansätze zur Prüfung auf Gleichwertigkeit sowie die Migrations- und Arbeitsmarktpolitiken in den Blick genommen. Somit erhalten insbesondere Strukturen und Systeme durch die vergleichende Forschung eine besondere Berücksichtigung; sowohl im Kontext von Fallstudien als auch Länderstudien.

Die Vergleichsforschung kann daher insbesondere als Struktur- und Systemvergleich beschrieben werden, wodurch sich vor allem „Aussagen über funktionale Strukturzusammenhänge" (Walther 2011, S. 28) im Kontext der beruflichen Anerkennung treffen lassen. Die Auswahl der vergleichenden Einheiten bzw. Systeme erfolgt dabei entlang geografischer Grenzziehungen (vgl. Bray/Kai 2007) und damit verbundenen „nationalstaatliche[n] Abgrenzungen" (Treptow 2012, S. 1149). Dadurch lassen sich insgesamt Gemeinsamkeiten, Ähnlichkeiten und Unterschiede zwischen Ländern und deren Anerkennungssysteme und -verfahren herausarbeiten und der Vergleich trägt durch die „Produktivität der Differenz" (Parreira do Amaral 2015, S. 108) zu einem Reflexivitätsgewinn im Sinne einer Loslösung von nationalen Gegebenheiten und Normalitätsannahmen bei.

Dieser allgemeinen Bestimmung von Vergleichen insgesamt kommt der Vergleichsforschung im Bereich der beruflichen Anerkennung noch eine weitere Funktion hinzu. Durch die Herausarbeitung von systembezogenen *good practice* Beispielen sowie der Formulierung von Empfehlungen für die Strukturierung von Anerkennungssystemen und -verfahren geht es hierbei auch um das Lernen von Referenzsystemen und -ländern. Oder anders formuliert: es geht darum, „to identify best-performing educational systems from which lessons or "best practices" should be learned and transferred" (Steiner-Khamsi 2016, S. 382). In dieser Perspektive kann das *Ausland* im Falle positiv eingeschätzter Strukturen als Argument oder im Falle negativ bewerteter Referenzsysteme als Gegenargument für die Gestaltung und Weiterentwicklung nationaler Systeme und Politiken herangezogen werden (vgl. Treptow 1996; Amos 2005; Wladow 2016). Struktur- und Systemvergleiche stellen somit für die berufliche Anerkennung ein Wissen bereit, wodurch Systemtransformationen oder die Erhaltung vorliegender Strukturen auf Basis „andernorts gemachter Erfahrungen" (Schriewer 2000, S. 504) begründbar werden.

Zwischen Fachlichkeit und Politik: Vergleichen als Regierungshandeln

Vor diesem Hintergrund nimmt der Vergleich im Kontext der beruflichen Anerkennung auch eine Steuerungsfunktion ein, die sich dabei vor allem als „Governance by Comparison" (Martens/Niemann 2010, S. 6) beschreiben lässt. Der Governance-Begriff verweist insgesamt auf unterschiedliche Formen der

„absichtsvollen Regelung kollektiver Sachverhalte" (Mayntz 2009, S. 8) und lässt sich als die „Summe aller Prozesse, zielgerichteter Handlungen und institutioneller Arrangements beschreiben, welche den Akteuren als Orientierung dienen und in der Formulierung von Politik […] eine bedeutsame Rolle spielen" (Amos 2009, S. 86). Der Vergleich und damit verbunden die Benennung von ihrer Nachvollziehbarkeit und Transparenz her als *gut* und/oder *schlecht* zu bezeichnenden Anerkennungsstrukturen können in diesem Zusammenhang dann als eine Form der Gestaltung von nationalen Anerkennungssystemen und ein Ansatz zur politischen Entscheidungsfindung verstanden werden. Kerstin Martens und Dennis Niemann (2010) sprechen dabei auch von *soft governance*, womit keine direktiven Regelungen gemeint sind, sondern insbesondere von internationalen Organisationen vorgenommene vergleichende Rankings und Ratings, die indirekt bei der Gestaltung und Steuerung nationaler Systeme beteiligt sind (vgl. auch Wiseman/Baker 2005; Nitecki/Wasmuth 2019). „These soft forms of governance by comparison emerge in the transnational sphere and have the potential to influence established institutionalized practices at the national level by creating standards and establishing "best practices" which then produce pressure to improve" (Martens/Niemann 2010, S. 7).

4 Kritik

Nationale Pfadabhängigkeiten

Der von vergleichenden Studien zugrunde gelegte Fokus auf die Verbesserung von Systemen und Strukturen wirft die Frage auf, inwieweit ein Transfer von Modellen anderer Länder überhaupt möglich wird. Im Kontext der vergleichenden Wohlfahrtsforschung geht Josef Schmid (2010) davon aus, dass die Übertragung von politischen Lösungsansätzen wahrscheinlicher ist, (1) je ähnlicher sich Wohlfahrtsstaaten in ihrer grundlegenden Ausrichtung sind, (2) wenn es um die Übertragbarkeit von Lösungen von Detailproblemen geht und (3) wenn sich die Problemkontexte ähnlich sind (vgl. auch Walther 2011). Insbesondere der letztgenannte Aspekt erscheint im Kontext der beruflichen Anerkennung relevant, da diese in unterschiedlichen Ländern vor allem im Kontext eines Fachkräftemangels thematisiert wird und dadurch Nationalstaaten mit ähnlichen Herausforderungen konfrontiert zu sein scheinen. Auch transnationale Akteur:innen greifen diesen Aspekt auf (vgl. Kap. 1), sodass auch hier eine Passung zwischen deren Thematisierungsweisen und Empfehlungen und nationalstaatlichen Problemkontexten existiert und eine Anschlussfähigkeit nationaler Diskurse an internationale Entwicklungen eröffnet wird. Schließlich kommt es darauf an, ob eher weiche Governance-Formen (z. B. Ranking und Ratings nationaler Systeme) oder regulative Ansätze zur Steuerung vorliegen (z. B. die EU-Berufsanerkennungsrichtlinie). Dennoch ist anzumerken, dass – und dies verweist wiederum auf die begrenzte Möglichkeit von zwischenstaatlichen Lernprozessen – nationale Systeme und Diskurse historisch und kulturell gewachsene Konstrukte darstellen. Außerhalb dieses Horizonts entwickelte Ansätze sind dadurch immer in bestehende Deutungsmuster, Thematisierungen, Werte oder Diskurse einzuordnen (vgl. Treptow/Walther 2010). Diese Einordnung erfolgt somit auf Basis nationaler Pfadabhängigkeiten und ist auch nur vor deren Hintergrund zu verstehen, worauf etwa Douglass C. North (1990) verweist: „We cannot understand today's choices [...] without tracing the incremental evolution of institutions" (S. 100).

Methodologischer Nationalismus?

Darüber hinaus werden im Kontext von System- und Strukturvergleichen insbesondere verschiedene Länder miteinander in Beziehung gesetzt und damit Systeme mit Nationalstaaten gleichgesetzt (vgl. Bray/Kai 2007). Dabei haben die bisherigen Ausführungen gezeigt, dass die berufliche Anerkennung als ein komplexes Phänomen zu verstehen ist, bei dem das Nationale und Internationale eng miteinander verflochten sind. Durch diesen forschungsbezogenen Zuschnitt auf den Nationalstaat besteht die Gefahr eines *methodologischen Nationalismus* (vgl. Wimmer/Glick Schiller 2002) in zweifacher Hinsicht. Einerseits können durch die Verwendung vergleichender Studien als Werkzeug für politische und praktische Lernprozesse die Bedeutung des Nationalstaats bei der Konstruktion seiner Regelungen unterschätzt und damit historische Entwicklungsverläufe ausgeblendet werden. Andererseits besteht die Gefahr einer „naturalization of the nation-state" (ebd., S. 304), d. h. eines empirischen Zuschnitts auf nationalstaatliche Grenzen, wobei Prozesse außerhalb des Nationalstaats sowie deren Zusammenhang unberücksichtigt bleiben (vgl. Köngeter 2009; Wimmer/Glick Schiller 2002). Für eine international vergleichende Forschung zur beruflichen Anerkennung bedeutet dies sowohl nationale Konstruktionen von Anerkennungssystemen und -praktiken als auch deren Verwobenheit mit trans- und internationalen Entwicklungen in den Blick zu nehmen.

Geringe Mitsprache der Adressat:innen

Durch den Fokus auf die System- und Strukturebene der vergleichenden Anerkennungsforschung werden weitere gesellschaftliche Ebenen ausgeblendet. Wenngleich Studien vorliegen, die die Perspektive von Fachkräften mit einem im Ausland erworbenen Abschluss aus einer vergleichenden Perspektive in den Blick nehmen (vgl. z. B. Annen 2019), scheinen die Stimmen der Adressat:innen (vgl. Bitzan/Bolay 2017) von Anerkennungssystemen und -verfahren bislang in der Forschungslandschaft eher unterrepräsentiert zu sein. Wie aber lässt sich die

Partizipation im Anerkennungsprozess organisieren? Wie können die Perspektiven von Anerkennungssuchenden einbezogen werden, zumal Subjekte und damit deren Aufnahme einer beruflichen Tätigkeit durch die in gesetzlichen Regelungen festgelegten Kriterien abhängig sind? Einbezogen und untersucht werden können hierbei sowohl die Erfahrungen von Fachkräften mit Anerkennungsprozessen, die biografischen und professionellen Herausforderungen, die sich im Schnittfeld von beruflicher Anerkennung und Migration ergeben, als auch die Bedürfnisse von Fachkräften in den sogenannten „Anpassungsmaßnahmen" (vgl. z. B. Dahlheimer/von Guilleaume in diesem Band).

Disparitäten zwischen fachschulischen und akademischen Ausbildungen

Ein weiterer Aspekt bezieht sich schließlich auf die Herausforderungen und Besonderheiten, die sich im Zusammenhang mit unterschiedlichen Berufs- und Professionsprofilen im Anerkennungsprozess ergeben. Denn Ausbildungssysteme sowie in Ausbildungsgängen vermittelte Inhalte und Kompetenzen sind überwiegend auf den nationalen Arbeitsmarkt fokussiert (vgl. auch Eberhardt/Annen 2019). Dies wird insbesondere im Kontext des Erzieher:innenberufs in Deutschland deutlich. Werden frühpädagogische Berufe im internationalen bzw. europäischen Kontext überwiegend auf Hochschulniveau mit einem spezifischen Zuschnitt auf das Feld der Kindertagesbetreuung vermittelt, ist mit dem Erzieher:innenberuf in Deutschland eine fachschulische Ausbildung verbunden, die neben dem Arbeitsfeld der Kindertagesbetreuung für weitere Tätigkeiten in sozialpädagogischen Handlungsfeldern qualifiziert (vgl. Oberhuemer/Schreyer 2010; 2018). Vor diesem Hintergrund stellen einzelne Berufs- und Professionsprofile spezifische Herausforderungen im Kontext der Gleichwertigkeitsprüfungen dar, so dass sich auch in diesem Zusammenhang Anknüpfungspunkte für vergleichende Studien bieten.

5 Theoretisch-konzeptionelle Überlegungen zur systematischen Untersuchung der beruflichen Anerkennung im frühpädagogischen Bereich

Wie gezeigt, nimmt die international vergleichende Forschung auf Basis der hier genannten Studien eine eher eindimensionale Forschungsperspektive mit Blick auf die Verbesserung von Anerkennungssystemen und -verfahren ein. Dies hat zur Folge, dass weitere Perspektiven aus dem Blick geraten, wie etwa die Untersuchung von subjektiven Erfahrungen und Deutungen von Anerkennungssuchenden als auch auf die Identifizierung von Trends und Entwicklungen hinsichtlich der Konvergenz und Divergenz nationalstaatlicher Strukturen und Praktiken im Feld der beruflichen Anerkennung (vgl. Hörner 1993).

Einblendungen des Ausgeblendeten: Mehrebenenmodelle

In diesem Zusammenhang lässt sich auch ein zentraler Gegenstand der vergleichenden Forschung insbesondere im Kontext der Erziehungswissenschaft näher untersuchen, nämlich, die Untersuchung der wechselseitigen Beziehung zwischen dem Lokalen bzw. Nationalen und dem Internationalen sowie damit verbundene Fragen, wie internationale Trends und Reformen entstehen und in nationale Systeme und Diskurse integriert werden. Im Folgenden wird daher eine umfassende Perspektive und Rahmung zur vergleichenden Untersuchung der beruflichen Anerkennung skizziert, um so das Potenzial der vergleichenden Forschung in diesem Forschungsfeld auszuloten.

Im Kontext der Theorie zur vergleichenden Erziehungswissenschaft und Sozialpädagogik liegen dazu abstrahierende Vergleichsrahmen vor, die durch Mehrebenenmodelle bzw. *Cubes* visualisiert werden (vgl. z. B. Bray/Thomas 1995; Treptow 2019) und die für das genannte Anliegen herangezogen werden können. Der heuristische und analytische Mehrwert solcher Modelle ergibt sich insbesondere daraus, dass unterschiedliche Ebenen der Makro-, Meso- Mikro-, Subjektstruktur bei der Untersuchung gesellschaftlicher und pädagogischer Phänomene in den Blick gerückt werden (vgl. dazu: Treptow 2012; 2019). Sie unterscheiden gesellschaftliche Ebenen, die in einem reziproken und gegenseitig beeinflussenden Verhältnis stehen. D.h. pädagogische Phänomene sind mehrperspektivisch in Bezug auf biografische Erfahrungen und Lebenslagen von Subjekten, institutionelle Verhältnisse und gesellschaftliche Bedingungen zu betrachten. Dabei erfordert eine solche Heuristik einen gemeinsamen Bezugspunkt, mit dem die verschiedenen Ebenen miteinander in Beziehung gesetzt werden können.

Berufliche Anerkennung ist mehr als ein Verwaltungsakt

Berufliche Anerkennung im Kontext von Migration macht die teils risikobehaftete Tatsache deutlich, dass Menschen ihren Lebensort verlassen (müssen), politische oder administrative Grenzen überschreiten, um in einem anderen Land für einen längeren oder unbestimmten Zeitraum zu leben (vgl. Castles 2000; Hamburger 2015). Verbunden mit Migration sind auch immer Fragen von Zugehörigkeit sowie Teilhabe an gesellschaftlichen Ressourcen (vgl. Mecheril 2010), was sich im Kontext der beruflichen Anerkennung vor allem durch die Teilhabe am Arbeitsmarkt im erlernten Beruf ausdrückt.

Die berufliche Anerkennung ist damit nicht nur als ein formaler und verwaltungstechnischer Akt zu verstehen. Sie ist vielmehr verbunden mit Aspekten der Identitätsentwicklung etwa hinsichtlich einer rechtlichen Gleichstellung und Wertschätzung von Fähigkeiten und Kompetenzen (vgl. z. B. Honneth 1994/ 2014) sowie mit der Zuordnung zu gesellschaftlichen Positionen und Status, die durch institutionelle Strukturen und Bewertungen ermöglicht oder verweigert werden (vgl. z. B. Fraser 2017). Somit rückt mit der beruflichen Anerkennung insgesamt auch die Ordnung gesellschaftlicher Verhältnisse in den Blick. Als Systemintegration stärkt sie die Chance zur Sozialintegration.

Welche *Bedeutung*, Relevanz und *Funktion* werden der beruflichen Anerkennung im Kontext von Migration in verschiedenen Ländern zugeschrieben? Diese drei Bestimmungen bilden als Teilaspekt nationalspezifischer Zuschreibungen ein mögliches *„tertium comparationis* auf der Metaebene" (Treptow/Walther 2010, S. 12). Dieses ermöglicht, die berufliche Anerkennung sowohl in ähnlichen als auch in stark voneinander abweichenden Länderkontexten miteinander in Beziehung zu setzen. Eine jeweils rahmenspezifische Kontextualisierung der beruflichen Anerkennung ist daher erforderlich. Damit ein Ländervergleich sich also nicht lediglich in einer wenig aussagekräftigen Gegenüberstellung erschöpft, geht es um den Nachweis von Zusammenhängen zwischen der beruflichen Anerkennung und den jeweiligen gesellschaftlichen und kulturellen Kontexten. Untersucht werden dann Gemeinsamkeiten, Ähnlichkeiten und Unterschiede, um sie vor dem Hintergrund dieser Kontexte zu interpretieren und zu erklären (vgl. z. B. Treptow/Walther 2010; Liegle 2010). Die nachfolgende Abbildung zeigt exemplarisch unterschiedliche Gegenstandsfelder sowie Kontextualisierungsmöglichkeiten der beruflichen Anerkennung auf verschiedenen gesellschaftlichen Ebenen auf und schließt dabei an Visualisierungen international vergleichender Gegenstandfelder durch *Cubes* an. Der Pfeil visualisiert dabei die wechselseitige Beeinflussung der einzelnen Ebenen (vgl. Abb. 1, S. 126).

Das Schaubild zeigt sowohl potenzielle Forschungsgegenstände als auch kontextspezifische Aspekte, die bei der Untersuchung der beruflichen Anerkennung zu berücksichtigen sind. Es lassen sich hierzu die folgenden Forschungsfragen formulieren:

- *Makro-Ebene*: Welche transnationalen und nationalen Akteur:innen sind bei der Gestaltung und Organisation des Systems der beruflichen Anerkennung beteiligt und welche (konvergenten oder konkurrierenden) Deutungen und Thematisierungsweisen liegen vor? Welche gesetzlichen und strukturellen Rahmenbedingungen zur beruflichen Anerkennung lassen sich rekonstruieren (z. B. EU-Regelungen, zwischenstaatliche Abkommen oder nationale Gesetze)?
- *Meso-Ebene*: Welche Kriterien werden bei der Prüfung von im Ausland erworbenen Abschlüssen zugrunde gelegt und welche institutionellen Deutungsmuster und Praktiken werden hier wirksam? Welche Weiterbildungsmaßnahmen werden angeboten? Welche Hilfe- und Unterstützungsstrukturen gibt es für Fachkräfte im Anerkennungsprozess?
- *Mikro-Ebene*: Wie sind die Interaktionen im Rahmen der Gleichwertigkeitsprüfung zwischen Behörden und Anerkennungssuchenden und im Kontext der sogenannten „Anpassungsmaßnahmen" gestaltet? Gibt es unterstützende Begleitung bzw. Beratung?

Abbildung 1 Gegenstandsfelder und Kontextualisierungen der beruflichen Anerkennung im internationalen Vergleich (eigene Darstellung, angelehnt an Treptow 2012; 2019)

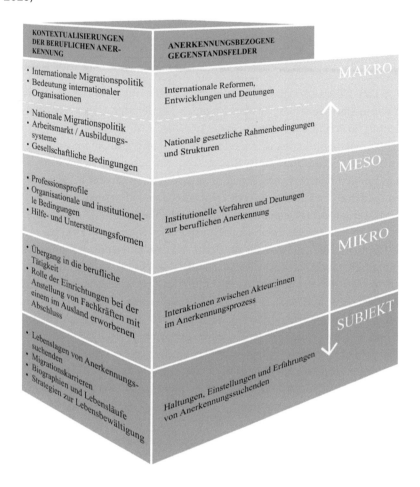

Abbildung 1 Gegenstandsfelder und Kontextualisierungen der beruflichen Anerkennung im internationalen Vergleich (eigene Darstellung, angelehnt an Treptow 2012; 2019)

- Subjekt-Ebene: Welche Haltungen, Einstellungen, Deutungen und Erfahrungen lassen sich bei Fachkräften und Adressat:innen im Kontext des Anerkennungsprozesses rekonstruieren?

Zur Kontextualisierung dieser Fragestellungen ergeben sich auf den einzelnen Ebenen unterschiedliche Möglichkeiten, die von der Beschreibung und Analyse Internationaler Migrationspolitiken bis hin zu Lebenslagen von Anerkennungssuchenden reichen (vgl. Abb. 1). Wenngleich das Schaubild in heuristischer Absicht keinen abgeschlossenen Rahmen zur Untersuchung der beruflichen Anerkennung im internationalen Vergleich anbietet, wird verdeutlicht, dass die vergleichende Forschung im Kontext der beruflichen Anerkennung eine Vielfalt an unterschiedlichen Gegenstandsfeldern untersuchen und dabei auch Zusammenhänge zwischen den einzelnen Ebenen herstellen kann. Die Untersuchung der einzelnen Forschungsgegenstände lässt sich ebenso mit unterschiedlichen Funktionen des Vergleichs kombinieren. Dies kann sich dann – wie bereits angewendet – auf die Verbesserung von Systemen zur Anerkennung oder auf länderspezifische Fallanalysen sowie die Untersuchung internationaler Trends oder die Analyse und Erklärung von Ähnlichkeiten und Unterschieden beziehen.

Literatur

Amos, S. Karin (2005): Die USA als Argument. Anmerkungen anlässlich der Debatte um Bildungsstandards. In: Tertium Comparationis. Journal für International und Interkulturell Vergleichende Erziehungswissenschaft 11, H. 2, S. 209–228.

Amos, S. Karin (2009): ‚Bildung' in der Spätmoderne. Zur Intersektion von Educational Governance und Gouvernementalität. In: Tertium Comparationis. Journal für International und Interkulturell Vergleichende Erziehungswissenschaft 15, H. 2, S. 81–107.

Annen, Silvia (2019): Arbeitsmarktintegration ausländischer Fachkräfte in Kanada und Deutschland. Vergleichende Erkenntnisse aus der Gesundheitsbranche. In: BWP. Berufsbildung in Wissenschaft und Praxis 48, H. 2, S. 46–50.

Becker-Dittrich, Gert (2009): Die Anerkennung beruflicher Qualifikationen in der EU, im EWR und in der Schweiz. Die Richtlinie 2005/36/EG zur Anerkennung von Berufsqualifikationen (i.d.F. der Richtlinie 2006/100/EG). Bonn: Sekretariat der Ständigen Konferenz der Kultusminister der Länder in der Bundesrepublik Deutschland. Zentralstelle für ausländisches Bildungswesen.

Benz, Arthur (2007): Nationalstaat. In: Benz, Arthur/Lütz, Susanne/Schimank, Uwe/Simonis, Georg (Hrsg.): Handbuch Governance. Theoretische Grundlagen und empirische Anwendungsfelder. Wiesbaden: Springer VS, S. 339–352.

BIBB (Bundesinstitut für Berufsbildung) (o. J.): Projekt MoVa: Modelle und Verfahren zur Anerkennung im Ausland erworbener beruflicher Qualifikationen und Kompetenzen. www.bibb.de/de/2015.php (Abfrage: 29.07.2022).

Bitzan, Maria/Bolay, Eberhard (2017): Soziale Arbeit – die Adressatinnen und Adressaten. Opladen/Toronto: Barbara Budrich.

BMBF (Bundesministerium für Bildung und Forschung) (o. J.): Eckpunkte zur Fachkräfteeinwanderung aus Drittstaaten. www.bmbf.de/SharedDocs/Downloads/de/2022/221130-eckpunkte-feg.pdf?__blob=publicationFile&v=1 (Abfrage: 08.12.2022).

BMBF (Bundesministerium für Bildung und Forschung) (2017): Bericht zum Anerkennungsgesetz 2017. Berlin.

Böse, Carolin/Schmitz, Nadja (2022): Wie lange dauert die Anerkennung ausländischer Berufsqualifikationen? Erste Analysen zur Verfahrensdauer anhand der amtlichen Statistik. Ergebnisse des BIBB-Anerkennungsmonitorings. Bonn: Bundesinstitut für Berufsbildung.

Braňka, Jiří (2016): Understanding the potential impact of skills recognition systems on labour markets: Research report. Geneva: ILO.

Bray, Mark/Kai, Jiang (2007): Comparing Systems. In: Bray, Mark/Adamson, Bob/Mason, Mark (Hrsg.): Comparative Education. Research Approaches and Methods. Hong Kong: Comparative Education Research Centre, S. 123–144.

Bray, Mark/Thomas, R. Murray (1995): Levels of Comparison in Educational Studies: Different Insights from Different Literatures and the Value of Multilevel Analysis. In: Harvard Educational Review 65, H. 3, S. 472–490.

Castles, Stephen (2000): International migration at the beginning of the twenty-first century: global trends and issues. In: International Social Science Journal 52, H. 165, S. 269–281.

Dale, Roger (1999): Specifying globalization effects on national policy: A focus on the mechanisms. In: Journal of Education Policy 14, H. 1, 1–17.

Eberhardt, Christiane/Annen, Silvia (2016): Information und Unterstützung im Rahmen Qualifizierter Zuwanderung in Australien. In: BWP. Berufsbildung in Wissenschaft und Praxis 45, H. 5, S. 28–32.

Eberhardt, Christiane/Annen, Silvia (2019): Modelle und Verfahren zur Anerkennung von im Ausland erworbenen beruflichen Qualifikationen und Abschlüssen in ausgewählten Staaten (MoVA) – Gestaltungsprinzipien, Konstruktion, Umsetzung. Bonn: Bundesinstitut für Berufsbildung.

Eising, Rainer/Lenschow, Andrea (2007): Europäische Union. In: Benz, Arthur/Lütz, Susanne/Schimank, Uwe/Simonis, Georg (Hrsg.): Handbuch Governance. Theoretische Grundlagen und empirische Anwendungsfelder. Wiesbaden: Springer VS, S. 325–338.

Faas, Stefan/Treptow, Rainer/Dahlheimer, Sabrina/Geiger, Steffen/von Guilleaume, Christine (2021): Evaluation des Projekts „Vielfalt willkommen – Internationales Fachpersonal für Kindertageseinrichtungen". Abschlussbericht. Schwäbisch Gmünd und Tübingen.

Fraser, Nancy (2017): Soziale Gerechtigkeit im Zeitalter der Identitätspolitik. Umverteilung, Anerkennung und Beteiligung. In: Fraser, Nancy/Honneth, Axel: Umverteilung oder Anerkennung. Eine politisch-philosophische Kontroverse (5. Auflage). Frankfurt am Main: Suhrkamp, S. 13–128.

Friederich, Tina (2013): Europäische Differenzen. Die Bedeutung nationaler Qualifikationsrahmen für frühpädagogische Fachkräfte in europäischen Nachbarländern. In: Berth, Felix/Diller, Angelika/Nürnberg, Carola/Rauschenbach, Thomas (Hrsg.): Gleich und doch nicht gleich. Der Deutsche Qualifikationsrahmen und seine Folgen für frühpädagogische Ausbildungen. München: Deutsches Jugendinstitut. S. 83–97.

Friederich, Tina (2020): Thematische Verortung von BEFAS in aktuelle Diskurse der Frühen Bildung. In: Friederich, Tina/Schneider, Helga (Hrsg.): Fachkräfte mit ausländischen Studienabschlüssen für Kindertageseinrichtungen. Wie Professionalisierung gelingen kann. Weinheim und Basel: Beltz Juventa, S. 37–54.

Geiger, Steffen/Müller, Margaretha/Schmidt-Hertha, Bernhard/Faas, Stefan (2019): Professionalization and Change: Recognition of Qualifications, Educational Processes and Competencies in Germany. In: Faas, Stefan/Kasüschke, Dagmar/Nitecki, Elena/Urban, Mathias/Wasmuth, Helge (Hrsg.): Globalization, Transformation, and Cultures in Early Childhood Education and Care. Reconceptualization and Comparison. Cham: Palgrave Macmillan, S. 235–256.

Guo, Shibao/Andersson, Per (2005): Non/Recognition of Foreign Credentials for Immigrant Professionals in Canada and Sweden: A Comparative Analysis. Working Paper No. WP04-05. The PCERII Working Paper Series.

Hawthorne, Lesleyanne (2013): Recognizing Foreign Qualifications. Emerging Global Trends. Washington, D.C.: Migration Policy Institute.

Hamburger, Franz (2015): Migration. In: Otto, Hans-Uwe/Thiersch, Hans (Hrsg.): Handbuch Soziale Arbeit. Grundlagen der Sozialarbeit und Sozialpädagogik (5., erweiterte Auflage). München und Basel: Ernst Reinhardt, S. 1036–1048.

Hörner, Wolfgang (1993): Technische Bildung und Schule. Eine Problemanalyse im internationalen Vergleich. Köln et al.: Böhlau.

Honneth, Axel (1994/2014): Kampf um Anerkennung. Zur moralischen Grammatik sozialer Konflikte (8. Auflage). Frankfurt am Main: Suhrkamp.

IOM (International Organization for Migration) (2013): Policy Highlights. Summary of the Research Findings of the IOM Independent Network of Labour Migration and Integration Experts (LINET). Brüssel: International Organization of Migration.

Kis, Viktória/Windisch, Hendrickje (2018): Making Skills Transparent: Recognising Vocational Skills Acquired through Work Based Learning. OECD Education Working Paper No. 180. EDU/WKP (2018)16. OECD.

Köngeter, Stefan (2009): Der methodologische Nationalismus der Sozialen Arbeit in Deutschland. In: Zeitschrift für Sozialpädagogik 7, H. 4, S. 340–359.

Langewiesche, Dieter (2018): Nationalstaat. In: Voigt, Rüdiger (Hrsg.): Handbuch Staat. Wiesbaden: Springer VS, S. 339–348.

Leu, Hans Rudolf (2014): Non-formales und informelles Lernen – unverzichtbare Elemente frühpädagogischer Professionalisierung. Eine Analyse vor dem Hintergrund des Deutschen Qualifikationsrahmens. Weiterbildungsinitiative Frühpädagogische Fachkräfte, WIFF Expertisen, Band 40. München: Deutsches Jugendinstitut.

Liebig, Thomas/Senner, Anne-Sophie (2022): Your Way to Germany. Ergebnisse einer Onlinebefragung unter Fachkräften im Ausland. OECD. blog.oecd-berlin.de/wer-will-nach-deutschland (Abfrage: 18.01.2023).

Liegle, Ludwig (2010): Der internationale Vergleich in der Pädagogik der frühen Kindheit. In: Enzyklopädie Erziehungswissenschaft Online, Fachgebiet: Vergleichende Erziehungswissenschaft. Weinheim/München: Beltz Juventa.

Martens, Kerstin/Niemann, Dennis (2010): Governance by Comparison – How Ratings & Rankings Impact National Policy-making in Education. Bremen: TranState Working Papers No. 139.

Mayntz, Renate (2009): Über Governance. Institutionen und Prozesse politischer Regelung. Frankfurt/New York: Campus.

Mecheril, Paul (2010): Migrationspädagogik. Hinführung zu einer Perspektive. In: Mecheril, Paul/Castro Varela, María do Mar/Inci, Dirim/Kalpaka, Annita/Melter, Claus: Migrationspädagogik. Weinheim und Basel: Beltz, S. 7–22.

Moch, Matthias (2021): Qualifikationsprofile Sozialer Arbeit in internationaler Perspektive. In: Neue Praxis 51, H. 4, S. 330–339.

Nitecki, Elena/Wasmuth, Helge (2019): GERM and Its Effect on ECEC: Analyzing Unintended Consequences and Hidden Agendas. In: Faas, Stefan/Kasüschke, Dagmar/Nitecki, Elena/Urban, Mathias/Wasmuth, Helge (Hrsg.): Globalization, Transformation, and Cultures in Early Childhood Education and Care. Reconceptualization and Comparison. Cham: Palgrave Macmillan, S. 57–84.

North, Douglass C. (1990): Institutions, Institutional Change and Economic Performance. Cambridge: University Press.

Oberhuemer, Pamela/Schreyer, Inge (2010): Kita-Fachpersonal in Europa. Ausbildungen und Professionsprofile. Opladen/Farmington Hills: Barbara Budrich.

Oberhuemer, Pamela/Schreyer, Inge (2018): Early Childhood Workforce Profiles in 30 Countries with Key Contextual Data. München.

OECD (2007): International Migration Outlook. Part II. Matching Educational Background and Employment: A Challenge for Immigrants in Host Countries. Paris: OECD Publishing.

OECD (2014): How can Migrants' skills be put to use? Migration Policy debates No. 3. Paris: OECD Publishing.

OECD (2017): Making Integration Work. Assessment and Recognition of Foreign Qualifications. Paris: OECD Publishing.

Parreira do Amaral, Marcelo (2019): Influencing the other: transnational actors and knowledge transfer in education. In: Middell, Matthias (Hrsg.): The Routledge Handbook of Transregional Studies. London/New York: Routledge, S. 589–598.

Parreira do Amaral, Marcelo (2015): Methodologie und Methode in der International Vergleichenden Erziehungswissenschaft. In: Parreira do Amaral, Marcelo/Amos, S. Karin (Hrsg.): Internationale und Vergleichende Erziehungswissenschaft. Geschichte, Theorie, Methode und Forschungsfelder. Münster/New York: Waxmann, S. 107–130.

Petanovitsch, Alexander/Schmid, Kurt (2019): Internationaler Überblick zu Verfahren und Instrumenten der Kompetenzfeststellung im beruflichen Kontext. In: Magazin erwachsenenbildung.at. Das Fachmedium für Forschung, Praxis und Diskurs 37.

Pfeffer, Thomas/Skrivanek, Isabella (2013): Institutionelle Verfahren zur Anerkennung ausländischer Abschlüsse und zur Validierung nicht formal oder informell erworbener Kompetenzen in Österreich. In: Zeitschrift für Bildungsforschung 3, H. 3, S. 63–78.

Platonova, Anna/Schuster, Anke/Desiderio, Maria Vincenza/Urso, Guiliana/Bürkin, Katharina (2013): Policy Highlights. Summary of the Re- search Findings of the IOM Independent Network of Labour Migration and Integration Experts (LINET). Brüssel: International Organization of Migration.

Richardson, Sue/Lester, Laurence (2004): A Comparison of Australian and Canadian Immigration Policies and Labour Market Outcomes. The National Institute of Labour Studies, Flinders University.

Rittberger, Volker/Zangl, Bernhard/Kruck, Andreas (2013): Internationale Organisationen (4., überarbeitete Auflage). Wiesbaden: Springer VS.

Sachverständigenrat deutscher Stiftungen für Integration und Migration (2013): Erfolgsfall Europa? Folgen und Herausforderungen der EU-Freizügigkeit für Deutschland. Jahresgutachten 2013 mit Migrationsbarometer. Berlin.

Schmid, Josef (2010): Wohlfahrtsstaaten im Vergleich. Soziale Sicherung in Europa: Organisation, Finanzierung, Leistungen und Probleme (3., aktualisierte und erweiterte Auflage). Wiesbaden: VS.

Schriewer, Jürgen (2000): Stichwort: Internationaler Vergleich in der Erziehungswissenschaft. In: Zeitschrift für Erziehungswissenschaft 3, H. 4, S. 495–515.

Schuster, Anke/Desiderio, Maria Vincenza/Urso, Guiliana (2013): Recognition of Qualifications And Competences of Migrants. Brüssel: International Organization for Migration.

Sommer, Ilka (2015): Die Gewalt des kollektiven Besserwissens. Kämpfe um die Anerkennung ausländischer Berufsqualifikationen in Deutschland. Bielefeld: transcript.

Steiner-Khamsi, Gita (2015): Internationaler Vergleich in der postnationalen Ära. In: Parreira do Amaral, Marcelo/Amos, Karin S. (Hrsg.): Internationale und Vergleichende Erziehungswissenschaft. Geschichte, Theorie, Methode und Forschungsfelder. Münster/New York: Waxmann, S. 41–56.

Steiner-Khamsi, Gita (2016): New directions in policy borrowing research. In: Asia Pasific Education Review 17, H. 3, S. 382–390.

Sumption, Madeleine (2013): Tackling Brain Waste. Strategies to Improve the Recognition of Immigrants' Foreign Qualification. Washington, D.C.: Migration Policy Institute.

Treptow, Rainer (1996): Wozu vergleichen? Über Stellenwert und Funktion komparatistischen Denkens in der Sozialpädagogik. In: Rainer Treptow (Hrsg.): Internationaler Vergleich und internationale Kooperation in der Sozialpädagogik. Rheinfelden, S. 1–22.

Treptow, Rainer (2012): Internationalität und Vergleich in der Sozialen Arbeit. Zwischen Projektkooperation und Grundlagenforschung. In: Thole, Werner (Hrsg.): Grundriss Soziale Arbeit. Ein einführendes Handbuch (4. Auflage). Wiesbaden: VS Verlag für Sozialwissenschaften, S. 1145–1161.

Treptow, Rainer (2019): Dimensions of International Comparison in Early Childhood Education and Care: Theoretical Notes. In: Faas, Stefan/Kasüschke, Dagmar/Nitecki, Elena/Urban, Mathias/Wasmuth, Helge (Hrsg.): Globalization, Transformation, and Cultures in Early Childhood Education and Care. Reconceptualization and Comparison. Cham: Palgrave Macmillan, S. 31–38.

Treptow, Rainer/Walther, Andreas (2010): Internationalität und Vergleich in der Sozialen Arbeit. In: Enzyklopädie Erziehungswissenschaft Online, S. 1–37.

UNESCO (2018): Global Education Monitoring Report 2019: Migration, Displacement and Education – Building Bridges, not Walls. Paris: UNESCO.

Walther, Andreas (2011): Regimes der Unterstützung im Lebenslauf. Ein Beitrag zum internationalen Vergleich in der Sozialpädagogik. Opladen/Farmington Hills: Barbara Budrich.

Wimmer, Andreas/Glick Schiller, Nina (2002): Methodological nationalism and beyond: nation-state building, migration and the social sciences. In: Global Networks 2, H. 4, S. 301–334.

Wiseman, Alexander W./Baker, David P. (2005): The Worldwide Explosion of Internationalized Education Policy. In: Baker, David P./Wiseman, Alexander W. (Hrsg.): Global Trends in Educational Policy (International Perspectives on Education and Society, Vol. 6). Bingley: Emerald Group Publishing Limited. S. 1–21.

Wladow, Florian (2016): Das Ausland als Gegenargument. Fünf Thesen zur Bedeutung nationaler Stereotype und negativer Referenzgesellschaften. In: Zeitschrift für Pädagogik 62, H. 3, S. 403–421.

Berufliche Anerkennung als Ausgangspunkt organisationalen Lernens

Nicola Röhrs und Bernhard Schmidt-Hertha

Ein Lob von der Vorgesetzen, die Anerkennung des Gedankens eines Kollegen und mit den eigenen Fähigkeiten und Talenten gesehen und wertgeschätzt zu werden – die Bedeutung von *Anerkennung* ist vielfältig. Sie drückt einerseits die Würdigung einer Sache oder den Respekt für eine Person aus oder andererseits lediglich die Billigung eines Sachverhalts. Laut Duden geht es im Zusammenhang mit Anerkennung auch um die Gültigkeit oder Rechtmäßigkeit eines Vorgangs (vgl. Dudenredaktion, o. J.). Darauf konzentriert sich dieser Artikel, die Anerkennung von Kompetenzen und Berufsqualifikationen für die Arbeit, z. B. in einer Kindertageseinrichtung. Gleichzeitig schlägt er die Brücke zum organisationalen Lernen, das wiederum ein respektvolles Miteinander und die Anerkennung von verschiedenen Stärken in Teams unersetzlich macht. Die Auseinandersetzung mit der beruflichen Anerkennung im frühpädagogischen Arbeitsfeld schafft darüber hinaus Demut vor der Vielzahl von grundlegenden Kompetenzen und anspruchsvollen Aufgaben, die den Fachkräften täglich abverlangt werden. So geht implizit durch die Auseinandersetzung mit dem Verfahren der beruflichen Anerkennung die Würdigung des Referenzberufs einher.

Zum Weiterbildungssystem der Frühpädagogik finden viele pädagogische Fachkräfte einen Zugang, jedoch fördert das System bisher nur in Ansätzen die Durchlässigkeit z. B. mit Blick auf non-formale oder formale Qualifizierungswege (vgl. König/Buschle 2017). Eine WIFF Expertise zum Qualitätsmanagement in der frühpädagogischen Weiterbildung machte 2016 deutlich, dass mit der Anerkennung drei unterschiedliche Problematiken einhergehen. Einerseits werden ausländische Berufsabschlüsse in Relation zu deutschen Referenzberufen betrachtet, andererseits geht es um die Anerkennung von non-formalen Bildungsprozessen (beispielsweise durch Weiterbildung, Modularisierung von Ausbildungen) als Ersatz für anerkannte Abschlüsse oder drittens um die Aufwertung von informell erworbenen Kompetenzen, die nicht durch Zertifikate belegt werden können (vgl. Müller/Faas/Schmidt-Hertha 2016). Die Anerkennung von im Ausland erworbenen Abschlüssen, Teilleistungen aus anderen Ausbildungskontexten bzw. Studiengängen oder informell erworbener Kompetenzen wird insbesondere in Zeiten eines erheblichen Fachkräftemangels zu einem drängenden Thema. Gerade für frühpädagogische Handlungsfelder hat sich einerseits der Rückgriff auf beruflich Quereinsteigende als Strategie angesichts fehlender Fachkräfte zunehmend etabliert, andererseits werfen Fachkräfte aus dem Ausland Fragen nach der Einordnung bzw. Äquivalenz anderer Professionalisierungswege innerhalb der Frühpädagogik auf (vgl. Müller/Faas/Schmidt-Hertha 2016). Allerdings konzentriert sich die Diskussion in diesen Anerkennungsbereichen bislang auf Fragen der Fachlichkeit, der Professionalisierung und der formalen Verfahren (vgl. Müller et al. 2020). Die Impulse für Organisationsentwicklung und organisationales Lernen, die von solchen Anerkennungsprozessen ausgehen können, wurden bislang hingegen wenig reflektiert.

Im Ergebnis geht mit jeder Form der Anerkennung von Lernleistungen eine entsprechende Öffnung des Berufsfeldes mit einer höheren Heterogenität von Kompetenzprofilen in der Praxis einher. Die Aufgabe von Kindertageseinrichtungen ist es aber auch, Vielfalt zu ermöglichen und zu unterstützen (vgl. z. B. MK Niedersachsen 2018). Strategien der Anerkennung haben nicht nur deshalb Auswirkungen auf die Organisationsentwicklung und das Qualitätsmanagement einer Einrichtung.

In diesem Beitrag geht es zunächst um den Begriff der Beruflichen Anerkennung, bevor die Anerkennungsproblematik im frühpädagogischen Handlungsfeld erörtert wird. Darüber hinaus werden Grundlagen des organisationalen Lernens beleuchtet, die für die Qualitätsentwicklung in Kindertageseinrichtungen maßgeblich erscheinen. Abschließend wird diskutiert, inwiefern die berufliche Anerkennung auf individueller, organisationsbezogener oder Systemebene als Ausgangspunkt für organisationales Lernen gelten kann.

1 Was ist Berufliche Anerkennung?

Die Berufliche Anerkennung bezieht sich auf die Gültigkeit beruflicher Abschlüsse und Zertifikate, die bei bestimmten Berufen in Deutschland einen Zugang zum jeweiligen Berufsfeld am Arbeitsmarkt ermöglichen. Die berufliche Anerkennung eines Abschlusses oder nachgewiesene Lernleistung zeigt, dass diese als „rechtlich gleichwertig" (Anerkennung in Deutschland o. J.) gegenüber der deutschen Berufsqualifikation oder Teile derer eingestuft wird. So wird z. B. ein im Ausland erworbener Abschluss in einem Anerkennungsverfahren geprüft, inwiefern er dem deutschen Pendant entspricht (vgl. ebd.) oder einzelne Lernleistungen (z. B. im Rahmen eines Studiums, einer Aus- oder Fortbildung oder auch in Form berufspraktischer Erfahrung) als (Teil) einer Ausbildung äquivalent angesehen werden.

Im Rahmen der Einstufung ausländischer Abschlüsse kann es zu einem unterschiedlichen Maß der Anerkennung der Berufsqualifikation kommen, das zwischen einer vollen Anerkennung, einer teilweise bestätigten Anerkennung und keiner Anerkennung variiert und entsprechend bescheinigt wird (vgl. ebd.). So geht es im Bewerbungsprozess für eine Erzieher:innentätigkeit als Referenzberuf z. B. darum, zu belegen, dass die ausländische Berufsqualifikation dieser deutschen Qualifikation entspricht. Da Erzieher:in als ein reglementierter Beruf gilt, ist eine berufliche Anerkennung notwendig. Eine Person mit durch die zuständige Behörde bestätigter, hinlänglicher beruflicher Anerkennung, nachgewiesen durch beispielsweise ein Abschlusszeugnis mit passenden Ausbildungsinhalten, kann die Arbeit in einer Kindertageseinrichtung als Erzieher:in aufnehmen. Kommt es aufgrund der vorherigen ausländischen Berufsqualifikation nur zu einer teilweise bestätigten beruflichen Anerkennung oder gar zu einem Bescheid, dass keine berufliche Anerkennung vorliegt, muss die betreffende Person bestimmte Ausbildungsinhalte oder die gesamte Ausbildung bis zum Vorliegen der angestrebten Berufsqualifikation durchlaufen. Bei fehlenden Abschlusszeugnissen kann die Berufsqualifikation im Anerkennungsverfahren grundsätzlich auch durch eine Arbeitsprobe nachgewiesen werden (vgl. Anerkennung in Deutschland o. J.). Das Projekt *Vielfalt Willkommen* zeigt, wie aufwendig sich das Anerkennungsverfahren für Personen mit ausländischen Berufsqualifikationen gestaltet. Im Projektkontext werden sowohl Qualifizierungsangebote als auch Unterstützung bei der Teamentwicklung interessierter Kindertageseinrichtungen aus Baden-Württemberg angeboten (vgl. Robert Bosch Stiftung o. J.).

Eng mit der Debatte um diese schriftlich nachweisbare Anerkennung im Falle ausländischer Berufsqualifikationen ist die grundsätzliche Frage der vorzuweisenden Kompetenz durch weitere Qualifikationen oder Berufserfahrung verwoben. Diese Frage stellt sich bereits mit Blick auf die verschiedenen pädagogischen Berufsqualifikationen im frühpädagogischen Bereich innerhalb Deutschlands. An dieser Stelle sei auf die verschiedenen Möglichkeiten der Identifizierung von Kompetenz z. B. durch Test-/ Prüfverfahren, Beobachtung, den biografischen Ansatz oder die Beschreibung (vgl. DIE/DIPF/IES 2004) in Verbindung mit den unterschiedlichen Bewertungen wie Zertifizierung, Beurteilung, Selbsteinschätzung oder Bescheinigung (vgl. ebd.) im informellen Lernen verwiesen. Berufserfahrung und weitere Qualifikationen werden ebenfalls im Anerkennungsverfahren berücksichtigt (Anerkennung in Deutschland, o. J.). Jedoch zeigen aktuelle Untersuchungen, dass die Zuständigkeit für die Anerkennung je nach Bundesland unterschiedlich organisiert ist (vgl. Faas/Geiger 2017) und es hinsichtlich der Anerkennung informell erworbener Kompetenz auch noch einen erheblichen Forschungsbedarf gibt (vgl. Müller/Faas/Schmidt-Hertha 2016). Vor diesem Hintergrund soll die Berufliche Anerkennung im Folgenden dezidiert im frühpädagogischen Handlungsfeld einer Kindertageseinrichtung betrachtet werden.

2 Anerkennung in frühpädagogischen Handlungsfeldern

Die Debatte um die Berufliche Anerkennung im Ausland erworbener Berufsqualifikationen wird beispielsweise im System der Kindertageseinrichtungen als wichtige Maßnahme gegen den Fachkräftemangel angesehen. Dort spitzt sich die Situation zu:

> „Verwaltungsprozesse und fachliche Einarbeitungsaufgaben gehen zu Lasten anderer Aspekte von Organisationsentwicklung. Diese gegenwärtig zu verzeichnende, regelrechte Notlage im Bereich der Personalbeschaffung führt insbesondere in ländlichen Räumen zur nahezu vollständigen Vernachlässigung einer ganzheitlichen Organisationsentwicklung. Im Vordergrund der Steuerungstätigkeit steht die Aufrechterhaltung des Betriebs" (Sander/Zimmermann 2021, S. 15).

Doch könnten Lockerungen oder die gezielte Anwerbung von Fachkräften tatsächlich eine mögliche Lösung für den vorherrschenden Fachkräftemangel (vgl. Autorengruppe Fachkräftebarometer 2021) und prognostizierten Kollaps (vgl. Appell der Wissenschaft 2022) sein? Für die Berufliche Anerkennung sind verschiedene Behörden in Deutschland zuständig (vgl. Faas/Geiger 2017). In Niedersachsen prüft beispielsweise das regionale Landesamt für Schule und Bildung, inwiefern eine volle Berufliche Anerkennung ausländischer Berufsqualifikationen z. B. beim Referenzberuf Erzieher:in vorliegt (vgl. MK Niedersachsen o. J.). Erzieher:innen bilden „zahlenmäßig weiterhin mit Abstand die größte Berufsgruppe in den Kindertageseinrichtungen und prägen dementsprechend auch nach wie vor das Qualifikationsprofil der Einrichtungen maßgeblich." (Autorengruppe Fachkräftebarometer 2021, S. 58). Die Qualifikationsanforderungen an Fachkräfte sind jedoch bundeslandspezifisch (vgl. Viernickel 2017).

Ebenfalls eine große Nähe zu Kindertageseinrichtungen weisen die Ausbildungen zur Sozialassistent:in oder zur Kinderpfleger:in auf (vgl. Autorengruppe Fachkräftebarometer 2021). Die Bedeutung dieser beiden Berufsqualifikationen für den Arbeitsmarkt unterscheidet sich bereits innerhalb Deutschlands stark zwischen den verschiedenen Bundesländern aufgrund verschiedener Zielgruppen, Organisationsformen, Ausbildungsinhalten und Funktionen dieser beiden Ausbildungswege (vgl. ebd.). Auch die Anerkennung von Hilfskräften in Kindertageseinrichtungen ist unterschiedlich (vgl. ebd.). So gibt es in Niedersachsen beispielsweise die Möglichkeit, den Betrieb durch den Einsatz von geeigneten Personen (§ 11 (6) Satz 1 NKiTaG) für drei Tage im Kalendermonat nachrangig zu benötigten regulären Vertretungspersonen aufrecht zu erhalten. Für diese Personen ist lediglich eine Prüfung der Eignung und die Vorlage eines erweiterten Führungszeugnisses sowie eine Dokumentationspflicht der Eignungsprüfung vorgesehen. Durch diese Praxen lässt sich jedoch auch in der bundesweiten Betrachtung feststellen, dass sich zwar mit Blick auf die geltenden Personalschlüssel die Versorgung von Personal seit 2012 kontinuierlich leicht verbesserte, dies jedoch nur aufgrund von *„downgradings* der qualifikatorischen Kriterien" (Sander/Zimmermann 2021, S. 16) erreicht wurde.

Besonders in der Debatte um *multiprofessionelle Teams* und deren Qualifikationsprofile bekommt die Prüfung der Beruflichen Anerkennung ein besonderes Gewicht. Da sich das Arbeitsfeld der Kindertageseinrichtungen zunehmend in Richtung Multiprofessionalität öffnet, sind multiprofessionelle Teams mittlerweile häufiger Realität, jedoch arbeiten bisher selten mehr als drei Professionen in einem Team (vgl. Cloos 2017). Grundsätzlich beschränken die länderspezifischen Regelungen den Zugang zum Arbeitsfeld „Kindertageseinrichtungen" unterschiedlich stark: „Die Länder zeichnen sich durch einen unterschiedlich weiten Zugang aus, der selten fachlich begründet ist." (Grgic 2021, S. 221). So finden sich beispielsweise akademisch erweiterte Teams häufiger in Sachsen, Hamburg oder Thüringen verglichen mit Ländern wie Brandenburg, Niedersachsen oder Baden-Württemberg (vgl. Autorengruppe Fachkräftebarometer 2021). In der Debatte um multiprofessionelle Teams muss neben dem „Wo?" auch das „Wie?" mit Blick auf die Zusammenarbeit berücksichtigt werden:

> „Die multiprofessionelle Zusammenarbeit kann dabei ganz unterschiedliche Konstellationen von einer eher losen gekoppelten Kooperation über hierarchische Abhängigkeitsbeziehungen bis hin zu der Verwischung bestehender Professionsgrenzen umfassen" (vgl. Cloos 2017, S. 148)

Selbst wenn die Berufliche Anerkennung aller 16 Bundesländer bezüglich der fachlichen Voraussetzungen zum jeweiligen Referenzberuf identisch verlaufen würde, so dürfte für Personen mit ausländischer Berufsqualifizierung aufgrund der vorherrschenden Heterogenität der Profile pädagogischer Fachkräfte in den Bundesländern nicht in allen Ländern der gleiche Zugang zu einer Beschäftigung in einer Kindertageseinrichtung gegeben sein. So konnten, wie bereits im Fachkräftebarometer 2021 erwähnt, beispielsweise in Nordrhein-Westfalen während der Pandemie sogar Alltagshelferinnen und -helfer in einer Kindertageseinrichtung arbeiten (MKFFI 2020).

Auch wenn ein entsprechender deutscher berufsqualifizierender Abschluss vorliegt, wird von Bewerber:innen in Kindertageseinrichtungen häufig der Nachweis spezifischer Kompetenz erwartet, die über die grundständige Berufsqualifikation hinausgeht. Gerade im Zuge des Ausbaus der Betreuungsangebote für unter Dreijährige wurde auch mit Blick auf die deutsche Berufsqualifizierung deutlich, dass die zu Beginn des Ausbaus benötigten Erzieher:innen z. B. durch Weiterbildung oder Arbeitserfahrung auf die Betreuung und Förderung dieser jüngeren Kinder vorbereitet sein sollten, dieses Wissen aber nicht unbedingt bereits in ihrer Ausbildung erfahren hatten (vgl. Müller/Faas/Schmidt-Hertha 2016). Fortbildungsangebote wie z. B. die *Fachkraft für Kleinstkindpädagogik* ermöglichen pädagogischen Fachkräften nach der Berufsausbildung noch die Aneignung speziellen Wissens zur Interaktionsqualität oder Pflege für diese besonders jungen Kinder. Schließlich wird die Erstausbildung von Expertinnen als „wenig konturiert" (König/Buschle 2017 S. 120) und „generalistisch geregelt" (ebd.) beschrieben.

Neben den zunächst ausgeführten formellen Rahmenbedingungen der Beruflichen Anerkennung stellt sich im Praxisfeld Kindertageseinrichtungen grundsätzlich die Frage, inwiefern informell oder non-formal erworbene Kompetenzen berücksichtigt und für den Diskurs um die Gewinnung neuer Fachkräfte notwendig sind. Eine Expertise der WiFF stellte bereits 2016 in einem Abschnitt über die Anerkennung und Zertifizierung von Kompetenz die Relevanz dieses Themas für den Bereich der Kindertageseinrichtungen fest und beschäftigte sich dabei ebenfalls mit der Erfassung non-formaler oder informell erworbener Kompetenzen (vgl. Müller/Faas/Schmidt-Hertha 2016). In diesem Beitrag wurden sowohl ausländische Berufsabschlüsse betrachtet als auch die Anerkennungsproblematik mit Blick auf inländische berufliche Aus- und Weiterbildung z. B. im Rahmen frühpädagogischer Studiengänge diskutiert. Letztlich soll mit der beruflichen Anerkennung neben Abschlüssen und Zertifikaten oder dem Nachweis fachspezifischer Kompetenz auch die Erfahrung im Berufsfeld erfasst werden. Gerade mit Blick auf bestimmte Aufgaben in einer Kindertageseinrichtung, z. B. bei bestimmten pädagogischen Fragestellungen wie dem Umgang mit einem herausfordernden Kind, erscheint es sinnvoll, auch auf Erfahrungswissen zu bauen. Jedoch müssen hierfür transparente Kriterien der Bewertung von Kompetenz festgelegt werden (vgl. Müller/Faas/Schmidt-Hertha 2016). In diesem Fall wären Kompetenzen als Grundlage für den Zugang zum Arbeitsmarkt maßgeblich: „Es ist unerheblich, welche Schule oder Ausbildungsstätte jemand besucht oder nicht besucht hat, solange sie oder er über das zur Ausübung der jeweiligen beruflichen Tätigkeit erforderliche Kompetenzportfolio verfügt." (ebd. S. 58). Gleichzeitig ist aber auch festzuhalten, dass Lernergebnisse eben nicht unabhängig vom Lernweg sind und z. B. das Lernen im Prozess der Arbeit v.a. den Aufbau impliziten Anwendungswissens begünstigt, während stärker strukturierte formale Lernkontexte zunächst den Erwerb expliziten theoretischen Wissens unterstützen. Auch wirken eine günstige Fachkraft-Kind-Relation und eine hohe einschlägige formale Qualifikation offenbar positiv auf „pädagogische Interaktionen, bildungsanregende Impulse und Aktivitäten sowie räumlich-materiale Arrangements" (Viernickel 2017, S.43). In der Regel gilt daher die Verbindung unterschiedlicher Lernzugänge als ideal für die Kompetenzentwicklung, also den Aufbau theoretisch reflektierten und strukturierten Wissens, der Fähigkeit dieses in konkreten Anwendungssituationen konstruktiv einbringen zu können und der Bereitschaft, dies zu tun. Gleichzeitig sind curriculare Strukturen von Ausbildungs- oder Studienprogrammen bzw. Teilen davon nie völlig identisch, und informelle Lerngelegenheiten sind wesentlich durch die den jeweiligen Aneignungskontexten eingelagerten Lerngelegenheiten und Lernanforderungen geprägt. Daher kann es bei der Anerkennung solcher Lernleistungen nicht um die Feststellung von Gleichheit, sondern allenfalls um Äquivalenz oder Gleichwertigkeit gehen.

Der Ausbau von Verfahren zur Anerkennung non-formal und informell erworbener Kompetenzen ist nicht nur vor dem Hintergrund eines Fachkräftemangels in verschiedenen Berufsfeldern, sondern auch angesichts weiter zunehmender Migrationsbewegungen eine wesentliche Zukunftsaufgabe. „Die Frage der Kompetenzfeststellung dürfte hierbei eine zentrale Rolle spielen, erfordert aber gleichzeitig noch erhebliche Forschungs- und Entwicklungsanstrengungen" (Müller/Faas/Schmidt-Hertha 2016, S. 66).

3 Organisationales Lernen in Kitas

Organisationales Lernen wird in diesem Abschnitt in Zusammenhang mit der Debatte um die Qualitätsentwicklung in Kindertageseinrichtungen gestellt. Wie bereits einleitend erläutert, soll so die Brücke geschlagen werden zur Anerkennung verschiedener Kompetenzprofile in den pädagogischen Teams der Kindertageseinrichtungen und zum wertschätzenden Umgang mit Diversität als Ausgangspunkt für organisationales Lernen. In einem zweiten Schritt stellt sich im folgenden Abschnitt die Frage, inwiefern die bereits beschriebene berufliche Anerkennung eine günstige Ausgangslage für organisationales Lernen auf individueller, organisationaler oder Systemebene darstellt. Die pädagogische Qualität wird zumeist in Verbindung mit der Professionalisierung der Organisationsentwicklung diskutiert:

> „Vor dem Hintergrund dieses Wachstums wird die Steuerbarkeit dieses Versorgungssystems ebenso diskutiert wie die damit zusammenhängende Sicherstellung pädagogischer Qualität. Um diesen Spagat zu bewältigen, rückt der Professionalisierungsgrad von Organisationsentwicklung zu Recht immer mehr in den Blick" (Sander/Zimmermann 2021, S.2).

Organisationsentwicklung spielt demnach eine zunehmend wichtigere Rolle und „meint die bewusste und planvolle (Weiter-)Entwicklung der Abläufe, Regeln, Ressourcen und des Selbstverständnisses einer Organisation (z. B. der Kindertageseinrichtung)" (Mieth 2018, S. 83). Bei der Betrachtung von pädagogischer Qualität spielt die Prozessqualität eine zentrale Rolle. Die Ansätze „fokussieren gegenüber dem *Output* oder der Ergebnisqualität vielmehr die eingeleiteten Maßnahmen selbst – also den Weg zu dem gewünschten Ergebnis, die sogenannte Prozessqualität" (Sander/Zimmermann 2021, S. 5). Gleichzeitig ist im Blick zu behalten, dass die Auseinandersetzung mit Qualität stets auch die Auseinandersetzung mit dem gesamten System, also sowohl der Teamkultur und den

Fachkräften als auch die organisatorischen Rahmenbedingungen bedeutet (vgl. Viernickel 2017). Wobei aktuelle Veröffentlichungen konstatieren, dass die Praxis der Organisationsentwicklung für Träger und Einrichtungen bisher unerforscht bleibt (vgl. Sander/Zimmermann 2021). Ein Ziel scheint in einer Regelung bestimmter Prozesse zu liegen: „Organisations- und Qualitätsentwicklung welcher Art auch immer, läuft im Kern auf solche Systematisierung und Konkretisierung, d. h. Festlegung von Handlungsabläufen, hinaus" (Kieselhorst 2010, S. 219). Diesen Festlegungen gehen zumeist Lernprozesse voraus.

Eine Festlegung erfolgt beispielsweise in der pädagogischen Konzeption. In die Konzeptionsarbeit sollen sich die Mitarbeiter:innen einer Einrichtung einbringen. Laut Weimann-Sandig (2021) gilt „Konzeptionsarbeit in Kitas als Instrument einer innovativen Personal- und Organisationsentwicklung" (S. 119) und stellt die Grundlage der Betriebserlaubnis dar (§ 22a SGB VIII; § 45 SGB VIII). Hier gibt es eine Schnittstelle zum organisationalen Lernen, da Konzeptionsarbeit nicht von der Leitung allein bewältigt werden sollte: „Bleiben subjektive Lernprozesse individualisiert und in einem diffusen Verhältnis zur Organisation, können sie nicht als Irritation für Organisationsentwicklung genutzt werden" (Kieselhorst 2010, S. 223). Organisationsentwicklung, professionelles Handeln und Lernen sind – so lässt sich der dominante Diskurs zusammenfassen – untrennbar verbunden. Einerseits ist professionelles Handeln nur unter den Rahmenbedingungen einer lernenden Organisation zu erwarten, denn die Realisierung komplexer pädagogischer Konzepte und Prozesse, wie z. B. die Gestaltung und Erfassung von Bildungs- und Lernaktivitäten, ist auf das Zusammenspiel von individuellem Handeln und organisational verankerten Abläufen angewiesen (vgl. ebd.). Andererseits beruhen organisationale Entwicklungs- und Veränderungsprozesse auf dem Lernen aller in diese Strukturen involvierten Akteure (vgl. Becker/Langosch 1995). Wobei mit Weiterbildungen offenkundig die Hoffnung verknüpft ist, den wachsenden Anforderungen in den Kindertageseinrichtungen gerecht zu werden (vgl. König/Buschle 2017). Allerdings wird die individuelle Komponente, durch die Verknüpfung zur Berufsbiografie mit lebenslangem Lernen, erst in Prozessen der Organisationsentwicklung maßgeblich, damit im Team der Wissenstransfer in die Praxis gelingt (vgl. ebd.). Dabei scheint es eine rein theoretische Frage, ob Entwicklungsimpulse letztlich von individuellen Lernprozessen oder organisationsstrukturellen Veränderungen ausgehen und das jeweils andere daraus folgt.

In der sozialwissenschaftlichen Betrachtung des organisationalen Lernens wird einerseits untersucht, wie eine Organisation aussieht, die lernt und sich entwickelt sowie andererseits der tatsächliche Lernprozess in der Organisation betrachtet. „Organizations are not merely collections of individuals, yet there is no organization without such collections. Similarly, organizational learning is not merely individual learning, yet organizations learn only through the experience and actions of individuals" (Argyris/Schön 1978, S. 9). Wenn nun Organisationen mehr als die Summe ihrer Mitglieder sind und sich auch organisationales Lernen nicht im individuellen Lernen der Mitglieder erschöpft, stellt sich die Frage, wie sich dieser synergetische Mehrwert darstellt und wie er hergestellt wird.

Neben diesem Blick auf die Aneignung von Wissen werden im Kontext von organisationalem Lernen auch partizipative Ansätze betrachtet (vgl. Knauer/Sturzenhecker/Hansen 2021), die aufgrund der Zusammenarbeit in Teams der Kindertageseinrichtungen ebenfalls eine Relevanz für das dortige organisationale Lernen haben. Über diese beiden Betrachtungsweisen hinaus sieht Elkjaer (2003) besonders den Raum dazwischen und die Gelegenheit der Nachforschung oder des Experimentierens als Basis des organisationalen Lernens. Zwischen gemeinschaftlichen konzeptionellen Fortschreibungsprozessen, individuellen wie kollektiven Lernprozessen liegen in Kindertageseinrichtungen über die Jahre auch Phasen des Trainings und des Ausprobierens. Diese Phasen sind wichtig, um wiederum neue Impulse für die Weiterentwicklung pädagogischer Arbeit und Konzeption zu generieren. Ergänzend hierzu zeigen empirische Arbeiten aber auch, dass sich Lernen in organisationalen Strukturen nicht nur auf kognitive Prozesse beschränkt, sondern sich über konkrete Handlungspraxen und deren Veränderung auch in die Individuen einschreibt und als Organisationskultur wirksam wird (vgl. Göhlich 2008). Elkjaer (2003) sieht im organisationalen Lernen die folgende Funktion: „Development of experience. Realted to concrete problems at work" (S. 491). Demnach ist es unumgänglich, Gedanken als Grundlage des Handelns zu verstehen und die Notwendigkeit von Reflexionsprozessen anzuerkennen (vgl. ebd.). Sie beschreibt die folgende Lernsituation, die sich gut auf die Fortschreibung pädagogischer Konzeptionen in Kindertageseinrichtungen übertragen lässt:

> „The development organization is a way to create an *experimental* social world related to the work organization but arranged in a way which makes it possible to move through the experiment outside existing work practices and organizational structures, including forms of management. It is a way to create a learning environment that is closely related to the enterprise but, nevertheless, can be experimental. The development organization demands active participation and commitment from all employees in an enterprise. It implies that one has to consider the fact that different groups of employees have access to different organizational experiences and, therefore, can put forward different definitions of problems and solutions from their different organizational positions." (ebd., S. 492)

Inwiefern dieses gedankliche Konstrukt im besonderen Maße auf Kindertageseinrichtungen und die Qualitätsprozesse dort zutrifft, soll ein Praxisbeispiel zum double-loop-learning verdeutlichen. Qualitätsmanagement in Kindertageseinrichtungen bedeutet, eine Idee vom gewünschten pädagogischen Alltag zu entwickeln, wie ein für die Kinder klar strukturierter Tagesablauf (Aktionstheorie), welche dann mittels einer Aktionsstrategie, z. B. ein festgelegtes Qualitätsziel, umgesetzt wird. Das könnte sich durch täglich wiederkehrende Tagesstruktur ausdrücken, die stets aus der gleichen Abfolge von Freispiel, Frühstück, Angebot, Freispiel und Mittagessen besteht. In der konkreten Situation in den Kindergruppen, also dem tatsächlichen Gruppengeschehen in der Einrichtung, könnte die Implementierung von akustischen Signalen beginnen, die Übergänge in einen anderen Abschnitt z. B. vom Freispiel zum Mittagessen ausdrücken. Hierdurch soll wiederum als Ergebnis ein klar strukturierter Tag entstehen. Der Leitwert der Organisation würde in diesem Beispiel das Bedürfnis der pädagogischen Fachkräfte nach Struktur in den Fokus des Handelns stellen. Durch Fortbildung und Konzeptionsarbeit könnten sich diese Leitwerte mit den Jahren verschieben und z. B. die Beteiligung der Kinder am Tagesablauf stärker gewichten. Wird diese neue Aktionstheorie mehrheitlich oder von Seiten der Leitung als wünschenswert empfunden, kann dies eine Fortschreibung der bisherigen Herangehensweise bedeuten. Im Fokus der Aktionsstrategien könnten nun Überlegungen zur Beteiligung der Kinder stehen, was wiederum zu gänzlich veränderten Situationen im pädagogischen Alltag führen würde (double-loop-learning). Ist eine solche Aktionsstrategie gefunden, z. B. Befindlichkeitsumfragen in der Kindergruppe, muss reflektiert werden, inwiefern diese zum erwünschten Ergebnis, der Beteiligung der Kinder am Tagesablauf, führen. Würde man nun feststellen, dass jüngere Kinder sich verbal nicht ausreichend zu ihren Bedürfnissen äußern können und die pädagogischen Fachkräfte würden stattdessen Bildkarten als Unterstützung einsetzen, hätte sich lediglich die Handlungsstrategie, nicht aber die Leitwerte verändert (single-loop learning). Diese Überlegungen können auch durch externe Begleitung gefördert werden, z. B. durch Prozessbegleitung. Sie schaffen im zeitlichen Verlauf auch die von Elkjaer (2003, S. 492) beschriebenen Reflexionsmomente und Erprobungsphasen neuer Ideen. In Niedersachsen gibt es verschiedene Möglichkeiten der externen Begleitung von Kita-Teams wie beispielsweise das Niedersächsische Institut für frühkindliche Bildung und Entwicklung (vgl. nifbe o. J.) oder die örtliche Fachberatung, die sich zunehmend professionalisiert (vgl. bildungsportal-niedersachsen o. J.). In Bayern wurde mit dem Modellversuch Pädagogische Qualitätsbegleitung in Kindertageseinrichtungen (PQB) ein Qualitätskompass entwickelt, der Interaktionsqualität fokussiert und Reflexionsanlässe fördert. Es werden Qualitätsbegleiter als Coaches in die Praxis geschickt. Die Zusammenarbeit der Qualitätsbegleiter mit den pädagogischen Fachkräften wird als „ko-konstruktiv zusammen mit Leitung und Team" (Staatsinstitut für Frühpädagogik und Medienkompetenz Bayern o. J., o. S.) beschrieben.

Impulse für organisationales Lernen können dabei von allen Beteiligten ausgehen – auch (und vielleicht insbesondere) von den Kindern (vgl. Schnoor/Seele 2013). Aufgrund des Bezugs zur Anerkennungsthematik konzentrieren wir uns hier aber auf die Beziehung von pädagogischen Fachkräften in frühpädagogischen Einrichtungen und Organisationsentwicklung. Kieselhorst (2010) fordert vor diesem Hintergrund als Ergänzung zu Nentwig-Gesemann (2017) von einem dreifachen Habitus der Fachkräfte zu sprechen, indem er neben der Entwicklung vom reproduzierenden Habitus zum forschenden Habitus auch die Einbeziehung von Organisationsentwicklung als Teil des professionellen Habitus versteht (vgl. auch Bührmann/Büker 2015). In der empirischen Praxis dürften beide Prozesse (individuelles Lernen und organisationale Entwicklung) kaum voneinander zu trennen sein, wodurch auch eine direkte Steuerung von außen schnell an Grenzen stößt. Dennoch scheinen auch gezielte Interventionen durch die damit verbundene Durchbrechung organisationaler Routinen wirksam zu sein (vgl. z. B. Pacchiano et al. 2016).

Personalentwicklung und Organisationsentwicklung sind durch double-loop-learning möglich, wenn Selbstverständlichkeiten zur Diskussion gestellt werden (vgl. Sander/Zimmermann 2021). Solche tiefgreifenden Lernprozesse können durch die oben beschriebenen übergeordneten Strukturen angestoßen und begleitet werden, können aber auch durch die Zusammenarbeit mit Personen mit atypischen Erfahrungshintergründen entstehen. Sowohl ausländische Fachkräfte als auch berufliche Quereinsteiger:innen verfügen über andere institutionelle Erfahrungen, andere Bildungsbiografien und damit auch einen anderen Blick auf den pädagogischen Alltag. Aus dieser Fremdperspektive erscheinen etablierte Praxen u. U. fragwürdig und reflexionsbedürftig. Verfahren der Anerkennung können so über das Ergebnis – die Integration ausländischer Fachkräfte und beruflicher Quereinsteiger:innen in frühpädagogische Handlungsfelder – aber auch durch den Prozess der Anerkennung selbst ein double-loop-learning unterstützen. Denn Anerkennungsprozesse erfordern es, die Tätigkeits- und Kompetenzanforderungen eines Arbeitsfeldes genau zu beschreiben, zu reflektieren, ggf. anzupassen und zu operationalisieren. In diesem Sinne wird das Anerkennungsverfahren selbst zu einem organisationalen Lernprozess.

4 Anerkennung als Grundlage für organisationales Lernen

Betrachtet man die Berufliche Anerkennung als Ausgangslage für organisationales Lernen ist diese Prüfung auf verschiedenen Ebenen notwendig. Im Folgenden werden sowohl wichtige individuelle, organisationsbezogene und systemrelevante Aspekte auf ihre Chancen und Herausforderungen hinsichtlich des organisationalen Lernens reflektiert.

Tabelle 1 Berufliche Anerkennung als Ausgangslage für organisationales Lernen

	Chance	Herausforderung
Individual-ebene	Biografische und berufliche Erfahrung sowie Mehrsprachigkeit als wesentliche Ressourcen	Akzeptanz und Anerkennung im Team; Überwindung sprachlicher Barrieren oder Traumata
Organisations-ebene	Förderung von Diversität im Team; Nutzung diverser Erfahrungshintergründe	Unsicherheit oder fachliche Differenzen im Team
System-ebene	Bekämpfung des Fachkräftemangels; Förderung lebenslangen Lernens	Gefahr eines Rückschritts in der Professionalisierung durch zu starke Aufweichung fachlicher Standards; „Schutz nach unten" (Grgic 2021, S. 221)

Mit Blick auf die Individualebene ist wichtig, die Kompetenzentwicklung als unabgeschlossenen Prozess zu verstehen. Im Besonderen bei ausländischen Bewerberinnen und Bewerbern ist individuell zu prüfen, ob die jeweiligen Hintergründe, z. B. die Mehrsprachigkeit oder ein vorliegendes Trauma, als gewinnbringend für den Prozess des organisationalen Lernens gesehen werden können. Schlussendlich muss diese Beurteilung sensibel, ressourcenorientiert und transparent durchgeführt werden. Auch vermeintlich positive Aspekte müssen ganzheitlich durchdacht werden, wie sich z. B. mit Blick auf die Mehrsprachigkeit von pädagogischen Fachkräften zeigt:

„In Deutschland besteht zudem die besondere Herausforderung einer starken Heterogenität der Sprachen in den Kindertageseinrichtungen. Eine Entscheidung über den Einbezug einzelner Sprachen durch eine mehrsprachige Fachkraft impliziert ebenso eine Entscheidung gegen andere vorhandene Sprachen." (Kratzmann/Sachse 2018, S. 405)

Auf Organisationsebene geht es in Bezug auf organisationales Lernen meist um die strategische Weiterentwicklung anhand vorhandener Potenziale, wie im vorgegangenen Abschnitt näher erläutert wurde. Auch hier kann Diversität durch ausländische oder andere Berufsabschlüsse als Vorteil (z. B. Eltern können in ihrer Muttersprache angesprochen werden, Musik oder Ästhetik können durch Experten und Expertinnen mit entsprechenden Berufsabschlüssen auf hohem Niveau vermittelt werden) wie gleichermaßen herausfordernder Faktor (Wertekonflikte durch ggf. unterschiedliches Grundverständnis von familienunterstützender Fremdbetreuung, fehlende pädagogische Grundbildung) gelesen werden. Somit ergeben sich je nach Qualitätsziel unterschiedliche Auswirkungen auf die Zielerreichung. Cloos (2017) betont, dass multiprofessionelle Teams in frühpädagogischen Diskursen vor allem als Chance für eine weitere Ausdifferenzierung und Erweiterung von Wissensressourcen verstanden werden und somit als Möglichkeit, Kompetenzen und Problemlösefähigkeit eines Teams zu stärken. Im Kontext eines multiprofessionellen Ansatzes mit Blick auf Kita Teams wird auf die Strategie einer langfristigen Verteilung von Verantwortlichkeiten verwiesen und deren Potenzial, auch Führungskräfte zu entlasten:

> „Die Weiterentwicklung liegt hierbei darin, die Mitarbeitenden nicht mehr nur bei der Organisationsentwicklung anzuleiten, sondern ihnen in strukturierter Form Aufgaben und Zuständigkeiten zu übertragen, die eine Verantwortungsentlastung der Führungskraft zur Folge haben. Ein Beispiel hierfür könnte die Etablierung von Fachkarrieren sein." (Weimann-Sandig 2021, S.133)

Mit einer solchen schrittweisen Erweiterung individueller Verantwortungs- und Aufgabenfelder gehen individuelle Lernprozesse einher, die immer als in die Organisation rückgebunden zu verstehen sind. In eine ähnliche Richtung argumentieren auch Sander und Zimmermann (2021), die sich für eine „(noch) stärkere Durchmischung der Teams" (S. 24) aussprechen und davon Lern- und Entwicklungsimpulse innerhalb des Teams erwarten. Sie beziehen sich hierbei primär auf die Zusammenarbeit von akademisch und nicht-akademisch ausgebildeten Fachkräften. Dies sei jedoch nur vor dem Hintergrund einer überarbeiteten Eingruppierung und Veränderung der Landesgesetzgebung möglich (vgl. ebd.). Nach Durchsicht verschiedener empirischer Arbeiten zu multiprofessionellen Teams fasst Cloos (2017) zusammen, dass es bisher eine hohe Akzeptanz für diese bei den Trägern und direkt in der pädagogischen Praxis gäbe.

Eine weitere Forderung von Sander und Zimmermann (2021) ist eine Befreiung der Leitung und Stellvertretung von Betreuungsaufgaben in größerem Maße, als es bisher der Fall sei. Die dahinter liegende Annahme, einer wachsenden Belastung und Komplexität mit einer Umverteilung von Aufgaben zu begegnen, findet sich auch in anderen Quellen, wenn z. B. darauf verwiesen wird, dass das Potenzial der Zusammenführung individueller Kompetenzen und Ideen im Team zur Bearbeitung komplexer Anforderungen noch zu wenig reflektiert wird (vgl. Kieselhorst 2010). Mit Blick auf die organisationale Ebene scheint sich alles um die Frage zu drehen, wie es gelingen kann, durch organisationales Lernen als Teil des Qualitätsmanagements die Entwicklungspotenziale einer Einrichtung sichtbar zu machen. Gerade das Potenzial von Personen mit ausländischer Berufsqualifikation und anderen (bildungs-)biografischen und professionellen Erfahrungen sollte dabei nicht außer Acht gelassen werden. Die Arbeit in multiprofessionellen Teams bringt aber nicht nur Vorteile bzw. eine Qualitätssteigerung mit sich, sondern es ergeben sich auch bestimmte Herausforderungen, wie die Verunsicherung einzelner Professionen, die sich folglich nur zurückhaltend einbringen, wodurch Potenziale nicht vollständig genutzt werden (vgl. Cloos 2017). Auch könnten Professionsgrenzen verstärkt wahrgenommen und Aufgaben entsprechend verteilt werden, statt gemeinsam daran zu arbeiten (vgl. Cloos 2017). Die Steuerbarkeit der Organisationsentwicklungsprozesse ist bisher schwer zu beurteilen: „Jedenfalls können die Kita-Teams als fachlich in sich gefestigt und – aufgrund dieser starken professionellen Identität – womöglich nur bedingt steuerbar im Sinne einer (aktiven) Organisationsgestaltung beschrieben werden" (Sander/Zimmermann 2021, S. 21). Empfehlenswert ist daher die Arbeit mit klaren Konzepten für den pädagogischen Alltag, die Personalentwicklung oder die Fachberatung, die „eine differenzierte Auseinandersetzung mit qualifikatorischen Differenzen und Statusunterschieden und den damit verbundenen Chancen und Herausforderungen an die Zusammenarbeit ermöglichen" (Cloos 2017, S. 156). Dies gilt besonders für die drei in der Einleitung beschriebenen Anerkennungsproblematiken (vgl. Müller/Faas/Schmidt-Hertha 2016).

Inwieweit kann das organisationale Lernen auch als Treiber auf Systemebene gesehen werden? Fachkräftemangel und Professionalisierungsanforderungen im Kontext von Qualitätsentwicklung sind hier die bedeutenden Schlagworte, welche durch organisationales Lernen bearbeitet werden sollen. Mit Blick auf die Qualitätsentwicklung von Kindertagesstätten stehen genau diese Lernprozesse zumeist zu Beginn wichtiger Qualitätsprozesse. Und die Fachliteratur macht deutlich, dass Einrichtungen zwar einzeln, jedoch mit Berücksichtigung der Beziehung zum Träger und der Stakeholder und Nutzenden im Sozialraum betrachtet werden sollten (vgl. Sander/Zimmermann 2021). Dabei ist die Organisationsentwicklung der Kindertageseinrichtungen mit der Trägerstruktur oder dem sozialen Umfeld einer Einrichtung eng verbunden (vgl. Mieth 2018). Diese ganzheitliche Betrachtung sollte folglich auch bei der Beurteilung des organisationalen Lernens in Verbindung mit der beruflichen Anerkennung berücksichtigt werden. Für den Träger gibt es durch die zusätzlichen Fachkräfte vermutlich kurzfristig eine deutliche Entlastung, dem Rechtsanspruch auf einen Betreuungsplatz gerecht zu werden. Mit Blick auf die Professionalisierung könnte sich jedoch bei zu großer Reduktion der geforderten Qualifikationen sekundär das Problem ergeben, dass sich Eltern über die Betreuungsqualität beschweren oder gar grenzüberschreitendes Verhalten der Mitarbeiter:innen im pädagogischen Alltag aufgrund von Überforderung auftritt. In diesem Fall kann keinesfalls von einer Bewältigung des Fachkräftemangels ausgegangen werden und es zeigt sich deutlich die Notwendigkeit von konzeptioneller Vorarbeit, fachlicher kontinuierlicher Begleitung sowie die Auseinandersetzung mit organisatorischen Rahmenbedingungen beim Träger.

Im Anerkennungsverfahren einer Person mit ausländischem Berufsabschluss oder beim Quereinstieg in ein multiprofessionelles Team ist trotz des Fachkräftemangels eine gründliche Überprüfung der Kompetenzen der Bewerberinnen und Bewerber durch die Genehmigungsbehörden elementar. Gleichzeitig ist zu beachten, dass Qualifikationsprofile horizontal (unterschiedliche Kompetenzen gleichen Niveaus) und vertikal (Qualifikationen unterschiedlicher Niveaustufen) variieren. Empfehlenswert ist beispielsweise, verschiedene Formen der Ermittlung und Bewertung heranzuziehen. Darüber hinaus ist es wichtig, den Anerkennungsprozess transparent abzubilden und z. B. Weiterqualifikationsangebote zu unterbreiten. In Verbindung mit den oben bereits benannten länderspezifisch unterschiedlich geregelten Zugang zum Feld der Kindertageseinrichtung bemerkt Grgic (2021) ein „nicht klar hierarchisiertes frühpädagogisches Mandat" (S. 221). Die Frage nach dem grundsätzlichen frühpädagogischen Mandat stellt sich auch im Kontext dieses Artikels mit Blick auf die Kompetenzanerkennung, die z. B. bei Personen mit ausländischer Berufsqualifizierung in Relation zur diskutierten Randzeitbetreuung durch Kindertagespflegepersonen erfolgen sollte. Hier erscheint ein bundesweiter Diskurs über z. B. multiprofessionelle Teams und fachliche Standards sinnvoll, um eine weitestgehend einheitliche Professionalisierung im Feld anzustreben.

5 Fazit

Letztlich können die berufliche Anerkennung und damit einhergehende größere Qualifikationsvielfalt als günstiger Ausgangspunkt für organisationales Lernen gesehen werden. Dieser Artikel zeigt, inwieweit zunächst Klarheit über das Kompetenzprofil eines pädagogischen Teams der Einrichtung bestehen muss, bevor abgeschätzt werden kann, inwiefern sich diese Heterogenität hemmend oder förderlich auf die Qualitätsentwicklung auswirken wird. Mit Sicherheit kann davon ausgegangen werden, dass die Pluralität bei den Berufsabschlüssen dazu führen wird, dass pädagogische Praxis reflektiert wird, sofern organisatorische Rahmenbedingungen dem nicht entgegenstehen. Ob sich letztlich der Fachkräftemangel durch berufliche Anerkennung ausgleichen lässt und inwiefern eine zu starke Öffnung des Zugangs zum Berufsfeld der Kindertageseinrichtung zu einem Qualitätsverlust führen würde, lässt sich aufgrund fehlender Klarheit zukünftiger Anerkennungsverfahren nicht beurteilen. Deutlich wird in diesem Kontext die Notwendigkeit lebenslangen Lernens bei einer Tätigkeit in einer Kindertageseinrichtung und die notwendige Bereitschaft für double-loop Lernprozesse, auch um nachhaltige Innovationen in frühpädagogischen Handlungsfeldern zu ermöglichen (vgl. Kieselhorst 2010).

Ausländische Fachkräfte oder berufliche Quereinsteiger:innen verfügen über andere institutionelle Erfahrungen, andere Bildungs- und Berufsbiografien und damit auch über einen anderen Blick in der Reflexion des pädagogischen Alltags und könnten so ein double-loop-learning anregen. Dabei ist das Anerkennungsverfahren selbst insofern als organisationaler Lernprozess zu verstehen, als es eine genaue Beschreibung der Tätigkeits- und Kompetenzanforderungen eines Arbeitsfeldes erfordert sowie die Reflexion der Passung zu curricularen Vorgaben. Somit kommt es, wie einleitend angedeutet, im Zuge dieses Prozesses im besten Fall zu einer Anerkennung der Arbeit pädagogischer Fachkräfte und einer guten Balance bei einer möglichen Öffnung des Arbeitsfeldes für andere Berufsgruppen.

Forschungsvorhaben wie das Projekt *Vielfalt Willkommen* zeigen, wie aufwendig sich das Anerkennungsverfahren für Personen mit ausländischen Berufsqualifikationen bisher gestaltet (vgl. Robert Bosch Stiftung o. J.). Nicht zuletzt ist also die Frage, inwiefern die berufliche Anerkennung zum Ausgangspunkt für organisationales Lernen wird, daran geknüpft, wie die Möglichkeiten der Kompetenzfeststellung zukünftig operationalisiert werden und inwiefern es durch gesetzliche Regelungen zu einer Öffnung des Berufsfeldes als Reaktion auf den Fachkräftemangel kommen wird. Je nach personeller Situation, Lage, Konzeption, Haltung des Trägers und Rahmenbedingungen wird die Frage, inwiefern Diversität organisationale Lernprozesse unterstützt, sicherlich unterschiedlich zu beantworten sein. Grundvorrausetzung einer günstigen Ausgangslage ist, dass Vielfalt im organisationalen Lernen als Bereicherung verstanden werden muss, die an sich in der Praxis anerkannt und nicht nur gebilligt wird.

Literatur

Anerkennung in Deutschland (o. J.): Was ist berufliche Anerkennung? www.anerkennung-in-deutschland.de/html/de/was-ist-anerkennung.php (Abfrage: 06.10.2022).

Appell der Wissenschaft (2022): Das Kita-System steht vor dem Kollaps – Wissenschaftlerinnen und Wissenschaftler fordern die Politik zum schnellen Handeln auf. www.zfkj.de/images/Appell_der_Wissenschaft_2022_Das_Kita_System_steht_vor_dem_Kollaps.pdf (Abfrage: 26.11.2022).

Argyris, Chris/Schön, Donald (1978): Organizational Learning: A Theory of Action Perspective. Reading, MA: Addison-Wesley.

Autorengruppe Fachkräftebarometer (2021): Fachkräftebarometer Frühe Bildung 2021. München: Weiterbildungsinitiative Frühpädagogische Fachkräfte. www.fachkraeftebarometer.de/ (Abfrage: 06.10.2022).

Becker, Horst/Langosch, Ingo (1995): Produktivität und Menschlichkeit. 4. Auflage. Stuttgart: de Gruyter.

Bildungsportal-Niedersachsen (o. J.): Qualifizierung von Fachberaterinnen und Fachberatern für Kindertageseinrichtungen und für Kindertagespflegeangebote. bildungsportal-niedersachsen.de/fruehkindliche-bildung/fachkraefte-und-traeger/fachkraefte-in-kindertageseinrichtungen/qualifizierung-fachkraefte/qualifizierung-fachberatung (Abfrage: 21.10.2022).

Bührmann, Thorsten/Büker, Petra (2015). Organisationsentwicklung und multiprofessionelle Teamarbeit im Kinderbildungshaus – eine systemische Perspektive. In: Diskurs Kindheits- und Jugendforschung, H. 2, S. 149–165.

Cloos, Peter (2017): Multiprofessionelle Teams in Kindertageseinrichtungen: Neue Herausforderungen für die Zusammenarbeit. In: Balluseck, Hilde von (Hrsg.): Professionalisierung der Frühpädagogik Perspektiven, Entwicklungen, Herausforderungen. Opladen, Berlin, Toronto: Verlag Barbara Budrich, S. 145–157.

DIE/DIPF/IES (2004): Machbarkeitsstudie des BLK-Verbundprojektes „Weiterbildungspass mit Zertifizierung informellen Lernens". Frankfurt am Main: Dt. Institut für Erwachsenenbildung (DIE). www.die-bonn.de/esprid/dokumente/doc-2004/die04_02.pdf (Abfrage: 26.11.2022).

Dudenredaktion (o. J.): Anerkennung. www.duden.de/rechtschreibung/Anerkennung (Abfrage: 25.01.2023)

Elkjaer, Bente (2003): Organizational learning with a pragmatic slant. International Journal of Lifelong Education, 22:5, S. 481–494.

Faas, Stefan/Geiger, Steffen (2017): Anerkennung im Ausland erworbener beruflicher Abschlüsse in der Frühpädagogik – Potenzial- und Bedarfsanalyse (12/16 – 05/2017). Pädagogische Hochschule Schwäbisch Gmünd. www.bosch-stiftung.de/de/projekt/vielfalt-willkommen-internationales-fachpersonal-und-teamorientierte-kitaentwicklung/im (Abfrage: 26.11.2022).

Göhlich, Michael (2008): Surmounting crises by openness. The history of Reggio Emilia preschools as process of organizational learning. In: Göhlich, Michael/Hopf, Caroline/Tröhler, Daniel (Hrsg.): Persistence and Disappearance. Educational Organizations in their historical Contexts. Wiesbaden: VS Verlag für Sozialwissenschaften, S. 17–27.

Grgic, Marianna (2021): Kollektive Professionalisierungsprozesse in der Frühen Bildung – Entwicklung des Mandats, der Lizenzierung und der beruflichen Mobilität im Zeitraum 1975 bis 2018 in Westdeutschland. In: Kölner Zeitschrift für Soziologie und Sozialpsychologie, H. 72, S. 197–227.

Kieselhorst, Markus (2010): Zum Verhältnis von Subjekt und Organisation – Eine empirische Studie zu Qualitätsentwicklungsprozessen in Kindertagesstätten. Wiesbaden: VS Verlag für Sozialwissenschaften.

Knauer, Raingard/Sturzenhecker, Benedikt/Hansen, Rüdiger (2021): Mit Demokratie spielt man nicht. In: Theorie und Praxis der Sozialpädagogik, H. 8, S. 32–35.

König, Anke/Buschle, Christina (2017): Hoffnungsträger Weiterbildung – Analysen und Diskussion. In: Balluseck, Hilde von (Hrsg.): Professionalisierung der Frühpädagogik Perspektiven, Entwicklungen, Herausforderungen. Opladen, Berlin, Toronto: Verlag Barbara Budrich, S. 119–132.

Kratzmann, Jens/Sachse, Steffi (2018): Entwicklung von Dispositionen pädagogischer Fachkräfte in Kindertageseinrichtungen durch eine In-House-Weiterbildung. In: Diskurs Kindheits- und Jugendforschung/Discourse. Journal of Childhood and Adolescence Research 2018, H. 4, S. 403–416.

MK Niedersachsen (o. J.): Anerkennung ausländischer Bildungsabschlüsse (Zeugnisse). www.mk.niedersachsen.de/startseite/schule/schulerinnen_und_schuler_eltern/zeugnisse_abschlusse_und_versetzungen/anerkennung_auslandischer_bildungsabschlusse_zeugnisse/anerkennung-auslaendischer-bildungsabschluesse-zeugnisse-6493.html (Abfrage: 07.10.2022).

MK Niedersachsen (2018): Orientierungsplan für Bildung und Erziehung – Gesamtausgabe. Hannover: MK Niedersachsen www.mk.niedersachsen.de/download/4491/Orientierungsplan_fuer_Bildung_und_Erziehung_im_Elementarbereich_niedersaechsischer_Tageseinrichtungen_fuer_Kinder.pdf (Abfrage: 26.11.2022).

MKFFI – Ministerium für Kinder, Familie, Flüchtlinge und Integration des Landes Nordrhein-Westfalen (2020): #ichhelfemit: Land fördert Kita-Helfer zur Entlastung der Erzieherinnen und Erzieher in der Corona-Pandemie. www.land.nrw/pressemitteilung/ichhelfemit-land-foerdert-kita-helfer-zur-entlastung-der-erzieherinnen-und-erzieher (Abfrage: 26.11.2022).

Mieth, Cindy (2018): Organisationsentwicklung in Kitas – Beispiele gelungener Praxis. Hildesheim: Universitätsverlag Hildesheim.

Müller, Margaretha/Faas, Stefan/Schmidt-Hertha, Bernhard (2016): Qualitätsmanagement in der frühpädagogischen Weiterbildung. Konzepte, Standards und Kompetenzanerkennung. WiFF Expertisen, Band 45. München: Weiterbildungsinitiative Frühpädagogische Fachkräfte. www.weiterbildungsinitiative.de/publikationen/detail/qualitaetsmanagement-in-der-fruehpaedagogischen-weiterbildung (Abfrage: 07.10.2022).

Müller, Margaretha/Geiger, Steffen/Schmidt-Hertha, Bernhard/Faas, Stefan (2020): Anerkennung von Kompetenzen und Qualifikationen in kindheitspädagogischen Studiengängen. Bildungsforschung 2020(1), S. 1–13.

Nentwig-Gesemann, Iris (2017): Berufsfeldbezogene Forschungskompetenz als Voraussetzung für die Professionalisierung der Frühen Bildung, Betreuung und Erziehung. In: Balluseck, Hilde von (Hrsg.): Professionalisierung der Frühpädagogik Perspektiven, Entwicklungen, Herausforderungen. Opladen, Berlin, Toronto: Verlag Barbara Budrich, S. 235–244.

Nifbe (o. J.) Prozessgeleiter*innen. www.nifbe.de/wissenslandkarte/wissenslandkarte-prozessbegleiter-innen (Abfrage: 21.10.2022).

Pacchiano, Debra M./Whalen, Samuel P./Horsley, Heather L./Parkinson, Kathleen (2016): Efficacy Study of a Professional Development Intervention to Strengthen Organizational Conditions and Effective Teaching in Early Education Settings. files.eric.ed.gov/fulltext/ED567221.pdf (Abfrage: 30.10.2022).

Robert Bosch Stiftung (o. J.): Vielfalt willkommen – Internationales Fachpersonal und teamorientierte Kitaentwicklung – Eine Qualifizierung für zugewandertes Fachpersonal und begleitende Unterstützung bei der Teamentwicklung für interessierte Kitas. www.bosch-stiftung.de/de/projekt/vielfalt-willkommen-internationales-fachpersonal-und-teamorientierte-kitaentwicklung/im (Abfrage: 26.11.2022).

Sander, Tobias/Zimmermann, Monika (2021): Organisationsentwicklung von Kindertageseinrichtungen - theoriebasierte Zugänge und empirische Befunde. In: Zimmermann, Monika/Sander, Tobias (Hrsg.): Organisationsentwicklung in der frühkindlichen Bildung. Wiesbaden: VS Verlag für Sozialwissenschaften, S. 1–32.

Schnoor, Oliver/Seele, Claudia (2013). Organisationales Lernen "vom Kinde aus"? Eine organisationsethnografische Fallstudie zum secondary adjustment einer frühpädagogischen Einrichtung. In: ZSE Zeitschrift für Soziologie der Erziehung und Sozialisation 2013, H. 1, S. 42–61.

Staatsinstitut für Frühpädagogik und Medienkompetenz Bayern (o.J). „Pädagogische Qualitätsbegleitung in Kindertageseinrichtungen (PQB)" in Bayern. www.ifp.bayern.de/projekte/qualitaet/pqb.php (Abfrage: 21.10.2022).

Viernickel, Susanne (2017): Rahmenbedingungen für professionelles Handeln in Kindertageseinrichtungen. In: Balluseck, Hilde von (Hrsg.): Professionalisierung der Frühpädagogik Perspektiven, Entwicklungen, Herausforderungen. Opladen, Berlin, Toronto: Verlag Barbara Budrich, S. 39–52.

Weimann-Sandig, Nina (2021): Die Kita-Konzeption als Instrument der Personal- und Organisationsentwicklung – organisationstheoretische Perspektiven auf ein wichtiges Instrument sozialer Dienstleistungsberufe. In: Zimmermann, Monika/Sander, Tobias (Hrsg.): Organisationsentwicklung in der frühkindlichen Bildung. Springer VS, S. 119–136.

Die Autor:innen

Sabrina Dahlheimer, Dr., Forschungsgruppenleiterin und stellv. Leiterin des Zentrums für Qualitätsforschung und Monitoring in der Kinder- und Jugendhilfe (ZQM) an der Pädagogischen Hochschule Schwäbisch Gmünd. Ihre Arbeitsschwerpunkte in Forschung und Lehre liegen im Bereich der Familien- und Kindheitsforschung, der Wissens- und Kultursoziologie sowie der Evaluationsforschung und Qualitätsentwicklung, sabrina.dahlheimer@ph-gmuend.de

Stefan Faas, Prof. Dr., Professor für Sozialpädagogik an der Pädagogischen Hochschule Schwäbisch Gmünd, Leiter des Zentrums für Qualitätsforschung und Monitoring in der Kinder- und Jugendhilfe (ZQM) und wissenschaftlicher Vorstand der paedquis Stiftung Berlin. Seine Arbeitsschwerpunkte liegen in den Bereichen Qualität frühkindlicher Erziehung und Bildung, Eltern- und Familienbildung, Professions- und Evaluationsforschung sowie Transformationsforschung, stefan.faas@ph.gmuend.de

Steffen Geiger, M.A., wissenschaftlicher Mitarbeiter in der Abteilung Sozialpädagogik und Pädagogik der frühen Kindheit an der Pädagogischen Hochschule Schwäbisch Gmünd. Seine Arbeitsschwerpunkte liegen im Bereich Inklusion und Exklusion, Internationaler Vergleich und Anerkennung internationaler Abschlüsse, steffen.geiger@ph-gmuend.de

Nadja Lindenlaub, akademische Rätin in der Abteilung Sozialpädagogik und Pädagogik der frühen Kindheit an der Pädagogischen Hochschule Schwäbisch Gmünd. Ihre Arbeitsschwerpunkte liegen im Bereich Berufliche Bildung, Theorie und Didaktik der Sozialpädagogik, nadja.lindenlaub@ph-gmuend.de

Nicola Röhrs, M.A., Projektmitarbeiterin am Lehrstuhl für Allgemeine Pädagogik und Bildungsforschung an der Ludwig-Maximilians-Universität München. Ihre Arbeitsschwerpunkte liegen im Bereich Frühpädagogik, Planung (digitaler) Bildungsangebote und selbstorganisiertes Lernen von Personen mit Flucht- und Migrationshintergrund, nicola.roehrs@edu.lmu.de

Bernhard Schmidt-Hertha, Prof. Dr., Inhaber des Lehrstuhls für Allgemeine Pädagogik und Bildungsforschung an der Ludwig-Maximilians-Universität München. Seine Arbeitsschwerpunkte liegen im Bereich Weiterbildung, Lernen im Erwachsenenalter, Hochschulbildung; Digitalisierung im Bildungsbereich und informelles Lernen, b.schmidt@edu.lmu.de

Rainer Treptow, Prof. Dr., Professor (i.R.) für Erziehungswissenschaft mit dem Schwerpunkt Sozialpädagogik an der Eberhard Karls Universität Tübingen. Seine Arbeitsschwerpunkte sind Theorie und Geschichte der Sozialen Arbeit, Internationalität des Vergleichs, Kulturelle Bildung.

von Guilleaume, Christine, M.A. wissenschaftliche Mitarbeiterin am Zentrum für Qualitätsforschung und Monitoring in der Kinder- und Jugendhilfe (ZQM) an der Pädagogischen Hochschule Schwäbisch Gmünd. Ihre Arbeitsschwerpunkte liegen in den Bereichen Qualität von Kindertageseinrichtungen sowie Eltern- und Familienbildung, christine.vonguilleaume@ph-gmuend.de